よくわかる
株式公開と
引受審査の実務

ヘラクレス市場をめざして

特定非営利活動法人
エンゼルホットライン [編著]
エンゼル証券株式会社

清文社

はじめに

　昨今、ベンチャー企業の支援はビジネスとして確立されてきました。これからは、地域投資クラブのネットワークに支えられた米国型のビジネス・エンジェル（個人投資家）の時代が到来し、日本経済を活気づけるものと思われます。

　そのためには、大企業が抱える優秀な人材（人財）、埋もれた技術とその絶大なる信用を、優れたビジネスシーズを持ちながら事業化で苦しむベンチャー企業に結びつけ、そこにエンジェルマネーを注ぎ込む仕組みが必要でしょう。

　エンジェルマネーは、安定した長期資金を必要とするアーリーステージの企業に直接投資するので大きなリスクを負いますが、将来事業化に成功し株式公開を果たすと大きなリターンを得ます。したがって、投資へのインセンティブは株式公開が前提となります。

　幸いにも、新興市場は東京証券取引所（マザーズ）・大阪証券取引所（ヘラクレス）・札幌証券取引所（アンビシャス）・名古屋証券取引所（セントレックス）・福岡証券取引所（Qボード）等が揃い、IPOビジネスにつなげています。特に、ヘラクレス市場は、新興市場のデファクトスタンダードである米国のナスダック基準をモデルとしているため、世界に羽ばたける市場であるといえますし、企業の成長段階に捉われず上場の門戸を開く多様性と柔軟性を持ち合わせています。

　本書の企画は、株式公開の実務を多くの方々に理解していただくには国際性と多様性を持つヘラクレス市場がモデルとして適していること、また、新興市場で基本的にして、あってはならない問題が頻出し、関係者に過度なブレーキがかかり、ハイリスク・ハイリターンの新興市場が閉鎖的になれば、「角を矯めて牛を殺す」になりかねないと懸念したからです。

　そこで、ビジネス会計人クラブの島田博一氏にお願いし、ベンチャー育成に関心が高く、勉強熱心で、蓄積された専門知識をベンチャー企業経営に活用するため、日々英知をしぼっておられる職業専門家で構成された「引受審査検討会」を設け、凝縮した議論を重ねてきた成果が本書です。

　また、本書の最終稿段階で、公開審査に係る動きがありました。一つは、公開審査で問題視されてきた多くの課題に対処可能な内部統制システムの構築に見られる経営の健全性を重視した新会社法の施行です。二つ目は、金融庁の「証券会社の市場仲介機能に関する懇談会」における引受審査の検証です。新興企業の株式公開を支援する関係者としては、屋上屋にならぬよう新会社法を軸に検討願うものであります。

2006年6月1日

　　　　　　　　　　　　　　　　　　　　　監修　特別顧問　伊藤　智允
　　　　　　　　　　　　　　　　　　　　　　　　（NPOエンゼルホットライン）
　　　　　　　　　　　　　　　　　　　　　　　　（元大阪証券取引所常務理事）
　　　　　　　　　　　　　　　　　　　　　編集　公認会計士　細川　信義
　　　　　　　　　　　　　　　　　　　　　　　　（エンゼル証券株式会社代表取締役）

Contents

I なぜ、ヘラクレスなのか？／ヘラクレス市場の特徴

1 ヘラクレスがんばれ ……………………………………………………… 2
- （1）ヘラクレスマーケットとは　2
- （2）ヘラクレスマーケットへの期待　3
- （3）大阪証券取引所への期待　3
- （4）ヘラクレスから海外マーケット　4

2 公開インフラの整備とネックの解消 ………………………………… 5
- （1）公開準備スタッフ　5
- （2）各サイドからの昨今の問題頻出の原因と反省　6
- （3）証券会社審査部がネックの場合の解消方法　9
- （4）エンジェル（個人投資家）から期待される証券マンの大量輩出　11

3 ベンチャー企業経営の複眼視点 ……………………………………… 12
- （1）企業会計基準はカメレオン　12
- （2）企業経営は先見企業会計を見据えて　13
- （3）資金還流・金流の現状　14

4 最短距離にチャレンジ ………………………………………………… 15
- （1）Google株の公開・上場　15
- （2）第2のGoogleをみんなの英知を集めて創成しませんか　15
- （3）ダイナミックな資金循環　16
- （4）起業：デゴイチ型・富士山型・コンポーネント型　16

5 ますます広がりのある期待 …………………………………………… 17
- （1）人の評判からの脱却　17
- （2）ベンチャー政治家の出現　17
- （3）新産業創造の道の幕開け　18

6 新興市場とそのインセンティブ ……………………………………… 19
- （1）新興市場の現状について　19
- （2）ヘラクレスの位置　20
- （3）基本戦略の提言について　21

II ヘラクレス市場への道

1 申請会社の留意点 ……………………………………………………… 26
- （1）事業計画書　26
- （2）関連当事者との取引の見直し　28
- （3）経営管理体制の整備　32

（4）事業戦略・研究開発戦略・知財戦略　*43*

　　　（5）ディスクロージャー制度の整備　*64*

　　　（6）ＩＲ活動　*70*

　2　主幹事証券会社の役割 ……………………………………………………………… *70*

　3　監査法人の役割 …………………………………………………………………… *71*

　4　その他の関係者の役割 …………………………………………………………… *72*

Ⅲ　引受審査のポイント

　1　証券会社の引受業務と引受審査について ……………………………………… *76*

　　　（1）引受業務と幹事証券会社について　*77*

　　　（2）幹事証券会社の引受責任について　*78*

　　　（3）株式公開における引受審査について　*79*

　　　（4）株式公開支援と引受審査の中立性について　*80*

　　　（5）引受審査の強化について　*81*

　2　引受審査のポイントについて …………………………………………………… *82*

　　　（1）事業の適正性　*82*

　　　（2）事業の成長性と収益力　*83*

　　　（3）事業活動と経営方針、経営戦略、経営課題　*84*

　　　（4）事業活動と法規制、契約関係、知的財産権　*85*

　　　（5）事業活動と企業グループの役割　*85*

　　　（6）事業活動と営業取引関係の安定性　*86*

　　　（7）業績の推移と今後の見通し　*86*

　　　（8）経営者（事業推進者）の資質、経営姿勢　*86*

　　　（9）事業推進と株主体制、役員体制（従業員の状況を含む）　*87*

　　　（10）コーポレートガバナンスへの対応　*87*

　　　（11）計画的な経営体制の確立（中長期経営計画、利益計画、予算統制）　*88*

　　　（12）組織的な経営体制の確立（社内諸規則、内部統制、内部監査）　*89*

　　　（13）株主総会、取締役会等の開催状況、議事録の整備状況　*89*

　　　（14）企業経営の健全性と関連当事者間取引

　　　　　　　　　　　（役員、大株主等の会社との取引関係）　*89*

　　　（15）企業経営の健全性と役員構成

　　　　　　　　　　　（同族関係、兼任・兼職関係、監査役の独立性）　*90*

　　　（16）企業内容等の開示資料の適正性　*91*

　　　（17）会計監査人との契約、監査意見（ショートレビューを含む）　*91*

　　　（18）会計制度の適正性とその運用状況（月次決算の状況）　*91*

（19）役員、大株主等の営業・資本取引と企業グループの適正性　*92*
　　（20）経営情報の適正な管理体制の確立　*92*
　　（21）役員、大株主等と社会的に不適当な団体との関係　*92*
　　（22）経営の根幹にかかる訴訟、係争、紛争　*93*
　　（23）最近2年間の特別利害関係者等による株移動　*93*
　　（24）最近1年間の第三者割当等による新株等の継続所有の確約状況　*94*
　　（25）最近1年間の合併、会社分割、子会社化（非子会社）、事業の譲受・譲渡　*94*
　　（26）子会社上場ルールの適合性　*94*
　　（27）上場対象株券の市場性　*95*
　　（28）上場時の公募の資金使途
　　　　　　　（最近2年間の資金調達の状況とその使途を含む）　*95*

Ⅳ　上場審査基準

1　形式基準 ……………………………………………………………… *98*
2　実質基準 ……………………………………………………………… *101*
　　（1）企業の継続性および収益性　*102*
　　（2）企業経営の健全性　*102*
　　（3）企業内容等の開示の適正性　*103*
　　（4）その他　*104*
3　申請不受理のケーススタディ ……………………………………… *106*
　　（1）申請会社が実質的な存続会社でなくなる場合　*106*
　　（2）解散会社となる場合　*106*
　　（3）その他　*106*
4　上場前の公募または売出し等に関する規則 ……………………… *107*
　　（1）上場前の第三者割当増資による新株発行の取扱いについて　*107*
　　（2）新株予約権付社債の取扱いについて　*107*
　　（3）ストックオプションの取扱いについて　*107*
　　（4）その他　*107*

Ⅴ　望ましい資本政策

1　資本政策とは ………………………………………………………… *118*
　　（1）資本政策の必要性　*118*
　　（2）資本政策に課せられた6つの目的　*119*
　　（3）資本政策の留意点　*127*
2　資本政策の策定ポイント …………………………………………… *136*

（1） 企業成長のステージと資本政策　*136*
　　　（2） 資本政策の策定の基本的ステップ　*137*
　　　（3） 資本政策はたえず見直されるもの　*151*
　　　（4） 具体的手法　*151*
　　　（5） 株式評価の方法　*171*
　　　（6） 資本政策にかかわる税務　*180*
　3　資本政策のケーススタディ……………………………………………*186*
　　　（1） ケーススタディ①～システム開発会社　A社の資本政策の例　*186*
　　　（2） ケーススタディ②～小売業　　　　　　B社の資本政策の例　*187*
　　　（3） ケーススタディ③～情報通信業　　　　C社の資本政策の例　*188*
　　　（4） ケーススタディ④～情報処理業　　　　D社の場合の策定例　*190*

Ⅵ　申請書類の作成のポイント

　1　上場申請のための有価証券報告書……………………………………*196*
　　　（1） 作成手順　*196*
　　　（2） 整合性チェックリスト　*203*
　2　上場申請のための確認資料……………………………………………*205*
　　　（1） 作成手順　*205*
　　　（2） 整合性チェックリスト　*210*

Ⅶ　想定質問とヒヤリング

　1　想定質問の様式…………………………………………………………*214*
　　　（1） 主幹事証券会社からの質問数および審査内容　*214*
　　　（2） 証券取引所の質問数および審査内容　*215*
　2　具体的事例・ポイント…………………………………………………*216*

Ⅷ　「事業等のリスク」の具体的記載方法

　1　「事業等のリスク」を記載することとなった背景………………………*230*
　2　リスクについての考え方………………………………………………*230*
　3　「事業等のリスク」の開示………………………………………………*231*
　4　「事業等のリスク」記載上の留意事項…………………………………*231*
　　　（1） 企業情報の一部としての事業等のリスク　*231*
　　　（2） 将来情報の開示　*231*
　　　（3） 発行開示と継続開示の相違　*232*
　5　「事業等のリスク」の具体的内容………………………………………*232*

6　具体的記載方法 ……………………………………………………………… **233**
　（1）頭書の記載　*233*
　（2）事業内容・企業集団の状況・業界の動向等　*234*
　（3）財政状態・経営成績およびキャッシュフローの状況の異常な変動　*235*
　（4）特定の取引先・製品・技術等への依存　*236*
　（5）特有の経営方針・取引慣行・法的規制　*236*
　（6）重要な訴訟事件等の発生　*237*
　（7）役員・大株主・関係会社等に関する重要事項　*238*
　（8）その他　*238*

Ⅸ　最近の実務上の問題と解決策について

1　最近の情報開示における問題 ………………………………………………… **244**
　（1）公開企業に求められる情報開示　*245*
　（2）粉飾決算の問題　*250*
　（3）不実記載の問題　*252*

2　実質株主の確定の問題 ………………………………………………………… **261**
　（1）西武鉄道のケース　*261*
　（2）株式公開と株主問題　*263*
　（3）名義株の問題と実質株主の確定　*264*

3　関連当事者間取引をめぐる諸問題 …………………………………………… **265**
　（1）関連当事者の範囲　*265*
　（2）開示対象となる取引の範囲　*268*
　（3）重要性の判定基準　*270*
　（4）開示の方法　*271*
　（5）特別利害関係者との取引の関連　*272*

4　反社会的勢力との関係 ………………………………………………………… **273**
　（1）ヘラクレス市場における審査の観点　*274*
　（2）反社会的勢力の実態　*276*
　（3）反社会的勢力への対処　*278*
　（4）ヘラクレス市場をめざす場合　*280*

5　知的財産を取り巻く最近の問題点 …………………………………………… **281**
　（1）知的財産権取得費用　*281*
　（2）訴訟リスク　*283*
　（3）知的財産報告書　*284*

―― 凡例 ――

法法……法人税法	新会社法……会社法（平成17年7月26日公布　法律第86号）
法令……法人税法施行令	施行規則……会社法施行規則（平成18年2月7日公布　法務省令第12号）
所法……所得税法	整備法……会社法の施行に伴う関係法律の整備等に関する法律（平成17年7月26日公布　法律第87号）
所令……所得税法施行令	
所基通……所得税基本通達	
所基通、共……所得税基本通達　共通関係	
相法……相続税法	経過措置政令……会社法の施行に伴う関係法律の整備等に関する法律の施行に伴う経過措置を定める政令
相基通……相続税法基本通達	
措法……租税特別措置法	
措令……租税特別措置法施行令	
措規……租税特別措置法施行規則	実案法……実用新案法
引受等規則……有価証券の引受けに関する規則	ヘラクレス特例……ニッポン・ニュー・マーケット──「ヘラクレス」に関する有価証券上場規程、業務規程、信用取引・貸借取引規程及び受託契約準則の特例
開示府令……企業内容等の開示に関する内閣府令（昭和45年大蔵省令第5号）	
証取法……証券取引法（改正前）	
行為規制府令……証券会社の行為規制等に関する内閣府令	
旧商法……改正前商法	

―― 条項の省略表記方法 ――

（例）会社法第12条第1項第1号　→　新会社法12①一
　　　商法第204条ノ3第2項　→　旧商法204ノ3②

（注）本書の内容は、平成18年6月1日現在のものです。

付属CD-ROMの利用方法

　本書では、資本政策の実行、特許権等の移転に関する契約書や通知書などの様式および実際に資本政策を実施するに際しての資金計画のモデルケースなどを、CD-ROMに収録して添付しています。

1　CD-ROMを利用できるパソコン環境

　この附属CD-ROMは、下記性能を持ち、CD-ROMドライブを備えたWindowsパソコンにおいて使用できます。

　CPU：120MHz以上
　OS：Microsoft Windows 98, Me, 2000, XP
　使用ソフトウェア：Internet Explorer 4 ～ 6
　　　　　　　　　　Adobe Acrobat Reader 4.0J（以降）

2　CD-ROMの使用方法

　附属CD-ROMをパソコンのCD-ROMドライブに挿入すると自動的に書式リスト画面が表示されます。

■Windowsは米国Microsoft Corporationの米国及びその他の国における登録商標です。その他の本文中で使用する製品名等は一般的に各社の商標または登録商標です。
　Adobe Acrobat ReaderはAdobe Systems Incorporated（アドビ　システムズ社）の商標です。

CD-ROMドライブやデバイスのドライバが極端に古いと自動的に起動しない可能性があります。その場合は「マイコンピュータ」から「株式公開と引受審査の実務」と表示されているCD-ROMのアイコンをダブルクリックすると起動します。この方法は書式リスト画面を一度閉じ、再び開きたいという場合にも有効です。

　書式名をクリックすると具体的な書式文例のPDFデータを呼び出すことができきます。

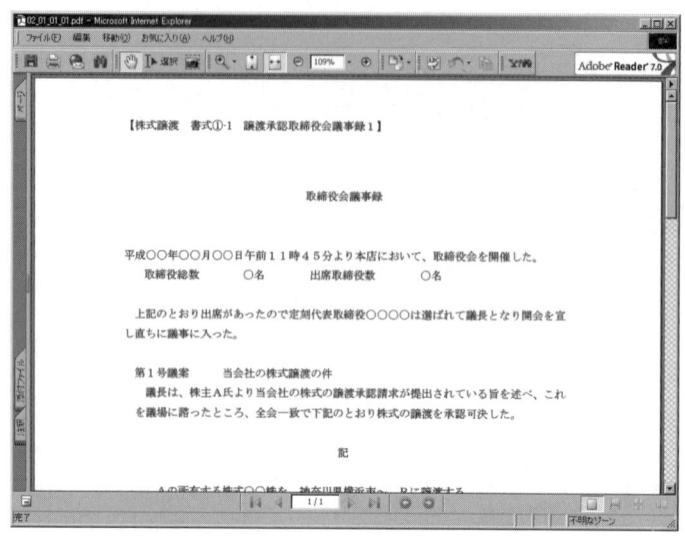

　また、Internet Explorerのセキュリティ設定によっては、書式リンクをクリックした際、ファイルをダウンロードする旨を尋ねるダイアログが表示される可能性があります。このダイアログが表示されたら、「再表示しない」チェックボックスをクリックした上で、「開く」をクリックしてください。次の起動からはこのダイアログが表示されることなく書式が直接開くようになります。

3　書式の利用方法

① 　「Ⅰ　資本政策のケーススタディ」は本文186頁以下において解説する公開企業A～D各社の資本政策のモデルです。本文ではこのモデルの数値をもとに解説しています。

② 　各書式はPDF形式によるサンプルです。書式への直接の書き込みや加筆修正はできません。

■本文中では、Copyright、TM、Rマーク等は省略しています。
■本製品に起因する直接、間接のいかなる損害についても、著作権者および当社は一切の責任を負いません。

●執筆者一覧（50音順・敬称略）

秋田　文子【セレブリックス・ホールディングス㈱経営戦略部】
　「日本を元気にすることにつなげていきたいですね」

東　秀一【監査法人アイ・ピー・オー・会計士補】
　「チャレンジする起業家を応援します」

新井　信昭【新井国際特許事務所・弁理士】
　「無体財産は企業発展のキーワードです」

石原　幹郎【石原幹郎事務所・公認会計士】
　「アクティブ・スピード・グローバルをキーワードに引受審査に臨みます」

伊藤　智允【エンゼル証券㈱（引受審査担当）】
　「実務を知り、愁眉を開くハウ・ツー物に仕上がりました」

緒方　美樹【松岡税理士法人・税理士】
　「信頼性なくして企業の成長、市場の活性化はありえません」

岡本　照【東京電力㈱】
　「株式市場は志の高い誠実な企業を求めています」

押田　健児【フクダリーガルコントラクツ＆サービシス・司法書士】
　「資本政策の手続面を中心に的確なサポートをしていきたいです」

木村　聡子【木村税務会計事務所・税理士】
　「企業成長の一助となるような引受審査を行いたいです」

櫻庭　周平【浦野・櫻庭公認会計士事務所・公認会計士】
　「株式公開は企業の成長戦略に不可欠なものです」

鳥越　貞成【㈱アエリア（ヘラクレス）・公認会計士】
　「社会的な価値を創造する活動をしていきたい」

福田　龍介【フクダリーガルコントラクツ＆サービシス・司法書士】
　「余計な口はたたきませんが、やるときはやりまっせ（うちの連中は）！」

細川　建二【エンゼル証券㈱公開引受部】
　「ベンチャー企業の株式公開を支援します」

細川　信義【エンゼル証券㈱・公認会計士】
　「ＩＰＯのパイプを太くするために、引受審査体制の充実が求められます」

本多　秀毅【本多秀毅公認会計士事務所・公認会計士】
　「資本市場を通して日本を元気にしましょう」

向島　理恵【エンゼル証券㈱引受審査部・会計士補】
　「スピーディーかつ充実した引受審査でIPOを支援します」

I　なぜ、ヘラクレスなのか？
〜ヘラクレス市場の特徴

1 ヘラクレスがんばれ

（1）ヘラクレスマーケットとは

a　ニュービジネスの原点は関西の風土にぴったり

　プレハブ住宅、ダイハツ・ミゼット、カップラーメンなど関西の企業から生まれたものは数多くあります。ホテルで行う「お別れの会」も大阪のリーガロイヤルホテルが最初です。
　大阪は単に商人の町として栄えてきたわけではありません。明治以後、江戸時代に培われた商人の才覚と蓄財をベースに革新的なニュービジネスを生み栄えたのです。よく東京と大阪が比較されますが、誰でも知っている大企業の多くは大阪育ちです。関西を創業地とする企業が世界を舞台に数多く活躍しています。大阪人としては、この自立心に富み、進取気鋭の風土を引継ぐ起業家に支えられ新しい企業群を作り上げていきたいものです。

b　なぜヘラクレスか

　2005年2月8日、アメリカ・カリフォルニア州のバイオベンチャー企業、メディシノバ（Medicinova.Inc）がヘラクレスに上場しました。事業内容は、新薬候補品の探索、ライセンスの取得、そのライセンスに基づく医薬品の開発です。ヘラクレスへの外国企業の上場は初めてです。また、日本の新興市場への外国企業の上場は、マザーズにおける香港の新華ファイナンスについで2番目です。
　メディシノバは2000年設立の会社で、アメリカでもまだ株式を公開していません。その企業が日本の株式市場に上場したのです。
　外国企業とはいえプレジデントCEO（最高経営責任者）は田辺製薬の米現地法人の会長だった清泉貴志さんです。
　私事ですが、清泉さんには数年前、私の事務所においでいただき、関連ファンドに投資させていただいたこともありました（しかし最近退社されたようです）。
　ヘラクレス市場を選択した理由は、新聞報道によると「企業を多面的に評価する上場基準が米ナスダックと似ており、米企業である当社にふさわしい」とされていますが、その発言から経営思考を読み取ると、多様な価値観を持つ新しい起業家の出現を示しています。
　このように、ハードよりもソフト思考に強い優秀な技術者を確保するためにアメリカで会社を設立し、その開発資金を日本から調達するというベンチャー企業は、我々の投資先でもあるシリコンバレーのIPlocks社など2社ほどあります。このような起業家を送り出した日本のベンチャーを取巻く環境も整ってきたといえます。アメリカのベンチャー育成システムにおける豊かな資金と産学一体の活発な活動は確かにすごいと思いますが、日本

でも新興市場の発展とともにベンチャーの資金調達は十分対応可能な環境になってきているといえます。

　また、アメリカでは、ベンチャー育成システムの中心的存在であるベンチャーキャピタル会社のベンチャー企業に対する評価基準は日本に比べハイリスクの意識が強いため相当厳しく、資金調達コストは高いといえるかもしれません。しかし、日本の個人金融資産が、アメリカ連邦債・アメリカのファンドを経て投資されているとしたらどうでしょう。直接、日本国民のお金が日本のベンチャー企業に投資されるシステムをもっと検討すべきではないでしょうか。

（2）ヘラクレスマーケットへの期待

　ベンチャー企業がいざIPO（企業の新規株式公開）を考え、新興市場を見てみますと、東京証券取引所「マザーズ」・大阪証券取引所「ヘラクレス」・札幌証券取引所「アンビシャス」・名古屋証券取引所「セントレックス」・福岡証券取引所「Qボード」とどれも同じに見える新興市場がずらりと並んでいます。

　たしかに大阪証券取引所の「ヘラクレス－グロース」と他の新興市場を比較してみると成長性重視・収益性重視など多少の差がありますが、特段大きな差はなく、主幹事証券会社の公開引受部の市場に対するスタンスや引受審査の対応、証券取引所の上場審査の順番待ち等で決められているのが現状です。しかし、これは「今のところ」と思いたいのです。時とともに変わり、特色も明確になると思います。

図Ⅰ－1　主な上場基準比較

	東証マザーズ	大証ヘラクレス グロース	名証セントレックス	札証アンビシャス	福証Qボード
特徴	高い成長の可能性を有していると認められる企業が対象。直前事業年度の売上高が1億円未満であって、利益の額が計上されていない会社は、上場日に事業計画の概要を開示しなければならない。	事業の成長性・将来性に関する審査に信頼性と客観性を持たせるため、上場時価総額と浮動株時価総額のダブルチェックの基準を設けて市場の評価を審査基準に取り入れていること	高い成長の可能性を有していると認められ、かつ当該成長にかかる評価の対象となる売上高が上場申請日の前日までに計上されていること	成長または拡大が期待される分野、成長性。新たな技術、企業化されている技術、売上高が著しく増加し、成長性を有する	九州周辺に営業主体を有し、新しい技術またはユニークな発想に基づき、もしくはその他の理由により、今後の成長の可能性がある企業
株式数	1000単位以上の公募または公募および売出（うち最低500単位の公募）	最低浮動株1000単位 浮動株時価総額5億円以上	公開株式数500単位以上	500単位以上の公募	500単位以上の公募
株主	上場にかかる株券の公募、公募および売出により300人以上	300人以上	上場株式数に関係なく300人以上	上場株式数に関係なく200人以上	上場株式数に関係なく200人以上
設立後経過年数		1年以上又は時価総額50億円以上			
株主資本（純資産）	10億円以上	純資産4億円以上または時価総額50億円以上または税引前利益7500万円以上		上場日の株主資本の額が2億円以上かつ上場時価総額が3億円以上または上場日の株主資本の額が正でかつ、上場時価総額が5億円以上	純資産が上場時において正であること
上場時時価総額			5億円以上		3億円以上
利益	該当事項なし				上場申請時までに申請企業の成長の判断の基礎となった事業について、売上高が計上されていること

（3）大阪証券取引所への期待

　2004年12月1日、新しい大阪証券取引所ビルが歴史的建造物の多い堺筋（北浜）の新し

いシンボルとして完成しました。

　大阪証券取引所は、明治11年、五代友厚が創設し、長い歴史を持っています。株式会社化もいち早く成し遂げました。しかしながら、関西経済地盤沈下の波が大阪証券取引所に影を落としてきていることは残念なことです。

　重要な取引所機能は東京に集中し、国内第2位の経済活動も、中部国際空港が開港した名古屋の追い上げにさらされると予想されます。

　いずれにしても、東京一極集中は、有効な原理が働かない弊害があり、権力意識や多機能的能力の発揮からしても望ましくありません。だからといって、ただいたずらに分散するのではなく、お互いが強く、かつ、特徴ある機能分担で活躍するのが直接金融市場活性化につながることは間違いありません。

　その要を担っているのが大阪証券取引所です。

(4) ヘラクレスから海外マーケット

a　ナスダック・ジャパン構想

　ナスダック・ジャパン市場は、米国ナスダックの世界市場構想[1]を受け、市場の管理機能（自主規制機能）と運営機能（マーケティングの推進、ハイブリッドシステム[2]の開発・貸与）との役割分担のもと、鳴り物入りのスタートでしたが、ベンチャー企業、証券関係者からは期待されながらも、新システムの導入を巡る不協和音や市場の拡大に重点を置く運営側の企業理念が先行してしまい、地に足がついていませんでした。

　残念ながら、双方の信頼関係の喪失に加え、ベンチャー企業を対象とした上場促進策の実施におけるオペレーションのやり方がキャッシュフロー経営になっていなかったのがナスダック撤退の要因でしょう。しかし、金融のボーダレス化で国境を越えた世界の主要な証券取引所の統合・連携の動きを見ると、もっと大事に育てるべきではなかったかと悔やまれます。

[1]　米国・欧州・アジアの証券市場をつなぎ24時間売買可能な市場構想
[2]　米国ナスダックの市場売買システムをベースに競争的マーケットメイクと競争売買を併せ持つ次世代のシステム

b　再度チャレンジ／上海構想

　ナスダックの失敗に懲りずに再度海外マーケットとヘラクレスマーケットの連携を考えてみたいものです。

　これからの日本と中国の関係をみた場合、日本サイドは中国の発展し続けるマーケットへの視点、中国サイドでは日本からの投資や技術の視点、どちらも求め合うものがあります。また時間距離も関西から中国は1日経済圏です。

これからのベンチャー企業の5年、10年後を見定めた場合、東アジアにおける中国・インドのマーケットを視野に入れないのでは限界があります。

ヘラクレス市場上場が上海市場上場に「ニアイコール」の状態になれば、ヘラクレス市場の特徴、姿がはっきりしてきます。大阪と上海は友好都市でもあります。がんばっていただきたいものです。

c 現状

ヘラクレス市場に公開・上場した企業が海外市場、とりわけこれから期待される東南アジア市場へ飛び立ちやすいムードができればいいのではないかと思います。

また、逆に海外企業がヘラクレス市場に公開・上場しやすい特徴が定着することも期待したいわけです。そういう意味で先述のメディシノバの上場は、そのムードを作り上げています。

2004年に関西・上海経済会議訪中団の団員として中国・北京商務部研究院を訪問した折に、「日本の株式市場に上場を希望する企業向けのセミナーを開催したところ、数百社も集まった」と聞きました。最近の新聞情報ですが、中国では中国証券監督管理委員会が2006年中に企業の新規公開を再開すると発表しています。

2003年9月以来、中国本土の株式市場ではIPOが停止する異例の事態が続いていましたが、これは国が保有する大量の上場株、いわゆる非流通株の問題に、加えて市場での資金調達の増加が需要関係を悪化させ、株価下落の一因となり、一時的に供給を止めたことが原因のようです。しかし、IPO停止後でも上海総合株価指数（2005年6月6日 991.23ポイント）は5年半ぶりの安値圏です。その後回復傾向にありますが、2001年6月13日の最高値2,242.24ポイントには程遠い状況です。それでもIPOの再開を急ぐ理由は、企業の資金調達の目詰まり解消を優先するためと思われます。審査を通過しながら上場できない企業への配慮から、2005年1月1日、新株の値決め方式に関する新規則が施行されたことで再開に目途がついたようです。

現在、中国初の中小企業向けに特化した深圳証券取引所の「中小企業板（部門）」も機能不全になっています。

このような海外市場の状況を勘案すると、中立性と安定性を兼ね備えた市場は海外企業、とりわけベンチャー企業からも期待されると思います。

2 公開インフラの整備とネックの解消

(1) 公開準備スタッフ

公開の準備には大変なエネルギーが必要で、それに携わる担当者はプロのスキルが必要

です。それだけにコストバランスも大切です。そのような人材がまだまだ不足しているにもかかわらず、公開希望の企業はますます増加しています。

その人材（スタッフ）の確保は、継続性・信頼性という点から内部の人材でないと認められにくいようですが、実は、ベンチャー企業では内部の人材が育たない内に次々と変わって、必ずしも秘密保持が確保されているとはいえない実情が認識されていないように思われます。

審査上望ましいことは、内部対応かアウトソーシングかということではなく、実情を把握して十分に対応できる人材がいるかという点です。

公開準備では、臨時臨戦体制の面もあり、公開後に、その企業の器にあった人材が現れることもあり、人材採用でミスマッチが起こっています。

助っ人として参画したプロの人材も、公開後、社内の雰囲気から、継続的に勤務しにくいこともあり、退職されるケースがよくあります。

公開支援業務のプロのビジネスにアイドルタイムができているのは、公開インフラの上ではムダです。

（2）各サイドからの昨今の問題頻出の原因と反省

a　企業サイド

もちろん、公開準備において企業内部が抱える問題で、公開後、投資家の利益を損なうような問題こそが一番重要です。

一時期盛んに報道されたメディアリンクスのように、上場前から上場会社との架空取引による売上の水増しなどは信じられないことです。当然ながら粉飾をして公開しようとするベンチャー経営者の排除は必要なことです。

また、西武グループの問題も重大です。我々も事業承継や相続対策に関する著書の中で、非上場企業・コクドが西武グループの中核として上場企業・西武鉄道を実質的に支配し、同社の信用創造によりグループ全体への資金調達の道筋をつけ、コクド経営がなされているという分析をしています。株式をキーポイントにした税務対応はまさしく究極の相続対策でありました。しかしその仕組みの中には、実質所有者の株主構成で開示すると上場維持ができないという根本的な欠陥があったことになります。これは、信用創造のパイプにおける根源の問題であります。

日本LSIカードのCB（第2回円貨建担保付転換社債）発行無効問題も驚きです。海外投資会社対象の8億円CBの資金が国内に入金されていなかったということです。当初から、実務における多少のミスでは片づけられない問題と見ていましたが、その後、架空増資の事件へと発展したのは当然のことでしょう。この架空増資は、公開後も急成長を期待されるベンチャー経営者の焦りにつけ込まれたのが遠因です。ライブドア事件も公開時におけ

る実力以上の評価に主力事業の成長が伴わなかったことが、大幅な株式分割、M&Aに株式交換と投資事業組合を組み合せた新たな粉飾に走らせたのでしょう。米国に比べ未成熟な市場を利用して一般投資家の信頼を裏切ったのは許せません。

b 公認会計士・監査法人サイド

最近の経済上の不祥事の連続、特にカネボウ粉飾事件に伴う中央青山監査法人への行政処分（法定監査の業務停止命令）は監査人のマインドにも大きな影響を与えており、監査シェアの確保から一気にリスク回避指向となりました。

今まで大手監査法人は営業戦略上、ベンチャー企業のショートレビューの報酬を監査報酬とセットにして、証券取引法監査の受注をしていました。しかしながら、証券取引所等の関係機関がこれらの不祥事の原因分析とその問題点を公表もしないままでは、単に「羹（あつもの）に懲りて膾（なます）を吹く」ではないですが、ベンチャー企業の監査を避ける傾向が強まることが予想されます。ベンチャー企業のトップに会い、経営スタンスや事業推進における問題点を明確にして、その上でプロとしての正当な注意を払い監査をすれば、このような不祥事は避けられたのではないでしょうか。

少々言い過ぎになるかもしれませんが、監査上の不安を業績面から吸収してくれるクライアントを選択しているようでは監査の意味がありません。

監査現場ではスタッフの監査時間のうち相当なエネルギーが資料とのにらめっこ、監査調書の作成に費やされ、実質中味のある監査時間がどれだけ取れているかということになります。

ベンチャー企業の経営では経営者トップの考え方が相当重要です。監査担当者と経営者との接触が希薄では実のある監査はできないでしょう。また、監査対象会社の経営の現状把握が不十分なまま監査意見が形成される可能性も生じてしまいます。

今まさに、ベンチャー支援者にとっては、ベンチャー企業の公開に熱意を持ち、ベンチャー経営に精通し、ベンチャーの監査に特化した公認会計士または監査法人の出現を待ち望んでいます。大手の監査法人に描くイメージとして、大企業の監査に携わっているということのカッコよさ、また監査リスクがない、先端の会計知識・監査技術のノウハウが身につくことなどにあこがれる公認会計士では、1から10までのすべての事項に携わらなければならない泥臭いベンチャー企業の監査人へとは育ちにくいでしょう。

ベンチャー育成・支援に携わっておられる個人の公認会計士事務所や中小監査法人には、大手監査法人で身に付けた監査ノウハウがあり、気概もあるのですが、十分に活用されていないのが現状です。

中小監査法人では、今はその熱意があり、組織もできており、コストバランスもちょうどよいのですが、その熱意の継続性や監査の品質維持がどうかという点で不安があり、悩ましいところです。

c　証券会社サイド

以下に挙げるのは、最近、私が感じた引受審査に関する「7不思議」です。
① 審査部は、引受から完全に審査書類がまわってくるまで動かない
② 審査部は、大量の質問状を会社側に提出し、短期間に回答を求める
③ 審査部出身者が経営トップに昇進するケースは少ない
④ 審査部は、会社の実地調査を必要最小限に抑え、書類審査を中心に行っている（馴れ合いにならないようにという理由らしいですが）
⑤ 従来、大手と中堅の証券会社の数社が主幹事証券会社としてIPO業務を独占的に行い、その他の証券会社は、公開のための公募・売出し株が割り当てられるものの、募集行為のみで終わるため、引受ノウハウがこれら証券会社に蓄積されていない。
⑥ 企業部・引受営業部と審査部の連携プレーが審査部の独立性を理由に希薄
⑦ 証券会社・証券取引所などのベテランの引受審査担当のスタッフが、証券会社の合併、外資系証券会社への異動、加えて、ここ数年の証券不況による人員削減の影響をまともに受けて少なくなりました。最近の公開ブームで、経営の機微が理解できるベテランの公開引受、引受審査の担当者の不足が目立ちます。（早急にこの分野の人材の大量養成が求められています）

d　証券取引所サイド

　市場開設者としての責任ということで新興市場本来のコンセプトから離れ、審査の厳しさが先行してしまい、形式的なことも含めて些細な事項まで改善要求されています。投資者保護に欠ける重要性の高いものは当然厳しいのが当たり前ですが、経営活動の実情を見て判断していただきたいものです。
　メディアリンクス、西武グループ、日本LSIカードおよびライブドアなど最近の問題頻出は、たしかに異常ではあります。一般投資家は、開示資料を見て分析はできますが、会社と対峙した審査はできません。ただ、成行きを傍観しながら投資責任を負うだけです。豊富な情報を持つ関係者が審査の過程とその結果を何らかの形で開示できるように襟を正して取り組めば、このような問題は既に審査のインフラはできていますから解消されます。問題が起こるとどうしても実質審査で強化策が打ち出され、それが審査のブラックボックス化を招いてしまいます。実情に配慮したバランスと経済的合理性に裏付けられた強化策、ハイリスク・ハイリターン市場に対応した審査に期待したいものです。

e　エンジェル（個人投資家）サイド

　エンジェルは、投資の自己責任を全うするのが謳い文句になっていました。しかしながら、最近のような事例が次から次へと出てくると、エンジェル（個人投資家）にとって自

己防衛手段の基盤を失ってしまい、その履行に疑問符がつけられてきました。

　監査・審査の段階で、チェックされず上場されてしまうと、エンジェルとしては、投資の自己責任だけ押し付けられて、何ら手の施しようがないという状況でしょう。

　そういう意味から自衛手段を持つ必要があります。「NPOエンゼルホットライン」はそのような目的で2003年5月7日設立認可を受けました。そこで、株式公開の手続だけでなく引受審査の実情も多くの方々に理解していただくため、検討会を設け集中的に行った成果が本書です。

　これからは経営者自らが開示内容の信頼性と説明責任を明確にし、常に新会社法のガバナンスを遵守しなければならないでしょう。その一端として経営者の宣誓（①情報の適時開示、②経理処理、決算書の正確性、③社内管理体制の確立（内部統制からその重要度が再認識））が、すでに義務付けられはじめています。これも時代の要請でしょう。しかし人材に余裕のある会社はいいとしても、ベンチャー企業経営者にとっては大変なことです。そのためのサポート体制が、コストバランスよく整備される工夫も考え、画一的な規制の強化だけではなく、エンジェル＝投資家に役立つ情報開示が求められますし、ベンチャー支援に特化した公認会計士等の専門家と経営者とのヒアリングの機会を設け、投資リスクの格付けを行う方法なども検討されるべきでしょう。

f　IR会社サイド

　IR（Investors Relation：インベスターズリレーション）は企業評価、すなわち株価に大きく影響します。

　それだけに間違った考えもあらわれ、株価の買い支えや株価維持のためのアナウンス（効果）をIR活動とはきちがえているIR会社もあります。しかし、実務的には微妙なところです。適時適切な開示ができていても、株価の反応が悪いときのIRの内容については、経営者の短絡視した発言、考えに気を付ける必要があります。IR会社のバックに仕手筋が付いていることもありえますし、また、こういうことは時間の経過を待たないと事実関係がわからないことがあります。経営危機を巡る市場の噂をうまく切り抜けて、大量の資金調達に成功した会社がその資金力で蘇り、投資家の疑問点が自然解消され、優良会社との評価を受けたりする事例も見受けられるなど、事実解明が難しいことが多々あります。それだけに、経営者を含めＩＲ関係者には情報伝達の公平性を守る義務と努力が必要でしょう。

（3）証券会社審査部がネックの場合の解消方法

　まだ十分体験していない段階ですし、他社事例からの指摘になりますが、引受審査は公開引受部による公開に向けた社内体制等の問題点のチェックと改善指導と同じ内容といえます。同引受部は、この指導に多大なエネルギーと相当な時間をかけ、その上で引受審査

を担当する審査部に引き継ぎます。また、審査部においても①ゆっくり時間をかけないといけないもの（月次ベースの売上動向などウォッチングが必要なもの）、②テキパキ済ませられるもの、の2つが混同して審査業務のスピードが損なわれ、キックオフミーティング*から上場までに相当な時間がかかるようです。

審査業務の効率化に必要な評価システムがないためかもしれません。しかし、この審査のトンネルを通り抜けないことには公開ができないので、おおげさにいうと長い行列ができてしまうことも起こりうるわけです。

審査を受ける立場では、審査部の多くの質問から審査の内容が理解できるのですが、ベンチャー支援者から見ると、主幹事証券会社の引受理念、審査方針、審査手法が示されいないとやはりブラックボックスの中でなされている印象を受け、どのような内容の審査をしているのか確認しようがないのが実情です。

また、業種業態や企業規模から絞り込まれた審査項目をその重要性に基づき評価、順位づける必要があります。

例えば、
- 絶対これがクリアできないベンチャー企業は公開させない事項
- 当面全力疾走して改善してほしい事項
- 公開に支障をきたさないものの公開後がんばって改善してほしい事項

など事項別の区分が必要だと思います。

これは監査にも言えることです。メリハリがないとベンチャー企業は公開準備でヘトヘトになり、これからの事業活動に必要な公開後のエネルギーが消耗しかねません。

審査のネックの解消方法として現時点で感じることは次のとおりです。
- バランス感覚のある公開指導・引受審査と、それに対応したインフラ整備
- いたずらに不安がらずに大所高所の問題・優先順位の高い問題からの審査をすること
- 経営トップに直接ヒアリングし、生の経営理念・姿勢を確認すること
- 審査部門は公開引受部と連携し、会社のトップから現場まで直接接触する機会を増やすこと
- 監査法人の監査内容について、会社の了解を得て証券会社審査部門の立場から遠慮なく聞き、監査現場での監査状況も把握すること
- 特に経営センスのあるスタッフ、引受審査要員の速やかな養成
- 投資者保護を守りつつ形式と実質のバランスのとれた審査感覚を身につけること

現在の審査方法は、今までの引受審査を通じて、投資者の苦情が伴う公開直後の不祥事や証券取引所の審査に対応する中で確立されたのかもしれませんが、これからの審査部門はどうあるべきか、どうすれば審査が早く、スムーズにできるかを考え、チャレンジしていくときではないかと思います。

ここ当分の間は、ベンチャー企業を中心とした公開会社を大量に生み出す準備が必要でしょう。その時のネックは監査法人のマインドもさることながら審査部の効率的なインフラがテーマであり、そのための実務的対応が求められています。金融庁の「証券会社の市場仲介機能等に関する懇談会」（以下、「市場仲介機能懇談会」という。）にて引受審査の強化が関係者により検討されていますが、画一的な審査を求めるのでなく、多様なコンセプトと高度の専門性を駆使できるベンチャーの育成とIPO、加えて公開後の指導もできる証券会社の実現に向け、実情把握を早い段階で持ち、望ましい引受審査とその体制のインフラを整えたいものです。

＊　キックオフミーティングとは、主幹事証券会社と未公開会社とが、株式公開に向けた作業の開始を宣言するための会合をいう。

（４）エンジェル(個人投資家)から期待される証券マンの大量輩出

　かつて大蔵省に銀行局と並んで証券局ができたころ、巷では「銀行よさようなら・証券よこんにちは」といわれたことがありました。

　現在では、間接金融機能の銀行と直接金融機能の証券の垣根が取り払われ、一つの組織の中で金融機能が複雑有機的関係を持ちながら企業に対する資金調達の役割を果しています。金融サービスの総合化は日本経済、また世界経済にとってますます重要な役割を担っていると思います。

　個人としての証券マンは単なる株式売買の取次ぎというイメージから脱皮して、銀行マンと同じように金融マンとしての性格を持つと同時に直接金融だけでなく市場型間接金融を含む市場金融担当という感覚を持つことが必要だと思います。

　望ましい証券マンとしてのスキルは、

・　リレーショナルマネジメントといわれるクライアントのあらゆるニーズを引きだし、それに応えられるスキル
・　事業承継・経営相談・相続・企業再編・M&A・アライアンスなどの相談を受けながら結果として株式の取得、交換、処分などの相談を自然に受けるスキル
・　公認会計士・税理士・中小企業診断士・ファイナンシャルプランナー・経営コンサルタントの資格を持った方で、ベンチャー企業経営者のようなマネージメント感覚を持った人
・　人としての良識・見識・知識・度量の持主

　このようなスキルを持ち、日夜あくなき勉強・研修の上、力をつけていく気概のある人がいいでしょう。そしてそのような望ましい証券マンにめぐりあえたエンジェル（個人投資家）は未公開のベンチャー企業にも理解を深めることができ、裾野も広がると思います。

3 ベンチャー企業経営の複眼視点

（1）企業会計基準はカメレオン

　企業会計原則は長い間同一基準で運用されてきました。たしかに成長経済が続いている間は少々の自己矛盾も自然解消されてきました。ところが成長経済から減速経済になり、企業経営の複雑さ、新しい金融商品の登場、企業のグローバル化なども加わり、状況は一変しました。

　日本の伝統的企業会計基準からアメリカの会計基準への誘引も見られます。

　日米の会計基準の相違点として典型的なものに営業権の償却があります。日本では5年償却を基本にしているのに、アメリカでは何十年もの償却期間です。

　これは、アメリカではM&A戦略が経営上主要な戦略となったため、短い営業権の償却が損益に与える影響が大きく、これを避けたからです。しかし、この激変の時代に何十年も継続できる営業などあるでしょうか。このような相違点を解消し、財務諸表の国際間比較ができるように日本の会計基準を決める企業会計基準委員会と国際会計基準理事会（IASB・本部：ロンドン）、米財務会計基準審議会（FASB）の間で会計基準の共通化が審議されており、「経済実態にあわせた会計基準」を目指して共通評価を模索しています。

　また、会計ビックバンということで、税効果会計、繰延税金資産、金融商品の時価会計、退職給付会計などが適用され、さらに減損会計、企業結合会計など専門家でもマスターするのが難しい会計制度の適用がなされています。

　長い間、取得原価主義を守ってきた会計基準が時価主義に一気に傾き、株式や不動産といった短期的・中期的に価格変動の激しい資産、しかも借方の中で大きな割合を占める資産の場合、毎期評価替えすることで企業会計の本来の目的である営業期間損益計算が霞んでしまいかねません。

ストック会計は悪、キャッシュフロー会計は善か？

　最近、特にキャッシュフロー会計・オフバランス会計が提唱され、かつてのダイエーのような借金経営は「悪」といわれています。たしかに借入金と返済原資のバランスの崩れた経営は望ましくありません。しかし、借入金のコストと自己資金のコスト比較では借入金の方が税金を考えるとキャッシュフロー上も明らかに有利で、また資金の回転率もいいのです。企業経営上からみると「安いときに買い、高くなったら売る―含みができる」の事実を無視できません。ここ5年ほどで現金資金を持っている企業がどれほど優良資産を買っているかご存知でしょうか。現に3年間の家賃総額程度の価額で事務所を購入している企業もあります。

　不良債権処理やタイミングのいい資金調達ができないばかりに、逆に保有資産を安く処

分している企業とは大きな差ができています。優良企業は、当分の間は新しいバランス感覚を持ったストック会計経営が望ましいと思います。当分の間とは景気循環のトレンドが再び下方を迎えるまでですが、株主資本の効率化の観点から、資産のオフバランス化も見逃せません。

いずれにしても、キャッシュフローからみても優良企業にはますます資金流入のパイプが太くなるのです。業績に加速されたキャッシュフローの活用ということになります。

ただし、収益力か現金集金力かのどちらかに自信のないところはダメです。気をつけてください。

投資後のフリーキャッシュフローがプラスの確実性が大切です。

(2) 企業経営は先見企業会計を見据えて

a　ベンチャー企業と企業会計

ベンチャー企業の場合、財務数値だけで企業価値を測るのは難しく、むしろ適正ではありません。赤字の会社が株式を公開できて、しかもなぜ高い株価がつくのかの説明ができない理由と同じです。

設立間もないベンチャー企業については、財務数値の定量要因より数値化できない定性要因の方が、企業評価の大きな部分を占めることがあります。これは、まったく同じ企業にもかかわらず、社長が誰か、スポンサー企業がどこかによって企業価値が異なってくることからもわかります。

b　潜在利益・顕在利益

適正な期間損益計算が大前提で、公認会計士の監査もそこがポイントです。

しかしながら経営実態から損益発生原因をみると、今期の経営・営業努力が来期以降に実現したり（潜在利益）、前期以前のそれが今期実現していること（顕在利益）が往々にしてあります。期間損益計算が的確になされない限界がでてきます。

長期的視野に立って長期的な利益蓄積経営を行い、企業の顕在利益を追求する姿勢が必要だと思います。

c　真実の利益

利益とは「企業が自社の管理下で自由に使えるもの」として勘違いされがちです。

ここがポイントなのですが、国税・地方税を合わせると利益の半分が税金で、その残りが税引後利益です。ベンチャー経営者としては、税金も費用と同じであると考えておくのがよいでしょう。

不思議なことに黒字から赤字になると瞬間的に資金に余裕ができます。税金が還付され

たり、支払いが一時的に必要なくなるからです。

d　知的財産権と企業会計

　特許権などに限らず、企業が持つ競争優位性すべてが定量的に評価される仕組みがあると、企業会計もさらに生きてくると思われます。企業継続・維持の中で蓄積された営業優位性などは現金支出して取得したものではないので評価しがたいものです。本来、適正で合理的な期間損益計算を試みるなら、これら営業優位性等を毎期評価し期間損益に反映する試みが必要でしょう。

　往々にして従来の姿勢では比較的容易に計測できるもの、基準があるものは計算し、しにくいものは評価しない傾向にありました。企業活動の実態を会計数値化して反映させることは、今までのように容易でなくなってきたことも事実です。経営者はそのあたりを自覚しておくことが求められます。経営者は自ら把握できるデータ・情報を持っているわけです。形式的・画一的でなく経営視点から経営財務諸表をつくり、潜在的パワーを正しく把握しておく必要があります。

e　持続的経営のための企業会計

　投資家は、財務諸表により、業績を分析し、将来性を評価します。そのためには、社会の厳しい変化に対応できるよう、できるだけ厳しい会計処理が望ましいでしょう。保守主義の原則の尊重です。しかしながら、企業間比較もおろそかにできません。同業他社が放漫な経営で評価減しないとき、自社が評価減ないしは不良債権・資産をしっかり損切りしても、体力を低く見られるのもくやしいものです。しかし割り切って企業会計の上では保守的スタンスで評価減・費用化を検討しておく経営姿勢が長期的に優位に立つと信じたいものです。

　税務会計と企業会計で矛盾を感じますが、企業会計基準に則しながら、健全経営の指針として判断できる財務諸表の構築ができる経営者になりたいものです。

（3）資金還流・金流の現状

　バブルの時代には、日本企業がアメリカ本土の不動産を争って購入し、そしてその後の不況の中で、それを購入価額を大きく下回った価額でアメリカの企業に売却しました。日米間で不動産を介して資金がアメリカに流れ、日本に戻ってきたときは何分の一かになっていたことになります。

　また現在、日本企業の再生に多額の外国の再生ファンドの資金が投入されており、さらに、「合併対価の柔軟化*」により国際的な株式交換や合併が可能となる新会社法が2006年5月に施行されています。

　それにより、外国企業の子会社である日本法人と日本企業との株式交換が可能となりま

す。このことから国際M&Aによる大型企業編成がなされることが予想されます。

このように日本企業は、まもなく外国資本による厳しい評価にさらされることになりますので、経営者は、国際標準とされる株主本位の経営を心がける必要がありますが、世界にデビューするチャンスの到来と考えることもできます。

* 「合併対価の柔軟化」とは、吸収合併等で消滅会社等となる株主に存続会社の株式を交付せずに金銭その他の財産で交付することをいう。2007年施行予定。

4 最短距離にチャレンジ

（1）Google株の公開・上場

シリコンバレーの偉大さを改めて認識させられる出来事が起こりました。

インターネット検索エンジンの大手Google（グーグル）の株式公開です。

スタンフォード大学博士課程休学中のサーゲイ・ブリン氏とラリー・ページ氏が創業した会社が2004年8月19日、1株100.33$（公募売出し価額85$）で取引開始されました。株式時価総額は3兆円だったそうですが、現在では4倍の12兆円になっております。

シリコンバレーへの投資熱が冷めかけていたときだっただけに、大変元気づけられました。

それではなぜ、Googleは創業6年で世界のトップ企業になりえたのかというと、やはり技術がビジネスに与えるインパクトとビジネスの上での資金集積力と思われます。日本において中村修二さんが日亜化学から早々と独立してベンチャー起業されていたとしたら、どうであったかと考えさせられます。

（2）第2のGoogleをみんなの英知を集めて創成しませんか

このGoogleの株式公開はシリコンバレーでの代表的なガレージ・ベンチャー企業、インテル（1971年）、アップル（1972年）、ネットスケープ（1995年）に次いでシリコンバレーの復権を印象づけた大異変です（カッコ内は各企業の公開・上場の年）。

株式時価総額では、この分野ではeBay（イーベイ）が抜きん出ていますが、それに次ぐ位置づけとなりました。

世界のフォード、ゼネラルモータース、ホンダ、松下電器産業、ソニー、日立製作所の時価総額をも上回る勢いです。まさしく正真正銘の下克上の世界です。

その技術もさることながら、マネーの威力も感じさせます。やはりシリコンバレーには技術が飛び抜けた人なら、お金も飛び抜けた金額が激流のごとく流れこむエネルギーがあります。

私の身近なシリコンバレー企業は「技術はシリコンバレー、お金は日本」という考え方の企業でしたので、少しシリコンバレーを歪んだ目でみていました。

このような企業づくりは日本でも可能なのでしょうか？
ヘラクレス市場からそのような企業をみんなの力で生み出せないでしょうか？
そこにチャレンジしてみたいと思うわけです。

（３）ダイナミックな資金循環

大阪に再生シリコンバレーの風土をもう一度呼び寄せたいと思います。

今ではシリコンバレー在住体験者も多くなりましたし、インターネットやIP電話が普及し、情報、人材そして資金もグローバルな移動が可能となり、大阪大学はサンフランシスコのダウンタウンに事務所を開設、京都大学もスタンフォード大学と交流するなど、環境・条件も整っています。

あとはアクションの起こし方です。

エンジェル資金、ベンチャーキャピタル資金から抜け出してヘラクレスマーケットから一般投資家の資金に交代していく資金循環が、ダイナミズムのあるベンチャー企業を多数輩出する基盤になると思います。

そのためには「卵が先か鶏が先か？」の議論になりかねませんが、期待の星のベンチャーがヘラクレス市場から多数誕生することが地域の活性化につながるのです。

（４）起業：デゴイチ型・富士山型・コンポーネント型

起業の仕方を見てみると、強靱なリーダーシップを持った創業者がぐんぐん社員を引っ張っていく、例えるなら煙を吐きながら何十両もの貨車を力強く引っ張るデゴイチ（D51型蒸気機関車の愛称）を思い出させるやり方があります。京セラの稲盛和夫さんや日本電産の永守重信さんの初期の姿です。

しかしこれは稀なケースで、もっとスマートなやり方があります。

最初にあっと驚くようなビジネスプランをつくり、出資者を募ってお金を潤沢に集めるやり方です。企業の中味は実体が伴っていないのですが、お金の力でビジネスプランは実現させ、株式の公開可能なベンチャーとしての企業体制は時間の経過とともにでき上がっていくわけです。

ただし、この方法は出資者を信じ込ませるレベルの高い事業シーズに加えて経営者の資質だけでなく、オーラも必要です。

この方法は富士山に登山するのと似ています。

富士山は遠くから眺めると本当に美しい山です。しかし実際に富士山に登ると足元は岩ばかりで、苦難の連続です。しかし、富士山のその美しい雄姿に惹かれて毎年多数の登山者がこの山に登ります。

最後に、確実性が高く、早い時期に立上げが可能な方法としては、新しいホテル開業のやり方つまり、コンポーネント（必要な部門ごとのプロ）を集めてくる方法です。CEO・

COO・CFO・CTOなどビジネステーマにそったプロを一堂に集めて起業するやり方です。もちろん中核になる人格者・創業者・支援者があってのことです。さらにその企業組織に必要な資金をはじめ経営リソースを集めてのスタートです。

いいビジネステーマとプロ集団、そしてその信頼に集まる適時・適量資金で起業インフララインができ上がれば最短距離でのチャレンジも可能になりそうです。

5 ますます広がりのある期待

（1）人の評判からの脱却

人の評判の無責任さがどれだけ歪んだ社会をつくり出しているかを考えると、個人の責任も感じます。

社会的地位の高い人でも正しいことを貫くこと、正しい意見を発言すること、正しい主張を支持することはその影響力を考えると躊躇するのが人の常です。一人一人がしっかりと問題意識を持ち、組織人・社会人・家庭人として発言したいのですが、その発言が組織に迷惑をかけたり、家庭を脅かすとなると、一歩退いてしまいます。

立派な人で精神的に自立されていても経済的自立がなされていないと難しいこともあります。残念ながら、評判や風評の集積が事実とかけはなれた評価として定着することも数多く見受けられます。もちろん日本は国際的にも数段レベルが高い自由社会のはずですが、それでも正論が保証されていません。勇気を持ちたいものです。

政界もすごいですが、証券界の風評の混乱もなかなかのものです。

冗談に「○○は白だ」という情報を流すと、自分のところにもどってきたときには「○○は黒だ」という情報になっているといわれるぐらいです。それでも、白・黒と明快に決着が付くのは良い方です。多くの場合、過去の評判や風評に引きずられ、常にグレーな状態に置かれ、その人の見識が否定された情報となっています。

このような情報混乱戦略に惑わされないためには勇気が必要です。それには「出る杭は打たれる」から「出すぎる杭は打たれない」の実力をつけることが肝要です。

（2）ベンチャー政治家の出現

ベンチャー起業に成功し、政治資金を国民に頼らないですむような政治家が生まれてほしいものです。ただ、「ホリエモン」では困りますが、ビジネスで蓄積された根性とキャピタルゲインで政治を変えてほしいものです。政治家も何期も務めていると権力意識が生まれてくるようです。1期か2期ぐらいが適当で、経営のわかる元政治家の母集団が大きくなることが本格的な社会変革の芽になります。

ベンチャー起業に成功して経済的な制限から開放された企業家から自由な発想で社会を

本格的に改革するニューリーダーが生まれてくることで、努力する者が報われるすばらしい社会が生まれる素地が整えられることは、日本に明るい兆しをもたらしてくれるように思います。

（3）新産業創造の道の幕開け

　人も企業も国際化の時代です。ヘラクレス市場から海外マーケットを見定めて、国際的に信頼されたマネーに裏付けられ、国際競争力のある研究開発、国際的センスに溢れたマネージメントで世界を舞台に活躍できるベンチャー企業が誕生できる時代です。

　伝統あるロンドン市場もヨーロッパやアメリカ市場に飲み込まれる時代です。ベンチャー企業とヘラクレス市場とがアジア、特に至近距離にある市場とのグローバル提携の風土が生まれれば、ベンチャー企業もヘラクレス市場に一目置き、関心も高まるのではないかと思います。

　ところで、株式時価総額比較をしてみると驚くべきことがはっきりしてきます。

図Ⅰ-2　株式時価総額表
（2004年7月現在）

●化学部門

	時価総額（千億円）	倍
デュポン	47	6
住友化学工業	8	1

●小売部門

	時価総額（千億円）	倍
ウォルマート	245	13
イトーヨーカ堂	18	1

●金融部門

	時価総額（千億円）	倍
シティグループ	257	4
三菱東京FG	62	1

●電機部門

	時価総額（千億円）	倍
GE	367	7
キャノン	49	1

●食品部門

	時価総額（千億円）	倍
コカ・コーラ	135	13
キリンビール	10	1

●産業用機械部門

	時価総額（千億円）	倍
タイコ	70	5
ファナック	15	1

　日本の代表的優良企業が、世界比較ではちっぽけな企業に見えてきます。
　企業実態が、1枚の貸借対照表・損益計算書にまとめあげられ、そのエッセンスで比較することに大きな意義を感じます。
　これからは国際的な企業間比較がなされる時代となります。そしてそのベースとなるのが、国際企業会計基準に則った財務諸表によって数値化された株式時価総額です。
　しかもその評価を基に国際企業の株式交換も頻繁になされ、場合によっては、最高レベルの技術の海外移転も起こりうる時代はもう直前にきています。いわば「文化革命」・「経済革命」が起こるのです。
　新しく元気なベンチャー企業を次から次に輩出して国の財産を作り上げていってもらわないと日本も大変なことになってしまいます。
　それでは、今後どうすれば日本経済は世界の舞台で再び主役に立てるのでしょうか？

実は、現行の会計原則・基準に則した財務諸表には表現されていないパワーが日本の組織にはあり、そしてそれは莫大なものです。単なる数値化された財務諸表の時価総額で比較するととんでもないことになるわけです。

　社会的影響力のある組織、日本の大企業の中にはそれにふさわしい数多くの人材（人財）がおられます。そこに帰属されている潜在力豊かな人の自縛を解いてあげて、スピンオフ（技術・能力の応用）を推奨できる環境が必要です。さらにやる気満々の日本のベンチャー企業は、シリコンバレーのようなスマートさはないかもしれませんが、根性のある若者・シニア予備軍を輩出する原動力となっています。その中には、アライアンスをしてでも一気に駆け上らせたい気概のある起業家やベンチャー企業もあります。

　これらのベンチャー企業を融合させ、さらなる飛躍の可能性を持つベンチャー企業としてヘラクレスに上場させるインフラをつくりあげたいものです。そのようなベンチャー企業群と豊富な資金と情報を持つエンジェルとの出会いの場がほしいのです。

　エンジェルも、知的水準の高い日本では、お金（出資面）だけで測るのはもったいないです。大企業のOBグループでは1万人を超えるグループも多々あると聞きます。そのシニアの皆さんの余裕のある貯蓄の一部をベンチャー企業に注いでいただき、投資とともに知恵を出していただければ、ベンチャー企業の成長はどれだけスピードを増すことでしょう。

　投資だけをしてキャピタルゲインをじっと待っているだけではつまらないです。

　シニアから若い人に貯蓄を移して個人消費に期待する経済政策より、よっぽど攻めの政策にもなると思います。

　そこに世界的にも規模の大きい国民金融資産を注ぐ環境が整備されればどうでしょうか。創成ビジネスの芽は計り知れません。

　期待大きい日本の新産業創造の道の幕開けです。

6 新興市場とそのインセンティブ

(1) 新興市場の現状について

　21世紀を担う新産業の育成を目的とした新興市場の整備・強化策は、平成11年から12年にかけて、従来の上場審査基準を大幅に緩和させ、マザーズ市場、ナスダックジャパン（現ヘラクレス）市場の創設につなげ、新興市場の先駆的役割を期待されていたジャスダックも店頭登録基準の見直しを行い、創業間もないベンチャー企業に株式公開の途を開き、旺盛な資金ニーズに応える仕組みを整え、官民一体となって進められてきた起業支援に大きなインセンティブを与える成果をあげてきました。

　この1～2年を見ると、証券市場の信頼性を大きく損ねる不祥事の続発を受け、証券取引所をはじめ業界全体がベンチャーの株式公開に慎重な姿勢を取り始めています。これは、

新興市場の開設理念あるいは平成7年から8年にかけて取り組まれた上場審査の透明化を内容*とする改革の形骸化を招きつつあります。

そのために、事業基盤が形成されていない、もしくは脆弱な、しかも、事業資金を最も必要としているアーリーステージのベンチャー企業が新興市場から締め出される影響が出始めています。

例えば、東京証券取引所では、一連の不祥事に対応する中で、わが国を代表するセントラルマーケットとしての高いクオリティーを維持する必要性から、わが国で最も緩和された審査基準を持つマザーズ市場の上場審査に市場第一部、第二部の審査方針を持ち込み、上場審査における市場別の棲み分けが困難になりつつあるといわれています。それは、①両市場間におけるコンセプトやクオリティーに大きなギャップがあるにもかかわらず、安全性よりも成長性を重視したハイリスクのマザーズをローリスクの審査姿勢で対応し、そのギャップを埋めようとしていること、②マザーズの審査基準の大幅な緩和に伴い東証の裁量の範囲（裁量権）が拡大したのを巧みに利用し、実質的に審査基準をダブルスタンダード化していること、③審査姿勢の変化を受け、ベンチャー市場の特徴である玉石混合、ハイリスク・ハイリターンが希薄化されていること、などからも明らかです。

最も懸念されるのは、これらが証券会社の引受審査に波及し、上場希望会社の選別を強化するだけでなく、新興市場の格付けへとつながり、起業支援におけるインセンティブを低下させることです。

* わが国の経済環境が急速に変化する中で、上場審査業務の硬直化が指摘され、証券取引所は上場審査の透明性、効率性を高める観点から、上場審査基準の解釈、運用（ガイドライン）を規則化もしくは廃止するとともに、新規上場申請に伴う提出書類の簡素化を図った。特に、当時の大蔵省（現金融庁）は、定められた基準を上回る実績を求めるダブルスタンダードの払拭を狙い、審査基準に二重基準は存在しないとの表明まで行った。

（2）ヘラクレスの位置

わが国の新興市場は、アメリカのナスダック市場をモデルに将来の成長が期待されるベンチャーを対象としたハイリスク・ハイリターンの市場として開設されています。この市場の特性は、新規産業の育成に不可欠な要件でありますが、上場審査を通して歪められつつあります。

わが国の新興市場では、新規上場企業の質による市場の差別化、大手証券会社を中心とした慎重な引受姿勢などを反映し、市場の格付化が進んでいます。マザーズは、セントラルマーケットである東京証券取引所の地位を利用して順調に市場を拡大させていますが、一方で、ベンチャー市場の特性を弱めつつあります。また、ジャスダックにおいては、証券取引所化にあたり、東証第二部の実質基準を取り入れたことで事実上ベンチャー市場から退出したといえるかもしれません。

ヘラクレスは、この1～2年、新規上場会社数を大きく伸ばしましたが、同市場におけ

る各会社の選択経緯を見ると、必ずしも喜べるものではありません。むしろ、新興市場における同市場の格付を低下させることになりかねません。このままでは、上場審査を強化し、新興市場の特性を放棄するか、このまま急速に進むローカル市場化に甘んじるかの二者択一を迫られていくと思われます。

　ヘラクレスは、市場の構築経緯からみて、審査の強化でもなく、市場のローカル化でもないベンチャー市場の特性を最大限に発揮できる市場への再構築を選択しなければなりません。そのために、マザーズや他の新興市場と明確な差別化を図り、ベンチャーの経営者が公開市場の第一候補にヘラクレスを挙げる方向に舵取りする基本戦略が問われているといえます。

（3）基本戦略の提言について

　わが国の産業は、東アジア（中国・韓国・台湾・香港・ASEAN10）において分業体制を確立しているように、米国中心から東アジアにシフトしています。貿易、投資における東アジアの相互依存関係は想像以上に深化しており、これら地域の経済発展のけん引役を果たしています。わが国も貿易・投資における障害を除くEPA（経済連携協定）やFTA（自由貿易協定）の戦略が喫緊の課題となっています。すでに、ASEANや中国において具体的な検討が進められています。

　わが国のベンチャー企業あるいは起業家の多くは、ETPやFTAに伴う市場の広がりにビジネスチャンスを求めておりますし、投資家もわが国のベンチャー企業だけでなく、これら地域で活躍する現地の新興企業に投資できる機会を期待しているといわれております。

　大証は、東アジアとの歴史的交流を持つ関西の地理的優位性を踏まえ、この流れに対応した戦略の構築の途上にあると推察しますが、さらに加速度を高める必要があると思います。その第1の提言として、上海証券取引所、シンガポール証券取引所との株式売買における相互乗り入れを実現する株式の受発注ネットワークシステムの構築が考えられます。これは、ヘラクレスに上場したベンチャー企業が上海の投資家も上海証券取引所を通じて売買できる仕組みであります。

　その2は、ヘラクレス市場に上場申請したベンチャー企業の事業計画書をインターネット上に公開し、意見もしくは評価をしてもらう仕組みをつくると同時に審査過程の透明化を図ることであります。いわゆる、パブリックコメント版です。これにより、事業モデル・事業リスクの認識、市場のニーズや将来性等を判断する期間が設けられ、投資家も冷静に投資判断が行えますし、新規上場申請会社のユーザーなど利害関係者の意見も寄せられ、上場審査に幅ができるものと思慮されます。また、万が一にも上場できない場合のリスクを避けるために上場申請会社、引受証券会社も慎重な手順・手続に則って対応するものと考えられます。

その3は、ヘラクレスはナスダックのマーケットメーカー制度を前提にした証券会社の役割が期待できないことから、上場会社に対して、上場後3年間を目途にIR、情報開示、経営のモニタリング、指導を受ける証券会社、弁護士事務所、経営コンサルタントなどとの契約を義務づけることです。

　その4は、取引管理責任者としてヘラクレス市場の市場開設者である大証は、常に、審査方針、留意すべき審査項目を広く一般に公表し、新規上場会社、引受証券会社に対し、審査結果を説明する必要があります。単に、審査終了をもって全面否定・全面肯定とするのでなく、何がどの程度悪く、それが上場審査基準にどの程度影響したのか明らかにすべきです。いたずらに広く細かく網羅的な審査の対応は「これからの期待企業」に「上場時の完全無欠企業」を求めていることになります。ヘラクレスに向かう会社または上場会社はこれからの企業です。上場会社の不祥事に端を発した監査法人・証券会社の責任論で萎縮ムードが出はじめています。大証自らベンチャー企業の針小棒大な監査・引受審査の自縛を取り除く必要があると思います。

　その5は、ヘラクレス市場における上場支援関係者の評価システムの構築です。主な関係者はベンチャー企業・取引所・証券会社・監査法人・弁護士事務所と思われます。ヘラクレス上場では、良識ある合理的なコストバランスを崩すような関係者を排除する仕組みが必要です。大証にも責任があると思われますが、上場準備段階あるいは上場時での不要不急なことが求められています。創意工夫で精神的・経済的コストバランスがとれるとヘラクレス上場予備軍も増えると思われます。

　その6は、ヘラクレス上場準備企業とエンジェルのアーリーステージからのコンタクトの機会づくりです。IT技術を駆使したマッチングシステムの構築が求められます。限られた良質な資金の、適時・適量なベンチャー企業への誘導情報の発信です。

　その7は、若いベンチャー経営者がヘラクレス上場により「天狗」になることが多々あります。幹事証券会社のサラリーマン証券マンのアドバイスの効き目がなくなり、暴走しかねません。ここは実績のあるIPO先輩企業経営者のアドバイスが効果的です。両者の交流会を開催し、先輩から後輩へのアドバイスづくりも考えるべきです。

　その8は、IPO（公開）後の資金調達と資金使途です。何とかIPOしたものの、そこから先の資金が枯渇してしまったという企業とIPOで得た豊富な資金を持って再スタートという企業の存在が市場における資金調達と資金調達の善し悪しのわかれ道となります。IPOは大量のニューマネーの資金調達手段に間違いないのですが、経営の本業に不必要な大量の資金を獲得したIPO企業がM&A戦略とあわせてマネーゲーム的に「売上と利益の箱」を買う傾向も一部に出てきています。これらの企業には、キャッシュフローと経営手腕がついてくることを祈りたいと思います。

　一方、新興市場に参入する資金は限られているにもかかわらず不必要なところに偏在する傾向を示しています。このことは自由資本主義の下では「マーケットにまかせ」が原則

ですが、これからの課題として資金の効率的配分を促す観点から注意深く監視する仕組みが必要でしょう。

II　ヘラクレス市場への道

1 申請会社の留意点

	申請年度3年前	申請年度2年前	申請年度直前期	申請年度
事業計画作成	・公開スケジュール作成 ・短期事業計画作成 ・中長期事業計画作成	事業年度毎に見直し・実施 →		
資本政策・資金計画	・資本政策作成 ・資金調達計画作成	増資・ストックオプション付与・株式の移動の実施 → 増資・融資等による資金調達の実施 →		公募・売出
経営管理体制の整備	・定款の見直し ・取締役会制度の設置と運用※ ・取締役会等の議事録の整備 ・組織体制の見直し ・諸規定の整備 ・監査役および内部監査体制の整備 ・利益管理および予算管理制度の整備等	試行・改善	運用	
経理・決算体制の整備 (ディスクロージャー制度の整備)	・会計方針の確定 ・月次決算の早期化、正確性 ・四半期決算、半期決算、年度決算の早期化と正確性 ・部門別、商品別、セグメント別の管理 ・連結財務諸表作成	試行・改善	運用	
関連会社の整備	課題の抽出 →	改善	運用	
公開申請書類の作成		申請書類作成	主幹事証券審査	取引所審査
その他	・主幹事証券会社の選定 ・監査法人決定 ・社内プロジェクトチーム結成	定期的ミーティングの実施 →		
	関連当事者間取引の抽出 →	取引の内容確認・改善、解消 →		
		印刷会社決定	申請書類作成・ディスクロージャー支援 株式代行会社決定	証券代行事務委託
	登記契約書等の整備(司法書士、弁護士等) 知財戦略の策定・整備(弁理士等)			

※ 会社法制定に伴いヘラクレス上場においても取締役会の設置とその運用状況が審査対象となります。

ヘラクレス市場上場までの流れは、上記のフローチャートのとおりであり、そこで示された事項について以下にポイントを掲げます。

(1) 事業計画書

a 事業計画書の必要性

　事業計画(経営計画)とは、経営理念に基づく経営方針を企業の目標とし、それにより、企業の体質改善や経営内容の革新ならびに企業が持続的に成長するための将来企業イメージを明らかにするものです。そして、それを実現するための具体的な事業領域、経営戦略や事業の進め方を明文化したものを「事業計画書」といいます。公開企業であれ、非公開企業であれ、将来企業イメージを実現させることが、継続的な成長を可能にします。

　また、企業がヘラクレス市場に上場するまでの間、ベンチャーキャピタル等に第三者割

当増資等を実施することが通例であり、ベンチャーキャピタル等に株式を引き受けてもらうためには、当該企業の経営理念、経営方針、経営戦略および事業戦略等を第三者に理解してもらう必要があります。そのために、自社の企業内容を第三者にも理解できるように記載することを心がけなければなりません。

ヘラクレスに上場する場合の新規上場提出書類一覧には、「企業の継続性および収益性」が審査ポイントになっていないこともあり、事業計画書の提出は要件になっていません。しかしながら、公開企業を目指す以上、企業の継続性および収益性、企業経営の健全性は、重要な審査ポイントと考えられますし、事実、証券取引所への事前説明*に利用されています。

これらの観点から、「会社の属する業界の動向、会社の利益構造、会社の利益管理制度等」の質問に的確に回答するためにも、事業計画書の作成は不可欠です。

* 事前説明とは、ヘラクレスの特徴である短期間の審査を効率的に行うため、上場申請前に証券取引所の審査担当者に対し、事業内容、業界の特性、業績動向等について説明することをいいます。

b 事業計画書の記載事項

ア 経営理念
これは、会社の憲法といえるものであり、「なぜ、当社が存在するのか」、「当社が存在することによって各利害関係者に何をどのように貢献するか」ということを示す、当該企業の実践規範です。

イ 経営方針および経営目標
経営理念から導き出された企業の事業領域を明確にし、企業の進むべき道を示した羅針盤の役割を果たすものを「経営方針」といい、それを定量的な数値で表したものを「経営目標」といいます。

ウ 経営戦略
経営目標を実現するため、企業を取り巻く内部環境および外部環境を分析し、SWOT分析等により、経営戦略を事業別に策定し、各部門に伝達します。

経営戦略を明確にするために、利益計画として、販売計画、生産計画、購買計画、資金計画、投資計画等の各計画を策定し、また、要員計画、新規事業計画等も併せて策定し、これらを相互に関連させた利益計画を策定します。特に計画の精緻度を高めるため、企業を取り巻くさまざまなリスクファクターを分析し、リスク回避のための手法を計画します。また、万が一事業計画どおりに進行しない場合のリスクも同時に分析します。なお、この計画は、株式公開における重要な審査項目とされています。

c 事業計画の作成上の留意点

ア 自社の環境を分析する
①外部環境の分析

経営戦略を具体的に策定するには、事業の動向を正確に見極める必要があります。そのためには、（a）日本経済、世界経済のマクロ的な経済情勢の把握、（b）申請会社が属するマーケットサイズの把握、（c）そのマーケットの変化と将来の成長性を明確にしなければなりません。そして、申請会社の事業内容が、同業他社と比較した場合の強み・弱みを把握しておきます。

これら外部環境により、申請会社の業績がどのような影響を受けるかを把握する必要があります。

②内部環境（自社の経営資源）の分析

申請会社の販売高・生産力・技術力・人材等の経営内部資源を把握します。

イ　経営戦略の立案

上記の外部・内部環境分析に基づき、具体的な経営戦略を立案します。

ウ　利益計画の策定

経営戦略が立案されると、それをベースに利益計画として、部門別・製品別・事業別等の損益計算書および貸借対照表を事業年度別に作成し、それらを総合することにより全社ベースの利益計画を作成します。

なお、引受審査や取引所審査では、2事業年度の利益計画とその設定手続が審査の対象となります。売上高計画、経常利益計画の設定額については、その設定根拠と達成の可能性について説明が求められますので、単なる目標数値でなく、外部要因、内部要因に裏付けられた達成可能な数値であることが必要です。また、設定手続については、基本方針の決定方法から各部署の検討過程、経営会議等における資料、議事録だけでなく予算化の手続も審査の対象になります。

エ　事業計画書のとりまとめ

ア～ウの作業をまとめて、「中長期事業計画書」という形にします。

オ　事業計画の進捗状況と業績見通し

事業が計画どおり進行しているか否かの検討は、利益計画の修正にもつながるため必要です。したがって、計画と実績の差異を分析し、計画どおりに事業が進行していない場合は、その対策を講じることが必要です。

（2）関連当事者との取引の見直し

a　なぜ関連当事者と会社との取引を見直す必要があるのか

会社が公開会社になると、「プライベートカンパニー」から「パブリックカンパニー」に変貌し、申請会社の利益が特定の役員ならびに株主等に合理的な理由なく流出することは許されません。したがって、ヘラクレス上場に際しては、事業を公正かつ忠実に遂行し、企業経営の健全性を確保する観点から関連当事者と会社との経営活動に係る取引、すなわ

ち、営業取引・資金取引・不動産等の賃貸借取引および各種財産権等の使用に関する取引に利益相反取引またはその疑いがある場合、若しくは経済的合理性がない場合には取引を見直し、または解消しなければなりません。しかしながら、これら取引の解消には、個人財産の処分等の過程でオーナー等の痛みを伴いますし、申請会社にも大きな資金負担を強いる場合もありますので、それ相応の時間が必要となります。

b　関連当事者 とは

　関連当事者とは、財務諸表等規則第8条第16項に規定されている者をいいます。
① 　財務諸表提出会社（＝ヘラクレス上場申請会社）の親会社
　　（親会社…財務諸表等規則第8条第3項・4項参照）
② 　財務諸表提出会社の子会社
　　（子会社…財務諸表等規則第8条第3項・4項参照）
③ 　財務諸表提出会社と同一の親会社をもつ会社等
④ 　財務諸表提出会社のその他の関係会社（財務諸表提出会社が他の会社の関連会社である場合における当該と他の会社をいう。以下同じ。）並びに当該その他の関係会社の親会社及び子会社
⑤ 　財務諸表提出会社の関連会社及び当該関連会社の子会社
⑥ 　財務諸表提出の主要株主（自己又は他人（仮設人を含む）の名義をもって発行済株式総数の100分の10以上の株式を有している株主をいう。）及びその近親者（二親等内の親族をいう。以下同じ。）
⑦ 　財務諸表提出会社の役員（財務諸表提出会社の取締役・会計参与、監査役若しくは執行役又はこれに準ずる者をいう。）及びその近親者
⑧ 　⑥又は⑦に掲げる者が議決権の過半数を自己の計算において所有している会社等及び当該会社等の子会社

c　役員構成等の見直しをする上でのポイント

　未公開会社の多くは、オーナーや事業推進者の人脈を中心に役員が選任、構成されますので、役員相互間の親族関係、他社の役職との兼任関係、役員の資質・能力等が審査の対象になります。例えば、社長の配偶者が社長の職務・権限の内容からみて利益相反的な経理担当役員である場合、取締役会が同族役員または非常勤役員により過半数を占められている場合、職務に対応能力がない名目的な役員の就任の場合等が審査で問題となります。これは、上場会社の役員が多くの一般株主の負託に応えるため、誠実に職務を執行し得る状況に置かれていることを求めているからです。
　より具体的に説明しますと、一般的に、非公開会社においては、代表取締役一族が業務執行の伴わない名目的な取締役・監査役に就任し、その職務内容からみて過大な報酬を受

け取っている場合が見受けられます。特に、役員の親族で取締役会の過半数が占められている場合は、同族の利益を優先した取締役会の決議を行い、株主の利益を損なう恐れがあります。それを避けるために、名目的な親族の取締役・監査役は退任させ、お手盛りとみなされる過大な役員報酬を是正し、同族役員間の職務権限の分掌等の見直しが必要となります。そして、取締役会等の経営会議が機動的に開催され、議題の検討に必要な情報が漏れなく提供され、各担務の組織・職務権限に基づき討議され公正な決議・決定が行われる運営が必要とされています。

また、取締役と常勤監査役が申請会社の資本下位会社等*以外の他の会社の役員を兼任している場合、当該兼任が、申請会社の業務執行に支障を来たしていないか、また、当該兼任により、申請会社の経営活動や監査業務に不利益が生じていないかが確認されます。なお、申請会社の役員が他の役員の個人会社の役員または従業員を兼職することは原則禁止されています。なお、取締役の配偶者ならびに二親等内の血族および姻族が監査役に就任することは、有効な監査の実施を損なう状況にあるとみなされ、認められていません。

(出典:「ニッポン・ニュー・マーケット－ヘラクレス上場マニュアル2005」㈱大阪証券取引所)

* 資本下位会社等とは人的関係会社(人事・資金・技術・取引等の関係を通じて、申請会社が他の会社を実質的に支配している場合または他の会社により実質的に支配されている場合における当該他の会社をいう)および資本的関係会社(申請会社(その特別利害関係者を含む)が他の会社の発行済株式総数の100分の20以上を実質的に所有している場合または他の会社(その特別利害関係者を含む)が申請会社の発行済株式総数の100分の20以上を実質的に所有している場合における当該他の会社をいう)のうち、申請会社が実質的に支配または所有している他の会社を指す。

なお、特別利害関係者とは、以下のものをいう。
・ 役員(役員持株会を含む)および役員の配偶者および二親等内の血族
・ 役員(役員持株会を含む)および役員の配偶者および二親等内の血族によって発行済株式数の過半数が所有される会社(有限会社を含む)
・ 関係会社およびその役員

d 関係会社整備の必要性

関係会社とは、財務諸表等規則の「親会社」「子会社」「関連会社」「その他の関連会社」をいいますが、上場審査では、いわゆる「人的・資本的関係会社」を含め「同規則」よりも広い範囲で定義しています。

企業は、節税対策・労務対策・事業別の会社設立等の企業戦略の必要性から関係会社を設立します。審査上、申請会社とその関係会社は、法人格は別個でありますが、申請会社の株主(将来株主も含む)から見れば、単一化された経済活動体(企業グループ)となりますので、申請会社に関係会社が存在する場合は、審査上、特に重要視されます。

関係会社は、多くの場合、申請会社の事業活動を補完若しくは強化するために設立されますから、その企業グループ内における存在意義を明らかにしなければなりません。例えば、事業の再開の目途がない休眠会社(商号変更に伴い由緒ある旧商号を保存・管理するための休眠会社を除く)、再建の見込みのない赤字会社や債務超過会社等は、グループ内

の存在意義もなく、架空取引等の不正行為に利用されたり、巨額損失を寝かす温床となり、将来、一般投資家に思いがけない損失を与えます。申請会社の事業活動に貢献しない関係会社は、株主や投資家の利益を考え、上場申請前に見直し若しくは整理しておく必要があります。

関係会社整備ポイントの第1は、関係会社が申請会社のグループ内で存在意義を持っているかどうかです。そのためには、経済的合理性がある旨を客観的に説明しなければなりません。ここでいう経済的合理性がある場合とは、例えば、労務対策上、地域別賃金体系を採用するために地域別に設立した生産子会社、販売先の百貨店や専門店の要請を受け、申請会社の安価な普及品と異なる高級ブランド品を扱う販売子会社、地域振興の優遇策を受けるため地元資本と共同で設立された合弁会社等が該当するものと考えられます。

第2は役員等の利得行為の排除です。申請会社の役員等が関係会社の役員等を兼任している場合は、役員報酬・役員賞与の適正性、また、役員個人と直接的・間接的な取引（例えば、「会社が役員から土地を賃借している場合」「金銭の貸借契約・債務保証がある場合」の有無、「役員が関係会社の株式を保有している場合」）等が問題になります。役員等の取引や関係会社からの報酬は、原則としてすべて解消することが望ましいですが、取引の経済合理性が確保される場合や提携先の兼務役員と対当しなければならない合弁会社の場合は、取引等が認められる場合もありますので、主幹事証券会社に相談することが必要です。

第3は決算操作の排除です。第1の関係会社の存在意義にも関連しますが、申請会社と関係会社との間に営業取引等が発生している場合、その取引の必要性および取引条件の合理性を証明する必要性があります。

最後に第4として、赤字を抱える関係会社の存在です。当該関係会社の事業継続に見込みが立たない場合は将来必ず清算等の整理が必要となります。放置しておくと、申請会社に不測の損害を与え、その結果、申請会社の株主にとっても不利益をもたらします。そのため、赤字の関係会社が存在する場合は、再建計画等を織り込んだ利益計画により黒字化が見込めることを説明しなければなりません。再建の見込み等が立たない場合は、合併・株式売却・清算等の手段を検討する必要があります。

なお、ヘラクレス市場では、申請会社に親会社（申請会社の議決件の50％以上を保有している会社）が存在する場合は、独立した経営活動の確保および投資情報の充実の観点から、親会社は、公開会社または継続開示会社若しくはこれに準ずる開示書類の提出が可能な会社であることを要件としています。ただし、ヘラクレス上場後最初に終了する事業年度の末日で親会社を有していないことが見込まれる場合は、問題ありません。

また、ディスクロージャー制度は、連結財務諸表中心の制度へと変革を遂げているため、公開申請時においては関係会社の管理体制も重要な審査ポイントです。

次に、関係会社の経営管理体制の整備も含めて述べていきます。

（3）経営管理体制の整備

a 法務面

ア 定款の見直し

　非公開会社の場合、会社の株主構成がすべて同族関係者ということもあり、株主総会も書面上にとどまるケースや、開催されていないケースも見受けられます。したがって、定款について会社設立後一度も改正されていないこともあります。新会社法*に合わせると同時に、公開会社としての定款の変更事案も多々あります。早めに会社定款の見直しを司法書士、弁護士等に相談することが望ましいでしょう。

　また、決算公告を官報に掲載している場合、公開後は誰もが入手できる日刊全国紙への掲載に変更しなければなりません。さらに、株式公開後の株式流通性確保のために株式の譲渡制限の削除、定時総会の開催時期、株式事務代行機関の設置等公開審査基準に適合すべく定款の見直しを行うべきであり、その実施時期は、証券取引所への上場申請前の定時株主総会までに行う必要があります。

＊　新会社法の施行日前から存続する株式会社が定款の見直しの際、整備法に基づきしなければならない登記事項、職務若しくは自動的に変更される登記事項については、添付のCD−ROMにまとめて記載しています。

イ 取締役会議事録の整備・運用

　ヘラクレス上場審査においては、新会社法に基づき設立され、取締役会制度を導入していない会社に対応するため、取締役会の設置を義務づけましたが、取締役会が機動的に開催され、適正な意思決定がなされているなど本来の役割を果たしているかどうかが最も重要な審査ポイントです。したがって、このことを立証するためにも、取締役会議事録の整備・運用は重要です。議事録は、少なくとも取締役、監査役の発言を箇条書きで記載する必要があります。なお、新会社法上は、最低限3か月に一度は取締役会を開催し、取締役は業務の執行状況を取締役会に報告することが要求されています（新会社法363②）。

ウ 組織体制の見直し

　非公開会社は、一般に、オーナー経営または特定の同族関係者や特定のメンバーにより運営されていますが、この運営を別の角度から見ると、オーナーまたは特定の同族関係者や特定のメンバーにより運営される会社は、意思決定の早さ等が強みとなっており、それを武器に業績を確保しているということも否めません。このことは、非公開会社にアーリーステージで投資を行うベンチャーキャピタル等の投資基準が、当該会社に投資するか否かは、最終的には経営陣の資質や利害関係の内容を判断して行っていることからも推定されます。

　しかしながら、経営者は、公開会社になれば多数の株主からお金を預かり、それを事業に投入し、利益の極大化を図らなければなりません。それにより株主は配当期待権ならび

に企業価値増大によるキャピタルゲインが得られます。会社の成長は、公開会社の場合、経営者の責務になります。そして、会社の成長に伴い会社組織も増殖します。したがって、オーナー経営または特定の同族関係者や特定のメンバーによる会社経営では、個人的能力に過度に依存した体制から脱却し、企業規模の拡大に対応できるような組織的な経営体制づくりが不可欠となります。

　そのためには、役員等の職務権限の分掌等が適切に設けられ、また取締役会等の経営会議が機動的に開催され、適正かつ組織的な意思決定がなされることを主眼に組織体制を見直すことが必要です。単なる形式的な組織の見直しでなく、組織として機能できる職務分掌と職務権限の明確化が急務となります。職務分掌と職務権限を明確化するためには諸部門の配置を会社組織図に再度落とし込み、見直し作業から入ることが一般的です。なお、この明確化には、トップマネジメント層を日常業務から解放させ、会社経営の重要事項の決定に専念することが可能となります。

　ミドルマネジメント層の組織を整備していく上では、内部牽制機能を充実する必要があります。そのために、すなわち、ライン部門とスタッフ部門を明確に区別し、各業務がお互いに相互牽制する仕組みづくりに留意し、事前に不正・誤謬が発見されるように、組織を整備すべきです。また、内部牽制制度を充実させるためには、管理部門の強化は重要です。会社組織の中で管理部門は、直接に収益を生まないこともあり、管理コストにお金をかけないことが一般的です。しかしながら、ヘラクレス上場を考えた場合、管理部門の強化は責務です。公開会社にとって管理部門は、ディスクロージャー体制の整備という基本的な業務もありますが、管理部門によって本社の統制機能が発揮され、会社の将来損失を未然に防ぐというリスク回避のメリットを認識し、ひいてはこれが株主利益につながることを、トップマネジメント層は十分認識して管理部門の強化を中心に据え、組織体制を見直すべきでしょう。

　組織体制を見直す上で、重要な役職者は、やはり社内のプロパー従業員を充てるべきであり、他社からの出向者（転籍予定者を除く）は充てるべきではありません。また、人員等または質的な問題から管理職が兼任している場合もあります。公開審査上は、スタッフ部門とライン部門の兼職は一般に認められておりません。また、スタッフ部門またはライン部門の内部において「タテの兼任は認められるがヨコの兼任は認められない」と公開審査上は取り扱われていますが、極力、タテの兼任についても回避する方向で組織体制を見直すべきです。

エ　諸規定の整備

　公開会社として最低限整備すべき規程は以下のとおりです。

①経営の基本事項規程

　定款*1

　取締役会規程*2

監査役会規程*2（監査役会を設けていない会社は監査役監査規程が必要です。）
　　株式取扱規程*2
　　常務会規程・諸会議規程（常務会等のある場合）
②経営組織規程
　　組織規程（組織図を含む）
　　職務分掌規程
　　職務権限規程*2
　　稟議規程
　　関係会社管理規程
③業務規程
　　経理規程*2（勘定科目処理基準）
　　原価計算規程*2
　　予算管理規程
　　内部監査規程
　　在庫管理規程
　　固定資産管理規程
　　営業管理規程
　　購買管理規程
　　有価証券運用規程
　　外注管理規程
④総務・庶務規程
　　株式事務取扱規程*2
　　内部情報管理規程*2（内部者取引管理規程）
　　文書管理規程
　　印章管理規程
　　従業員持株会規程
　　規程管理規程
⑤人事・労務規程
　　就業規則（労働基準法、男女雇用機会均等法）
　　給与規程
　　退職金規程・役員退職金規程
　　人事考課規程
　　出張旅費規程
　　慶弔規程
　　育児休業、育児のための深夜業の制限および育児短時間勤務に関する規程

介護休業、介護のための深夜業の制限および介護短時間勤務に関する規程
出向規程
社宅管理規程

＊1　公開準備に関わらず、株式会社にとって必要な規程です。逆にこれらの規程がなければ法令遵守に問題があります。

＊2　ヘラクレス上場規程で写しの提出が求められている規程集ですが、審査では上記規程のすべてを提出することになります。

　一般に規程類の整備は、まず、会社組織が固まっていることが前提です。したがって、諸規程は、組織体制に関連づけ、そこで示されている職務権限と整合性を保ち運用されていることが重要です。実務的には、経営活動を統括し推進する規程でなければ意味がありません。公開後、組織的な会社運営をなす根幹が諸規程ですから、単に整備するだけでなく運用実績（定着性の有無）を重視する公開審査に配慮した規程づくりが必要です。特に、経営組織規程、すなわち組織規程（組織図を含む）、職務分掌規程、職務権限規程は、公開申請会社にとって、経営活動を律する基本3規程となるため、最優先で整備すべき事項です。

オ　監査役監査、内部監査の整備・運用

　監査役制度は、新会社法で会社の規模に対応した機関設計が可能となりました。例えば、①株式の譲渡制限を定款に定めていない大会社＊1は、監査役会の設置が必要ですし、②株式の譲渡制限を定めた大会社では監査役または監査役会の設置が必要です。また、③株式の譲渡制限を定めた大会社以外の会社（中小会社）では原則として監査役の設置が任意となりますが、株式公開のために取締役会を設置すると監査役若しくは監査役会を同時に設けなければなりません。

　次に、監査役の業務内容は会計監査と業務監査からなります。旧商法の小会社（資本金1億円以下の会社）は、会計監査のみでありましたが、新会社法では、コーポレートガバナンスの強化を図る観点から監査役または監査役会に会計監査だけでなく業務監査も義務付けました。ヘラクレス上場を前提にすれば、公開会社＊2上の大会社でなくても会計監査人として監査法人等の選任が可能となりましたので予め選任しておいた方が望ましいでしょう（新会社法326②）。会計監査人を設置した場合には、申請会社の監査役に期待される業務は主に業務監査になります。監査役は会社組織上、取締役とは独立した機関であるため、その独立性の確保が重要です。そのため、監査役は申請会社と利害関係を有しない者の選任が必要です。新会社法では、監査役会を設置すると、監査役が3名以上で、その半数以上が社外監査役としなければなりません。大会社でなく取締役会を設置している場合、複数の監査役を選任しその半数を社外監査役にしておくことが望ましいでしょう。

　監査役監査は、上述のとおり、業務監査が主目的となり、最近の公開会社の経営者体質等に起因する不祥事を未然に防ぐためにも、監査役監査の有効性の有無が公開審査で十分

検討されます。したがって、申請会社が旧商法の小会社の場合、監査役が会計監査の実施を前提に選任されているのですが、新会社法の施行前における監査については、業務監査の義務はないものの株式の公開会社としての社会的責任を果たす観点から、会社の規模に関係なく業務監査を実施しておく必要があります。加えて、新会社法の施行後は、内部統制システムの確保の状況についても監査が求められますので監査役の能力、資質から見て交代や増員も検討する必要があります。また、常勤監査役として選任された場合、週21時間以上の監査役としての職務を遂行しなければなりません。

*1 新会社法の大会社の定義は、旧商法特例法と同じく「資本金5億円以上または負債総額が2百億円以上」をいいます。なお、中小会社の定義はなくなっています（新会社法２六）。
*2 新会社法における公開会社の定義は、「株式の譲渡による当該株式の取得に株式会社の承認を要する旨を定款に定めていない株式会社」としています。なお、一般的に、株式を証券取引所に上場している株式会社も公開会社といわれますので、混同しないよう注意が必要です（新会社法２五）。

カ　内部監査の整備・運用

新会社法における内部統制システムの構築には、内部監査の適切な制度・運用が必要になります。したがって、ヘラクレス上場のためには、会社の大小にかかわらず内部統制システムの構築に向けた内部監査の実施が求められます。そのためには、内部監査室の設置も必要です。内部監査室の活動は、公開審査上、経営管理制度の適正な運用を支える重要な業務と位置づけられ、公開審査上もその活動状況が審査ポイントです。

内部監査室は、上述の監査役監査とは異なり、会社組織上は経営者または取締役会等トップマネジメントの直属の管轄下に置かれます。その職務は、業務の手順が社内諸規則に従って履行されているかどうかをチェックし、業務上の不正・誤謬等の発見だけでなくその防止効果を期待しながらトップマネジメントに代わり行います。したがって、会社組織上、事業活動から独立した部門として位置づけ、独立部門としての必要な社内手続上の承認を受けておかなければなりません。

また、内部監査は、上述の「ウ　組織体制の見直し」で述べた内部牽制制度の補完的な役割も公開審査上果たしています。すなわち、経営管理制度を有効に機能させるためには、内部牽制制度を機能させる必要がありますが、申請会社の人員等の問題もあり、必ずしも理論上最も望ましい内部牽制制度が構築されるとは実務上限りません。そのため、経営管理組織上、内部牽制の弱点を補完するために、内部監査を有効に機能させる必要があり、公開審査上も、内部牽制制度を補完する役割として内部監査を捉えています。

そして、監査役監査と内部監査の大きな違いは、トップマネジメント層からの独立性が確保されるか否かです。前者は、法律上独立性は確保されており、後者は、独立性は確保されていません。したがって、内部監査の有効性の大前提は、経営者等の不正・誤謬等の防止・発見に対する意識が非常に高くなければ、内部監査の有効性は確保されないことになります。

一般に、非公開会社は内部監査室を設置していません。内部監査室を設置するためには、担当者および内部監査の実施方法等その運営方法に悩む場合もあります。

　内部監査室の人員数は、内部監査室長の下に1～2名の内部監査室員を置き、必要に応じ他部門より応援を求める体制が実務的と思われます。

　また、内部監査の実施にあたっては、内部監査規程として明文化しておくことが必要です。一般的に、内部監査規程においては、その目的・担当部署・監査の種類等の基本的な事項に加え、監査計画書・実施手続・監査報告書の作成などが定められます。

　内部監査は、期首に監査計画書を作成し、経営者等に承認をとります。次に監査の実施過程は、一般的に被監査部門に内部監査実施の通知を出し、監査計画書の実施予定に沿って、被監査部門の業務内容を確認します。実務的には、内部監査のレベルを保つためにも標準的な内部監査手続書を作成し、これに従って監査を行い、監査調書を作成することになります。

　内部監査実施後は、被監査部門に報告して十分な意見交換後、改善勧告書を作成し、経営者に報告し、承認後、被監査部門に改善事項として指示します。被監査部門は、改善報告書に基づき、是正・改善の状況を内部監査室に報告します。そして、内部監査室は、是正・改善の状況について適時確認の作業をとります。

　内部監査室の設置時期は、公開審査上最低1年間の運用実績は必要のため、公開直前期期首には内部監査室の設置が必要です。

b　経理・財務面

ア　利益管理および予算管理制度の整備・運用

　企業が存続するためには、一定の利益を確保することが必要です。そのため、企業は「事業計画書」を作成し、継続的に成長するための「経営戦略等」を作成しています。この経営戦略等を数値化したものが「利益計画」であり、単年度の数値計画に落とし込んだものが「予算制度」です。

　予算制度は、企業の損益予算にあたり、売上予算、経費予算、設備投資予算等の各予算に展開され、一般に月次単位で予算と実績値との差異分析を行い、翌月以降の経営行動に役立てることを「予算管理制度」といいます。

　予算管理制度は、事業計画書の利益計画を達成するための中核をなす管理制度です。また、公開会社においては、企業内容を適時に適正に開示する状況にあることが必要です。例えば、ヘラクレスに上場しますと、事業年度終了後、速やかに決算発表（中間決算を含む）をしなければなりません。そこでは、損益実績等に合わせて、次期事業年度等の予想損益が公表されます。これと実績値が大幅に乖離する場合には、公表された業績予想の修正を適時に公表することが求められます。これは月次での予算管理が適切に機能して初めて実現可能となります。

予算管理にあたっての留意点として、まず第1に、予算編成方針を社内に周知徹底することが必要です。

予算編成方針は、ヘラクレス上場を前提にした場合、事業計画書の中の利益計画を単年度予算と位置づけますが、そこには、初年度の目標数値（売上目標、利益目標）が示されているだけです。したがって、事業計画書で位置づけられている利益計画の目標数値を当年度で具体的に達成可能な会計数値に精緻化していかなければなりません。ここで重要なのは、事業計画書の中に記載されている目標数値が編成方針の基本となるため、その方針の意味合いが会社組織全体に徹底され、各部署の予算案に反映されていることが必要です。

第2に具体的施策の明確化です。

予算編成は、事業計画書の利益計画を達成するための手段のために作成されますが、昨今の経済情勢の不透明な時代、過去の計画が、現時点では適合しないことも予想されます。したがって、事業計画書に利益計画を達成するために記載された各施策が現時点では不適合の場合は、組織や制度の改善・販売促進・生産性向上・経費節減・在庫削減等の新施策を決定し、これを行動計画として検討しなければなりません。

第3に総合予算として全社に適用する必要があります。

企業の活動を全社的に管理するために、各部門から提出された予算について予算編成担当部署（予算管理部という独立した部署があると望ましいですが、中堅企業等は、経理グループで代行している場合が多い）が各部門予算・計画の内容に矛盾・重複がなく、各部門単位の予算が有機的に結合して作成されているか否かの確認作業を行うべきです。

第4に予算の会計数値化作業です。

上述のとおり、予算は最終的に計画損益計算書・計画貸借対照表・計画キャッシュ・フロー計算書によって会計数値として表されます。なお、予算の会計数値化において実務上見受けられることですが、計画損益計算書および計画キャッシュ・フロー計算書は作成される場合が多いのに対し、計画貸借対照表の作成は省略される場合があります。作成の必要性を認識していないことが理由として挙げられますが、計画キャッシュ・フロー計算書のみで計画貸借対照表が作成されないと、運転資金の増加額および設備投資額に伴い資金調達額等の資本政策との適合性の確認が疎かになる場合もあります。したがって、計画貸借対照表の作成は必要です。これらの3表を作成することにより、利益計画の統制手段機能は高まります。

第5に予算管理責任の明確化です。

予算を管理することは、実績値と予算値を差異分析し、その分析結果を将来の経営行動に役立てることが最大の目的です。したがって、組織上で予算管理責任の所在を明確化する必要があります。

最後に、予算管理規程を作成し、会社内で共有することが必要です。

イ　経営管理体制の整備

　経営管理体制整備のポイントは、ディスクロージャー体制と効率的な経営活動が行える組織の構築です。最初に、ディスクロージャー面から見ますと、一般に非公開会社においては、会社の決算書を外部へ提出するのは、税務申告において法人税等の申告書に添付して提出する場合、または借入を実行する際、金融機関に提出する場合です。

　これらの決算書は、主として、税法基準に準拠して作成されるのが一般的です。しかしながら、公開会社になると、税法基準だけに準拠した決算書は認められなくなり、証券取引法・上場規則・財務諸表等規則・新会社法等の関連法律に従って決算書を作成する必要があります。そのため、従来の経営管理体制では、十分にディスクロージャー体制に対応できません。適時に会社の財務内容を開示できるような会計システム・組織・人員の確保が不可欠です。

　子会社・関連会社がある場合には、関係会社も含めた連結決算体制の整備も必要となります。公開申請書類、公開後は有価証券報告書・半期報告書・決算短信のほか四半期報告の開示が求められ、作成すべき書類は非公開会社時代と比較すると膨大です。したがって、経理部門を中心にこれらに適時に対応できるディスクロージャー体制作りが求められます。

　また、経理部門と同時進行で総務部門の強化も不可欠です。

　総務部門の業務としては、既存の業務以外に新たに会社の諸規程の整備、株主総会の運営、各種議事録の整備、株式事務等が求められます。総務部門は経理部門とならんで会社の裏方としての機能を果たします。公開後も基本的な立場に変化はありませんが、公開会社になると、会社の組織運営を裏方で受け持つ重要部門になります。総務部門の切り盛りにより、会社組織が「プライベートカンパニー」から「パブリックカンパニー」に脱皮することが可能になります。したがって、公開に際しては、人員を増員するなどして、企業の規模に応じた総務・人事部門を早期に整備する必要があります。

　経営管理体制の構築に際して、人員等の確保の問題もあり、経理部門および総務部門のアウトソーシングが検討される場合もあります。ヘラクレス公開審査上も経理部門および総務部門のアウトソーシングは公開審査上、特段禁止はしていません。しかしながら、タイムリーディスクロージャー制度を考えた場合、やはり、経理部門および総務部門のアウトソーシングを行っている場合は対応できないと考えられます。インサイダー情報の管理の面からも問題があります。したがって、経理・総務部門は会社組織の中核と位置づけ、当該業務は会社内部で処理できる経営管理体制の構築を模索することが必要です。

　次に、効率的な経営活動に必要な管理組織について見ることにします。

ウ　販売管理

①受注業務

　受注業務は、会社として、取引先として承認されていることおよび与信限度か否かを確

認後、得意先からの注文内容を正確に把握し、また、事前に見積書を提出している場合は、見積書と受注書を突き合せ、受注台帳に記載後に商品・製品の在庫状況等、必要な情報を担当部署へ的確に伝達する業務です。

②販売業務

販売業務は、得意先に指示された納入日までに、商品・製品を納入します。この場合、商品・製品納入後は、在庫担当部署で管理している在庫表からも商品・製品の払出を行い、実在庫数量を適切に管理する必要があります。また、一般に製商品の出荷の事実に基づき会計帳簿等に売上計上を行います。

③回収業務

回収業務は、請求書発行の締日に基づき、得意先に請求書を発行し、決済条件どおりに入金がなされているか確認する業務です。仮に期日どおりに入金がなされなかった場合は、その原因を追求し、担当部署に連絡し、回収の促進を図ります。また、会社の売上計上に処理誤りがあった場合は、適時に売上修正処理を行うべきです。

④与信管理

与信管理業務は、得意先に対して社内承認に基づく与信限度額を設定し、限度額を超えないように運用するとともに、限度額を超える与信については、超過要因を分析し社内の適切な承認を経て行われるようにする業務です。

与信管理限度の設定にはいくつかの手法が必要ですが、営業部門では、当該得意先に対しての最高販売高を基準に与信限度額を設定します。したがって、営業部門が申請した与信限度額が客観的基準に基づく調査表や調査機関を通じて一定の信用調査を行って策定した金額より大幅に超過している場合は、担保等の債権保全手段を検討します。リスク管理の観点からいうと与信管理は与信超過額の有無がポイントになりますが、トップマネジメント層からは、与信限度を大幅に下回っている得意先の債権残高があった場合、その原因を調査することも必要です。

なぜならば、与信限度額は、当初営業セクションから販売最高限度で申請しているため、与信限度を下回る債権残高の場合、ビジネス上の何らかの問題を抱えている可能性があるためです。

エ　購買管理

①発注業務

発注業務は、購買計画等から適切な注文内容が導き出され、社内で承認された購買先に適時・正確に発注内容を知らせる業務です。また発注のタイミングは、販売計画とも整合性をとる必要があります。なお、社内で承認された購買先とは、品質管理、納期遵守、納品価格の妥当性、提案力、コストの吸収能力など一定の基準に達している会社をいいます。

②購買業務

購買業務は、購買仕入先から納品された商品・材料等が、発注内容に合致したものであ

るかを確認し、適時に会計帳簿に仕入計上の記帳を行う業務です。
③支払業務
　支払業務は、請求単位ごとの納品書の品名・単価・数量等を購買先からの請求書の内容と突合せし、相違点がある場合は、その原因を追求し、支払条件どおりで購買先に支払業務を行う業務です。

オ　在庫管理
①他部署との情報の連携
　上述の販売管理および購買管理部署から情報に基づいて適切に在庫の受払管理がなされる必要があります。在庫計画を立案する場合、過去の自社の在庫実績値の趨勢、同業他社との比較、各種統計数値、資金の効率性等から自社の適正在庫水準を把握し、計画に織り込むことが重要です。
②受払管理
　在庫については継続記録による受払管理は不可欠です。これがなされないと、実地棚卸等を実施しなければ、過剰在庫・余剰在庫の把握による在庫管理の適正化等に必要なデータがつかめず、適時適切な業務改善事項につながらないためです。また、資産保全目的や財務会計目的からも継続記録により受払管理は不可欠なものです。
③実地棚卸
　在庫の継続受払記録を補完するため、実施棚卸は実施しなければなりません。

カ　資金管理
①出納業務
　出納業務は、不正につながる恐れがあるため、内部牽制の観点から、出納担当者は小口現金、預金証書・通帳、有価証券の保管等の業務ならび請求書発行等の業務との兼任は望ましくありません。
②発行領収書の管理
　領収書を発行する場合には、一連番号を付した上で所定の責任者が保管します。取消・書損分は適切に処理し、必ず保管します。
③支払
　小切手用紙については、発行銀行や入手・使用日付等を記載した管理簿により受払管理し、小切手の振出しは、すべて横線小切手によるべきです。
④支払事務
　金銭の支出は、すべて他部門経由の請求書等に基づいて行い、支払証憑には責任者の承認を受け、二重払い防止のため支払済印等を押印します。
⑤現金残高
　現金残高は毎日または定期的に金種表を作成の上、承認を行います。
⑥預金残高

毎月銀行勘定元帳と銀行残高とを照合し、当座預金については銀行勘定調整表を必ず作成します。当該作業が終了すれば必ず、責任者の承認を受けておく必要があります。
⑦小口現金
　営業所等では定額資金前渡制度の採用を原則とします。
キ　固定資産管理
①設備計画
　設備投資計画は、期首に設定された事業計画書または利益計画ならび設備予算に予算化承認された計画のみ実行手続をとります。ただし、販売計画等が修正された場合は、それに合わせて、設備投資計画は弾力的に運営すべきです。なぜならば、製造業等は、設備投資額が多額であり、設備投資計画の誤りにより、次期以降の事業年度の損益に重大な影響を与える恐れがあるためです。また、設備予算を超過する可能性がある場合は、所定の承認手続が必要です。
②検収手続
　固定資産を取得した場合、担当部署により適時に品質・性能の検査、試運転等、所要の検収手続きが実施されます。
③不動産登記
　不動産取得の場合は、所有権を第三者に対抗するための所有権保存登記が必要です。登記済権利証は所定の責任者による承認のもと、貸金庫等の安全な場所に保管します。
④固定資産の処分
　固定資産を廃棄・除却する場合は、固定資産廃棄伺い等所定の廃棄手続が必要で、必ず、所定の責任者による事前の承認が必要です。
⑤現品管理
　適切な管理のため、固定資産台帳を作成し、定期的に総勘定元帳と照合します。その際には、個々の現品毎に固定資産管理番号を付し、固定資産台帳との整合性を保ちます。
　非公開会社においては、減価償却計算書等が固定資産台帳の代わりとして運用されている場合もあります。これを固定資産台帳にするには、場所別、固定資産番号の記載を行い、現品管理に適用するように作成方法を工夫すべきです。
⑥定期的な現品チェック
　固定資産は、定期的な実地棚卸による現品チェックを行い、現品の網羅性および実在性を確認するのみならず、稼動状況・管理状況等も同時にチェックし、遊休設備・休止資産・陳腐化資産の有無も同時に確認し、除却等必要な処理を行うべきです。したがって、現品確認作業は、担当部門者のみならず、スタッフ部門も現品管理し、内部牽制を働かせるべきです。
⑦リース資産の管理
　リース資産も、自社所有の固定資産と同様の管理を行う必要があります。そのため、リ

ース台帳を作成し、自社保有固定資産同様、定期的な現品管理が必要です。

ク　原価計算制度

①原価計算制度の整備

　製造業の場合、必ず原価計算制度を整備する必要があります。原価計算制度を整備するためには、材料の入庫、製造工程に投入、完成品在庫の倉入れ等基本的な物の流れを把握することが必要です。また、製造部署、工場の従業員からのヒアリングを行い、原価計算制度整備の基本構想を策定することも必要です。

②財務諸表作成目的を充足する必要最低限の原価計算制度の整備

　ヘラクレス上場を前提にすると、原価計算制度の整備の第一段階としては、財務諸表作成目的を充足する必要最低限の整備をすることになると思われます。そのためには、物の流れに合わせて受払管理を行うことが必要です。原価計算導入の難しさは、現業部門に物の流れに合わせて在庫等の入出庫伝票を起票してもらうことです。導入までに時間がかかるため、早い段階で原価計算制度を整備することが必要です。

③情報システムの構築

　原価計算制度を導入するにあたっては、必ずしも情報システムを構築しなければならないというわけではありません。しかしながら、原価計算は事務量が膨大になることが予想され、月次決算の速報性の観点から、コンピュータシステムを導入した方が効率的です。したがって、原価計算制度の構築と同時に、コンピュータシステムの導入も検討すべきです。

（4）事業戦略・研究開発戦略・知財戦略

　ベンチャー企業の多くは、新技術、アイデアの事業化を目的に創業されております。事業化の成否だけでなく事業化後の成長・発展には、主力事業を支える技術、ビジネスモデルにかかる知的財産権の確保、保全が不可欠であります。上場審査では、事業戦略の観点から新製品やサービスの開発状況や特許権等の取得の有無が問題となります。特に、競合先からの知的財産権を巡る訴訟、係争がある場合には、上場申請を認めておりませんので、知財戦略は事業戦略を展開する上で最も重要な位置付けとなります。

a　「知的財産の取得・管理指針」／経済産業省発表

　2003年3月14日付で経済産業省から発表された「知的財産の取得・管理指針」には、次のことが記載されています。
- 企業が、グローバルな市場競争の激化、ITやバイオテクノロジー等新たな技術革新機会の拡大、世界的な知的財産権保護の強化という市場環境において、研究開発の効率を高めその企業価値を高めるためには、事業戦略及び研究開発戦略と一体となった知的財産戦略の確立が不可欠である。

・企業の競争力を決定するのは、事業の「選択と集中」の進め方にかかっているが、事業の「選択と集中」は、研究開発戦略や知的財産戦略と密接な関係にあり、経営層は、事業戦略を、研究開発や知的財産に係る状況を十分に踏まえて、構築することが望まれる。
（以下略）
・事業戦略、研究開発戦略及び知的財産戦略は、三位一体として構築するべきである。すなわち、知的財産を効果的に活用して、事業戦略や研究開発戦略を策定するとともに、知的財産を有効に活用して、事業のコア・コンピタンスを保護していくことが今後の企業経営の重要なポイントとなる。

　この指針は、今後の企業経営を考える上で極めて重要です。では、どのようにすれば、上記指針に沿った企業経営を行うことができるのでしょうか。概念的には理解できても、その具体的手段は簡単にはみつかりません。そもそも知的財産は、一部の例外を除いて貸借対照表に計上されるものではありませんし、いつから資産化したのか、どの程度の価値があるものなのか、さらに、いつ、どのようにして失ったのか、が非常にわかりにくいものです。不動産や銀行預金のような資産であれば、その管理は今までの経験とノウハウによって簡単に行えるとしても、知的財産の管理はそう簡単にはいきません。設立間もない新興企業には、知的財産を理解する人材が不足していることも事実です。

　思うに、知的財産に対する理解を深めつつコミュニケーションを図ることが大切です。

　ほとんどの企業経営者は、知的財産なるものは、その名称は知っていても、その内容を深く理解するには至っていないのが現状です。例えば特許についていえば、特許は申請（特許法上では「出願」といいます）すれば、それで終わりというように考えている方が多いのではないでしょうか。日常業務に忙殺されている企業経営者は、知的財産について研究する時間もないでしょう。現時点では、それも致し方ないことです。

　しかし、そのままでは企業の発展は望めません。企業経営者は、書籍を読むなり、識者の講演を聞くなり、また、弁理士等の助言を受けるなりして知的財産についての理解を深める努力をしてください。「知的財産のことは担当者に任せてあるから」ではだめです。先に述べた経済産業省の指針にもあるように、企業価値を高めるためには知的財産戦略が不可欠なのですから、知的財産についての理解は、企業経営者にとってこれまた不可欠なのです。

　その一方で、研究開発者や知的財産を扱う担当者は、情報を企業経営者に集中させる努力をしてください。「社長は、知財となると耳を貸してくれない」では、これまただめです。研究開発者は、研究成果を企業経営者と知的財産担当者に正確に報告してください。知的財産担当者は、出願中の特許等の内容、さらに、特許等が取れたならその特許等の内容を企業経営者や研究開発者に確実に報告してください。とにかくコミュニケーションを図ることです。できることから始めればよいのです。

　なお、知的財産担当者が留意すべき特許戦略のポイントについて、以下に項を改めて説

明します。

b　特許戦略のポイント

技術開発型の企業にとって、知的財産戦略、特に特許戦略が重要であることはいうまでもありません。この特許戦略について、特許権取得のポイント、権利帰属明確化のポイント及び商標権について、の3つに分けて説明します。

ア　特許権取得のポイント

①国内優先権制度（特許法41）の活用

国内優先権制度とは、先の出願から後の出願への乗り換えを認める制度のことをいいます。基本発明について先の出願を行った後に生まれた実施例や改良発明等を、後の出願の中に先の基本発明とともに包括的に盛り込んでおけば、基本発明の出願日を確保したまま包括的で漏れのない特許権を取得することができます。ただし、先の出願から後の出願までの期間が1年以内でなければなりません。さらに、乗り換え後は、後の出願は残りますが、先の出願は取り下げたものとみなされます。国内優先権の主張パターンは、次に述べる実施例補充型、上位概念抽出型および出願の単一性制度利用出願型の3種類があります。

図Ⅱ-1　実施例補充型の優先権主張パターン

出願Ⅰ（先の出願）　　　　　　　　出願Ⅱ（優先権主張）

出願日 d_1　　　　　　　　　　　　出願日 d_2

クレーム A_0　　　　　　　　　　　クレーム A_0

（実施例 α_1）　　　　　　　　　（実施例 α_1）
　　　　　　　　　　　　　　　　　（実施例 α_2）

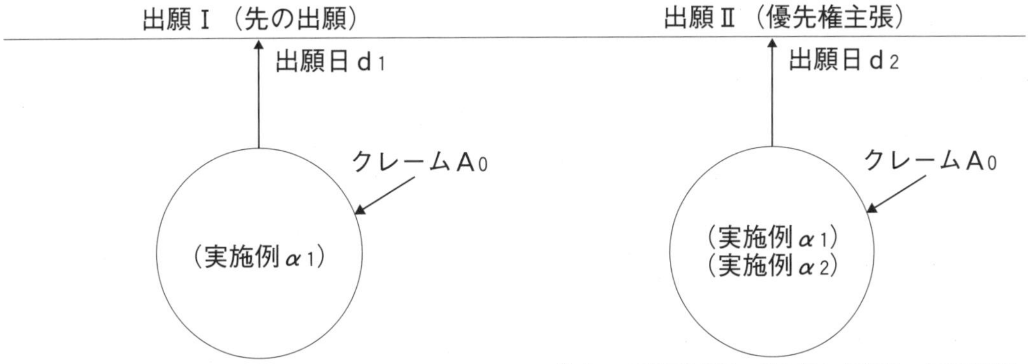

出典：「特許法概説　第9版」有斐閣、吉藤幸朔著

実施例補充型の優先権主張パターンにおいては、先の出願のクレーム A_0 と後の出願のクレームは同じです。したがって、一見して発明の範囲に変化がないように見えます。ただ、先の出願の実施例には α_1 だけしか記載していなかったのに対し、後の出願の実施例には α_1 に加えて α_2 を記載しています。つまり、クレーム A_0 は同じなのですが、実施例による実証範囲が広がり、それだけ広い権利を確保し得ることになります。クレームの記載が広くて自社の製品をカバーしているからといって安心せずに、特許出願後に製品の改良を行ったときや、改良を行わないまでも異なる実施例を考えついたときには、国内優先権制度の活用を検討してください。先の出願時には揃っていなかった実験データを後の出願において補充した場合も、国内優先権制度は強い味方です。

図Ⅱ-2　上位概念抽出型の優先権主張パターン

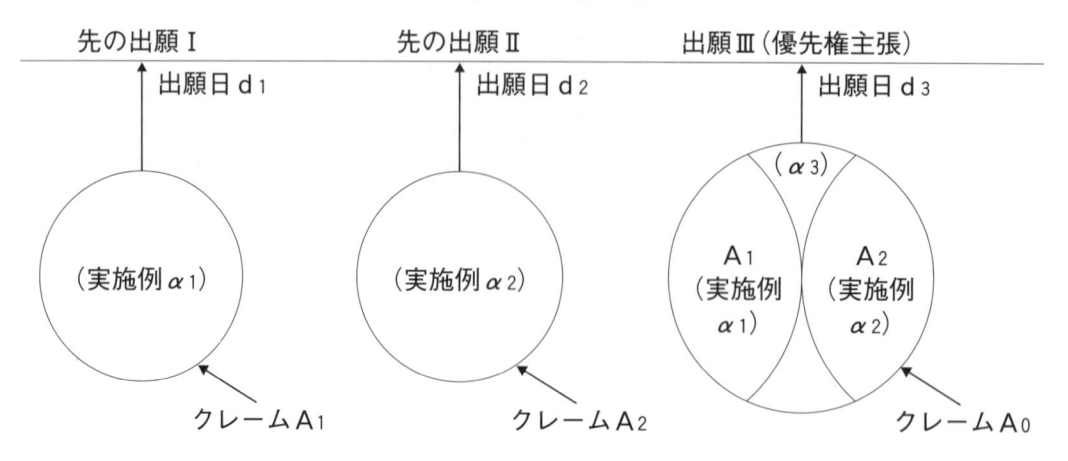

先の出願Ⅰ　　　　　　先の出願Ⅱ　　　　　　出願Ⅲ（優先権主張）
出願日d₁　　　　　　　出願日d₂　　　　　　　出願日d₃

（実施例α₁）　　　　　（実施例α₂）　　　　　A₁（実施例α₁）　A₂（実施例α₂）　（α₃）

クレームA₁　　　　　　クレームA₂　　　　　　クレームA₀

出典：「特許法概説　第9版」有斐閣、吉藤幸朔著

　クレームA1について先の出願Ⅰを行い、さらに、クレームA2について先の出願Ⅱを行った後、クレームA1とクレームA2を包含する概念（上位概念）を考えつくことがあります。そこで、後の出願Ⅲを行い、クレームA1とクレームA2の上位概念のクレームA0を記載しておけば、広い範囲の権利を取得することができます。

　この場合、出願Ⅲの審査では、クレームA0のうちクレームA1については先の出願Ⅰの出願日を基準にして、同じくクレームA2については先の出願Ⅱの出願日を基準に、それぞれ新規性などの特許要件が判断されます。

図Ⅱ-3　出願の単一性制度利用出願型の優先権主張パターン

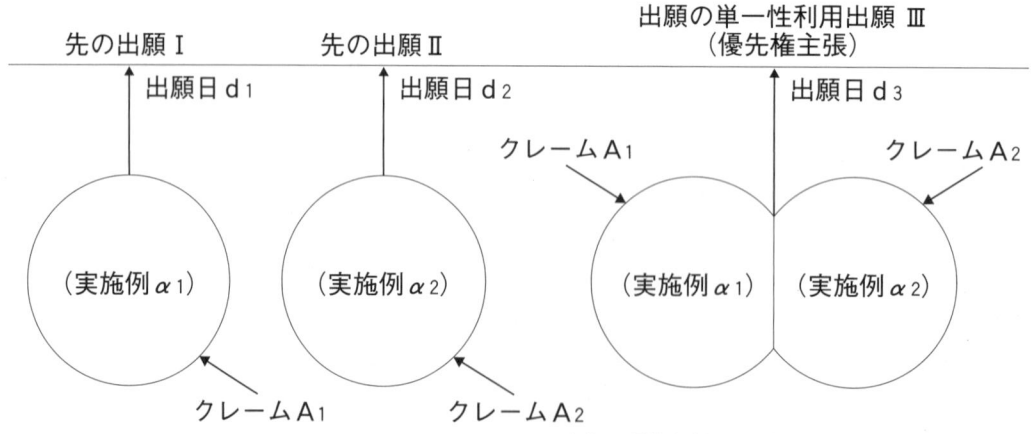

先の出願Ⅰ　　　　　　先の出願Ⅱ　　　　　　出願の単一性利用出願Ⅲ
　　　　　　　　　　　　　　　　　　　　　　　（優先権主張）
出願日d₁　　　　　　　出願日d₂　　　　　　　出願日d₃

　　　　　　　　　　　　　　　　　　　　　　　クレームA₁　　　　　　クレームA₂

（実施例α₁）　　　　　（実施例α₂）　　　　　（実施例α₁）　　　　　（実施例α₂）

クレームA₁　　　　　　クレームA₂

出典：「特許法概説　第9版」有斐閣、吉藤幸朔著

　例えば、「物とその物を生産する方法」のように、先の出願Ⅰと先の出願Ⅱとの間で出願の単一性（1出願に含めることのできる発明の範囲）の要件（特許法37）を満たす場合

は、これらをまとめて1出願とすることができます。2件の特許出願に対して別々に審査請求するよりも1件の特許出願に対して審査請求したほうが経済的に有利になる等の利点があります。

②PCT出願の活用

　PCT出願（国際特許出願）とは、PCT（特許協力条約）に基づいて行われる出願のことをいいます。特許協力条約は1970年に調印され、1978年6月から出願の受理が開始されました。2006年（平成18年）6月現在の締約国（加盟国）数は132カ国です。

　PCT出願の件数は、1978年にスタートして2000年に累計50万件を超え、さらに、2004年末で累計100万件に達しました。PCT出願は、世界中の締約国において行われていますが、日本のPCT出願数は2004年の1年間で2万件程度あり、累計10万件を超えたと報じられています。つまり、全PCT出願の10件に1件が日本の出願であることになります。

　PCT出願の概要は、特許庁ホームページ（http://www.jpo.go.jp/seido/index.htm）を参照してください。

　PCT出願の最大のメリットは、1件の出願を日本国特許庁（所定の外国特許庁でもよい）に行うことにより、締約国のすべて（日本も含まれます）に同時出願したのと同じ効果を得ることができる点にあります。つまり、ある発明について日本の特許庁に原則として日本語のPCT出願を行うと、そのPCT出願は、同時にアメリカ、ヨーロッパ、中国等のPCT締約国のそれぞれにおいて出願日を確保したことになります（国際出願日の認定／PCT11条（1））。132カ国あるPCT締約国のうち、最終的に係属させたい（出願したい）締約国については、原則としてその国の特許庁（アメリカならアメリカ特許庁）に対して翻訳文の提出を含む所定の手続（国内移行手続）を行います。

　先に述べましたように、PCT締約国の中には日本も含まれていますので、国内移行手続を日本国特許庁に提出することによって、当該PCT出願を日本の特許出願に移行させることもできます。国内移行手続の期限は、原則として優先日から30か月です（PCT22条（1））。

　優先日とは、優先権主張を伴うときは最初の優先権主張の基礎となる出願日のことを、優先権主張を伴わないときは国際出願日のことをいいます。優先権主張を伴うときは優先期間である1年（12か月）ギリギリになってPCT出願を行うことが多く、その場合は、国際出願日から概ね18か月（30－12＝18）となります。つまり、PCT出願をすると、最も長くて出願の日から30か月、最も短くて18か月という、翻訳文等を用意して提出するための猶予期間を得ることができます。この猶予期間は、商品化が確定しない新技術等について、出願日を確保しつつ商品化までの時間稼ぎを可能にしてくれます。

　PCT出願の別のメリットは、国際調査報告（サーチレポート）を受け取ることができる点にあります。国際調査報告には、PCT出願の請求の範囲（クレーム）に記載された発明に関連のある先行技術が列挙されています。つまり、請求の範囲に記載された請求項

ごとの特許性に対する成績表のような機能を持っています。国際調査報告は、原則としてPCT出願後4〜5か月のうちに出願人に届けられます。国際調査報告は、特許性に対する成績表としての機能を有していますので、当該PCT出願の特許性判断の客観的な参考資料となります。国際調査報告を受け取った出願人は、上記した国内移行手続の期限内に当該PCT出願を維持すべきかどうかを判断すればよいのです。

　PCT出願のための費用は、基本手数料である12万1,800円（2006年4月1日現在。国際出願日の違いにより異なる場合あり）を含めて20数万円の実費が少なくとも必要です（代理人費用は含まれません）。日本国内における通常の特許出願が16,000円に比べると割高に感じます。ただし、PCT出願から移行させた日本国内の特許出願について審査請求を行えば、審査請求費用が減額されますので、通常の特許出願に比べた場合の費用差は数万円程度に縮まります。国際出願関係の手数料の詳細は、特許庁ホームページ（http://www.jpo.go.jp/tetuzuki/index.htm）から入手することができます。

　次に、PCT出願の活用例を紹介します。

　PCT出願は、上記したような費用が必要ではあるものの、各締約国における出願日を確保しつつ国際調査報告を受け取ることができるという利点があります。国際調査報告が、特許性判断の客観的資料となることはすでに説明しました。PCT出願の利用態様として一般的なのは、まず、日本の特許出願を行ってからPCT出願の要否を検討します。この検討期間は、優先権主張が認められる1年間です。PCT出願を行う場合は、先の日本の特許出願を基礎とする優先権を主張します。国際調査報告を受け取ったPCT出願人は、国際調査報告の内容を検討した上で所定の期限内に移行先となる締約国を決定し、その締約国特許庁に翻訳文等を提出します。翻訳文等の提出は、提出先の代理人を通して行うのが通常です。なお、優先権主張の効果として、その優先権主張の基礎となった日本特許出願は取り下げたものとみなされます（PCT8条（2）（b）、特許法42①）。2006年4月からPCT出願の願書にその旨を記載することによって、指定取下げができるようになりました。指定取下げが認められる期間は優先日から15か月以内です（特許法42①）。指定取下げを行わず、さらに、日本への移行手続きを行わない場合は、原則として日本における権利化の途が閉ざされてしまいますので注意が必要です。

　他方、当初からPCT出願を予定している場合は、日本国の特許出願を行わずに直接PCT出願を行う方法もあります。日本はPCT締約国でありますので、PCT出願を行えば日本の特許庁に特許出願したのと同様の効果を得ることができるからです。そして、国際調査報告を受け取ります。日本の特許庁にPCT出願を行えば、国際調査報告の作成は日本の特許庁の審査官によって行われます。国際調査報告の内容が特許性の高いことを示しているのであれば、そのPCT出願を日本国特許出願に移行させます。具体的には、国内書面という名称の書面を日本国特許庁に提出します（特許法184の5）。

　PCT出願は、もともと日本語の出願ですから、翻訳文を提出する必要はありません。

PCT出願から日本の特許出願に移行された出願は、国際出願日を出願日とする通常の特許出願と同じであり、その出願に対しては50万番台の出願番号が付与されます。

③新実用新案制度の活用
・特許と実用新案の違い

　まず、特許と実用新案の違いを簡単に説明します。

　特許の保護対象は「発明」であるのに対し、実用新案の保護対象は「考案」です。保護対象に関する両者の大きな違いは、「発明」はオールラウンドですが「考案」は物品の形状、構造または組合せに限定される点です（実案法1）。大まかにいって、特許は大発明を実用新案は小発明（大発明でもよい）を守るものだと考えておいてください。

・改正のポイント

　2005年4月1日から新実用新案制度がスタートしました。新実用新案法の主たる改正ポイントは、次の3点です。

① 存続期間が、実用新案登録出願の日から10年に延長されました（実案法15）。実用新案は、出願から4～5か月で登録されますので、最長9年と7～8か月程度の期間、権利行使が可能となります。改正前では、出願の日から6年でしたので、より長期間にわたる保護が受けられます。

② 登録後に、明細書、実用新案登録請求の範囲または図面の訂正ができます（実案法14の2）。改正前では、請求項の削除しかできませんでしたが、改正法では、所定の制限内において明細書等の訂正を行うことができます。したがって、従来は無理であった「一部に瑕疵のある考案」が救済される可能性が出てきます。

③ 実用新案登録出願の日から3年を経過したときなど所定の場合を除き、登録された実用新案を特許出願に変更することができます（特許法46①）。つまり、実用新案技術評価書（実案法12）等の請求がなされていないことが前提となりますが、実用新案登録出願から3年以内であれば、実用新案権者から特許出願人に衣替えすることが可能となります。これは、重要なポイントです。

　パソコンに関する技術を例にとってみると、例えば、新しいマウスについて何らかの考案を行い、そのマウスの発売を目前に控えている場合を想定します。まず実用新案登録出願を行い、実用新案登録を受けます。その後、その登録実用新案を特許出願に変更すれば、まず、実用新案登録により、その後、特許により保護を受けることが可能になります。また、特許へ変更せずに実用新案による10年間の保護を選択することもできます。

　ここで、気をつけるべきことは、実用新案登録から特許出願の変更によって、①先の実用新案登録を放棄しなければならないこと、②変更した特許出願（改めて審査を受けます）が必ずしも特許になるとは限らないこと、③実用新案の明細書に書いてなかった事項（新規事項）を特許出願に含めることができないことです。上述したように「考案」は物品の形状等であって、方法の発明（例えば、製造方法、通信方法）は実用新案の対象とはなり

ませんが、特許出願に変更すれば方法の発明も保護対象となり得ます。したがって、将来、特許出願に変更する可能性のある実用新案登録出願の明細書には、物品の形状等の考案と共に方法の発明も存在するのであれば、その方法の発明も含めて記載しておくことが好ましいといえるでしょう。

イ　権利帰属の明確化のポイント

　知的財産権には、主として特許権・実用新案権・意匠権・商標権・著作権があります。引受審査では、これらの知的財産権の帰属主体（誰が所有者か）や権利客体（どのような内容か）が問題となります。帰属主体については、存在するとされる知的財産権の帰属主体と上場申請者（株式会社）が一致しているのか、がポイントになります。また、権利客体については、上場申請者が所有している知的財産権の内容および知的財産権の確実な存続が、主要ポイントになります。

①権利の帰属主体

・特許権の取得

　ここでは、知的財産権の代表格である特許権を中心に説明します。特許権を取得するためには、特許出願から設定登録に至るまでの一連の手続が必要です。特許権取得のための手続きについて詳しく知りたい方は、日本弁理士会のホームページ（http://www.jpaa.or.jp/）や特許庁ホームページ（http://www.jpo.go.jp/tetuzuki/index.htm）のほか関連書籍等を参考にしてください。

・特許権の対象

　特許権の対象は発明です。発明は自然人のみが行います。したがって、株式会社である上場申請者が発明者になることはありません。発明が完成すると、その発明についての「特許を受ける権利」という一種の無体財産権が発生します。特許を受ける権利は、原始的には発明者に帰属しますが、これは移転が可能です（特許法33①）。

　特許出願できる者は、出願しようとする発明について特許を受ける権利の所有者でなければなりません。つまり、原始取得者である発明者、その発明者から特許を受ける権利を承継した者（承継人）、さらに、承継人からの承継人（転得者）でなければなりません。したがって、特許出願の名義を上場申請者とするのであれば、その上場申請者は、発明者から特許を受ける権利を承継しておく必要があります。特許を受ける権利を承継していない上場申請者は、たとえ自己の名義で特許出願を行ったとしても、有効な特許権を取得できない場合があります（特許法49、123）。特許を受ける権利は、放棄によっても消滅しますが、その特許を受ける権利が出願されることによってその役目が終わり、発展的に消滅します。

・特許を受ける権利の帰属主体

　特許を受ける権利の法的扱いは、特許出願の前後において異なります。特許を受ける権利の性質を、特許権の性質と併せて図Ⅱ－4にまとめてあります。

なお、以下に太字で示す手続書類については添付のCD-ROMに記載例を収録していますのでご参照ください。

① 特許出願前の特許を受ける権利の承継（特定承継、相続その他の一般承継）は、承継人が特許出願をしなければ第三者に対抗することができません（特許法34①）。したがって、上場申請人が特許を受ける権利を承継していることを証明するには、発明者から特許を受ける権利を承継した後にその発明について特許出願を行っておく必要があります。上場申請者は、特許を受ける権利を承継した証として発明者から**譲渡証**等の交付を受けておくとよいでしょう。

② 特許出願後の特許を受ける権利の特定承継があったときは、その旨を遅滞なく特許庁長官に届け出る必要があります。この届出を行わないと、その特定承継の効力が認められません（特許法34④）。例えば、上場申請者の創業者社長が名義人となっている特許出願があるとします。この特許出願の名義人は、あくまでも社長個人であり上場申請者ではありません。この特許出願の名義を上場申請者に変更するためには、**出願人名義変更届**を特許庁長官に提出する必要があります。この**出願人名義変更届**が、特許庁に対する届出となります。**出願人名義変更届**には、社長個人が交付した**譲渡証**を添付します。特許を受ける権利の承継事実を証明するためです。

③ 特許出願後に相続その他の一般承継（例えば、会社合併、会社分割）があったときは、その旨を特許庁長官に届出します（特許法34⑤）。相続その他の一般承継が生じた場合は、その事実発生の時点から承継の効力は生じていますが、特許庁はその事実を知りませんので、この場合も遅滞なく**出願人名義変更届**を提出してください。

④ ある発明を完成するために複数の者が関与した場合、すなわち、発明者が複数いる場合は、その発明についての特許を受ける権利は発明者全員の共有となります。特許を受ける権利が共有の場合における各共有者は、他の共有者の同意を得なければ、その持分を譲渡することができません（特許法33③）。つまり、発明者A、BおよびCの3名が特許を受ける権利を共有しているときに、発明者Aが特許を受ける権利の持分を上場申請者Dに譲渡しようとするときはBおよびCの同意が必要です。同意が必要なことは、特許出願の前後を問いません。特許を受ける権利を譲り受けようとする上場申請者は、共有者の有無をまず確認すること、そして共有者があり同意がないときは**同意書**を交わし、同意を得させておくことが必要です。

⑤ 特許出願後において、特許出願人と上場申請者が一致していることを証明（確認）したいときには、その特許出願が出願公開前であれば**証明請求書**（特許出願人のみ請求可）により、出願公開後であれば**ファイル記録事項の閲覧（縦覧）請求書**（誰でも請求可）により、特許出願に関する情報を入手することができます。

・特許権の帰属主体

特許権の帰属主体、すなわち、特許権者の氏名（名称）は、特許庁が備える「特許原簿」

に記録されています（特許法27）。特許原簿は**登録事項の閲覧請求書**により、誰もがその写しを請求することができます（特許法186）。特許を受ける権利と同様に、特許権も移転することができます。つまり、特許権の帰属主体は変動します。したがって、上場申請者が、ある特許権について自己が特許権者であることを証明（あるいは確認）するためには、特許原簿の写しを取得しておくとよいでしょう。

・特許権の移転

特許権の移転（相続その他の一般承継を除く）は、特許原簿への登録が効力発生要件です（特許法98①）。したがって、例えば、特許権者と上場申請者との間で特許権移転の契約が完了していたとしても、それだけでは移転の効力が発生しません。特許権移転の登録を受けるためには、特許権移転登録申請が必要です。**特許権移転登録申請書**には、**譲渡を証明する書面**が必要です。さらに、特許権移転登録申請は、承継人（登録権利者）及び原特許権者（登録義務者）の両者が申請するのが原則ですが、**単独申請承諾書を添付する**ことによって承継人が単独で申請することもできます。

・特許権移転の留意点

上場申請者が特許権を承継する場合において、原特許権者が上場申請者の取締役であっ

図Ⅱ－4　権利帰属

権利		特定承継	相続 （一般承継）	共有の制限	消滅原因	確認方法
特許を受ける権利	出願前	特許出願が第三者対抗要件 （特34①）		他の共有者の同意なくして持分譲渡不可 （特33③）	放棄	不可 （公示手段なし）
特許を受ける権利	出願後	特許庁長官への届出が効力発生要件 （特34④）	遅滞なく特許庁長官への届出 （特34⑤） （相続等の時点で効力発生）		放棄 特許権発生	特許出願の写しまたは公開特許公報 特許庁長官の証明 名義変更届の有無
特許権		特許原簿への移転登録が効力発生要件 （特98①）	遅滞なく特許庁長官への届出 （特98②）	他の共有者の同意なくして持分譲渡不可 （特73①）	存続期間満了・特許料不納・特許無効・相続人不存在・放棄・特許取消	特許公報および特許原簿（認証付）

凡例　特33③：特許法第33条第3項（根拠条文）

たり、同一の人物を代表取締役とする他の会社であったりする場合がよくあります（利益相反行為）。この場合は、取締役会の承認が必要です（新会社法356、365）。実務では、**特許権移転登録申請書**の添付書類に、**取締役会承認書**および取締役会開催日以降に認証された開催時の取締役全員の記載ある登記簿謄本（抄本）を加えて、承認があった旨を証明します。取締役会の承認が必要な場合については、図Ⅱ－5を参照してください。

・一般承継による特許権移転

　会社合併等により上場申請者が特許権を承継したときは、その旨を遅滞なく特許庁長官に届け出る必要があります（特許法98②）。具体的な届出は、**一般承継（合併）による移転登録申請書**を特許庁長官に提出することにより行います。承継人であることを証明する書面としては、合併であるなら合併事実が記載された登記簿謄本または閉鎖登記簿謄本等が一般的です。

②権利客体

・権利客体の把握

　引受審査では、知的財産権について上場申請者の所有状況が注目されます。知的財産権は、事業の継続性や収益性を担保するために重要な位置を占める場合が多いからです。知的財産権が、例えば、特許権であるなら、その特許権の内容や特徴、その特許権によってカバーされる製品等の内容を、確実に把握しておくことが必要です。図Ⅱ－6に示すような特許権一覧表を作成しておき、特許権の取得状況を把握しておくことをお勧めします。さらに、各特許権についての特許公報（特許公開公報）を併せて整理しておき、いつでも内容を確認ができるようにしておくことも望まれます。特許公報等は、特許出願を依頼した特許事務所や特許庁ホームページ（独立行政法人工業所有権情報・研修館）の中の特許電子図書館（http://www.ipdl.ncipi.go.jp/homepg.ipdl）から取り寄せることができます。

　権利客体の把握は極めて専門的な問題ですので、そのための専門書を参考にされるなり、弁理士等の専門家に相談されるのがよいでしょう。図Ⅱ－7には公開特許公報の一例を、図Ⅱ－8には特許公報の一例を、それぞれ示してあります。公開特許公報と特許公報とは、図Ⅱ－9に示すように異なる法的性質を備えていますので、理解しておいてください。

・特許権の期間的範囲（特許権の存続期間）

　特許権の存続期間は、一部の例外を除いて特許出願の日から20年で終了します（特許法67①）。特許出願の日から20年といっても、特許出願しただけでは特許権が発生しないことはすでに説明しました。特許権の発生は、設定登録が前提です。つまり、特許出願の日から20年というのは、特許権の終期（タイムアップの時期）を示しているのです。特許出願から設定登録までの期間が、例えば、特許出願から3年であったとしますと、特許権の存続期間は17年（特許出願日から20年－設定登録まで3年＝17年）で満了します。審査がスムーズに運び、特許出願から設定登録までの期間が2年であったとします。この場合は、特許権の存続期間は18年で満了します。

図Ⅱ-5 取締役会の承認が必要な場合

	会社法第362条第4項による取締役会の承認を要する場合			
	有償（○は要　×は不要）		無償（○は要　×は不要）	
1	甲会社 A（代表）取締役	→ A 個人	甲会社 A（代表）取締役	→ A 個人
	○		○	
2	甲会社 A（代表）取締役	→ B 個人	甲会社 A（代表）取締役	→ B 個人
	×		×	
3	A 個人	→ 甲会社 A（代表）取締役	A 個人	→ 甲会社 A（代表）取締役
		○		×
4	B 個人	→ 甲会社 A（代表）取締役	B 個人	→ 甲会社 A（代表）取締役
		×		×
5	甲会社 A 代表取締役	→ 乙会社 A 代表取締役	甲会社 A 代表取締役	→ 乙会社 A 代表取締役
	○	○	○	×
6	甲会社 A 代表取締役	→ 乙会社 B 代表取締役	甲会社 A 代表取締役	→ 乙会社 B 代表取締役
	×	×	×	×
7	甲会社 A 代表取締役	→ 乙会社 B 代表取締役 （A(代表)取締役）	甲会社 A 代表取締役	→ 乙会社 B 代表取締役 （A(代表)取締役）
	×	○	×	×
8	甲会社 B 代表取締役 （A(代表)取締役）	→ 乙会社 A 代表取締役	甲会社 B 代表取締役 （A(代表)取締役）	→ 乙会社 A 代表取締役
	○	×	○	×
9	甲会社 A 代表取締役 （B(代表)取締役）	→ 乙会社 B 代表取締役 （A(代表)取締役）	甲会社 A 代表取締役 （B(代表)取締役）	→ 乙会社 B 代表取締役 （A(代表)取締役）
	○	○	○	×

出典：「改訂4版　工業所有権登録の実務」経済産業調査会、特許庁出願支援課登録室編著

図Ⅱ－6　特許権一覧表

特許登録番号	段階	概要	製品名	事業	備考
特許第000000号	××	………	△△△△	………	
特許第000000号	××	………	△△△△	………	
特許第000000号	××	………	△△△△	………	

特許公開番号	段階	概要	製品名	事業	備考
特開0000-000000	××	………	△△△△	………	
特開0000-000000	××	………	△△△△	………	

特許出願番号	段階	概要	製品名	事業	備考
特願0000-000000	××	………	△△△△	………	
特願0000-000000	××	………	△△△△	………	

　このように、特許権の存続期間は、一律なものではなく、特許出願から設定登録までの期間の長短に応じて変化するものなのです（図Ⅱ－10参照）。ただし、医薬品等の分野においては、特許は取得したが薬事法に基づく承認等のために製品を出荷できない場合があり、そのような場合に、出荷できなかった期間を埋め合わせするために５年を限度に特許権の存続期間が延長されることがあります（特許法67②）。

　他方、技術分野を問わず、特許料の不払い、放棄、無効審決の確定等により存続期間満了前に特許権が消滅する場合もあります。特許料不払いによる消滅には注意が必要です。特許料の支払いは、特許権者（利害関係人も含む）が自発的に行わなくてはなりません。特許庁から特許権者に不払いについて督促が届くというようなことは絶対にありませんので、特許料支払いの社内管理体制を構築しておく必要があるでしょう。

図Ⅱ-7 公開特許公報の一例

(12) 文献の種類
「公開特許公報」の末尾の()内の英文字は特許文献の識別のための標準コードです

(19) 日本国特許庁（ＪＰ）　　(12) **公 開 特 許 公 報**(Ａ)　　(11) 特許出願公開番号
　　　　　　　　　　　　　　　　　　　　　　　　　　　　　　　特開2000－000000
　　　　　　　　　　　　　　　　　　　　　　　　　　　　　　　（Ｐ2000－000000Ａ）
　　　　　　　　　　　　　　　　　　　　　　　　(43) 公開日　平成12年3月21日(2000.3.21)

(11) 公開番号
公開番号は発行日の年号（西暦）と6桁の番号からなります

(43) 公開日
特許出願された内容の刊行日が記載され発明が公開され公知となった日を示しています

(51)Int.Cl.[7]	識別記号	ＦＩ		テーマコート゛（参考）
ＧＯ７Ｂ　15/00	510	ＧＯ７Ｂ　15/00	510	3Ｅ027
			Ｐ	5Ｂ058
ＧＯ６Ｋ　17/00		ＧＯ６Ｋ　17/00		
ＧＯ８Ｇ　1/017		ＧＯ８Ｇ　1/017	Ｌ	5Ｈ180

(51) 国際特許分類（IPC）
発明の技術内容に応じて世界共通の特許分類（IPC）記号が付与されます

　　　　　　　　　　　　　　審査請求　有　　請求項の数3　ＯＬ　（全10頁）

(21) 出願番号　　特願平10-000000　　　(71) 出願人　000000000
　　　　　　　　　　　　　　　　　　　　　　　　〇〇〇〇株式会社
(22) 出願日　　平成10年9月16日(1998.9.16)　　　東京都□□区□□123番地
　　　　　　　　　　　　　　　　　　　(71) 出願人　000000000
　　　　　　　　　　　　　　　　　　　　　　　　株式会社〇〇
　　　　　　　　　　　　　　　　　　　　　　　　東京都□□区□□456番地
　　　　　　　　　　　　　　　　　　　(72) 発明者　△△　△△
　　　　　　　　　　　　　　　　　　　　　　　　東京都□□区□□123番地　〇〇〇〇株
　　　　　　　　　　　　　　　　　　　　　　　　式会社内
　　　　　　　　　　　　　　　　　　　(74) 代理人　100000000
　　　　　　　　　　　　　　　　　　　　　　　　弁理士　△△　△△

(21) 出願番号と(22) 出願日
特許庁が付与する出願番号と特許出願をした日が記載されています

(71) 出願人
出願人は発明者個人でも発明者から譲り受けた企業等の法人もなれます

(72) 発明者
発明者は個人です、企業等の法人はなれません

(74) 代理人
出願を依頼した代理人（弁理士）で、未成年者の出願には法定代理人が必要です

(54)【発明の名称】　〇〇〇〇〇〇

(54) 発明の名称
発明の内容を簡単・明瞭に表した名称です

(57)【要約】
【課題】　〇〇〇〇〇〇〇・・・・・・
　　　　・・・・・・・・・・・・・
　　　　・・・・・・・・・・・
　　　　・・・・・・

【解決手段】　〇〇〇〇〇〇・・・・
　　　　・・・・・・・・・・・・・
　　　　・・・・・・・・・・・・・
　　　　・・・・・・・・・・・・
　　　　・・・・・・・・・・

・代表図
要約書で選択された代表的な図面が掲載されます

ゴム車輪
リム
ゴムベルト
スポーク
ハブ

(57) 要約
発明の技術的内容をコンパクトにまとめた「要約」と代表的な図面である「選択図」が記載されます

Ⅱ　ヘラクレス市場への道

図Ⅱ-8　特許公報の一例

(19)日本国特許庁（ＪＰ）　　(12)特　許　公　報　（Ｂ２）　　(11)特許番号
　　　　　　　　　　　　　　　　　　　　　　　　　　　　　　特許第0000000号
　　　　　　　　　　　　　　　　　　　　　　　　　　　　　　　（Ｐ0000000）
　　(45)発行日　平成16年2月16日(2004.2.16)　　　(24)登録日　平成15年12月2日(2003.12.2)

(51)Int.Cl.^{7}　　　　識別記号　　　　ＦＩ
　　Ｇ０７Ｂ　15/00　　　　510　　　　Ｇ０７Ｂ　15/00　　　　510
　　　　　　　　　　　　　　　　　　　　　　　　　　　　　　　　　Ｐ
　　Ｇ０６Ｋ　17/00　　　　　　　　　　Ｇ０６Ｋ　17/00
　　Ｇ０８Ｇ　1/017　　　　　　　　　　Ｇ０８Ｇ　1/017　　　　　Ｌ

　　　　　　　　　　　　　　　　　　　　　　　　　　　請求項の数3（全 10 頁）

(21)出願番号　　特願平10-000000　　　(73)特許権者　000000000
　　　　　　　　　　　　　　　　　　　　　　　　　　○○○○株式会社
(22)出願日　　　平成10年9月16日(1998.9.16)　　　東京都□□区□□123番地
　　　　　　　　　　　　　　　　　　　(73)特許権者　000000000
(65)公開番号　　特開2000-000000　　　　　　　　　株式会社○○
(43)公開日　　　平成12年3月21日(2000.3.21)　　　東京都□□区□□456番地
　　　審査請求日　平成11年8月26日(2000.8.26)　　(72)発明者　△△　△△
　　　　　　　　　　　　　　　　　　　　　　　　　東京都□□区□□123番地　○○○○
　　　(43)公開日　　　　　　　　　　　　　　　　　　株式会社内
　　　審査請求の有無に関わらず、出願日から
　　　1年6ヶ月後に出願内容が公開される　　　(74)代理人　100000000
　　　（公開特許公報）　　　　　　　　　　　　　弁理士　△△　△△

　　　・審査請求
　　　審査請求をしなければ、権利化の道はない
　　　審査請求期限は出願から3年以内　　　　審査官　○○　○○
　　　（平成13年9月以前の出願は7年以内）

(54)【発明の名称】　○○○○○○

　　　　　　　　　　　　　1　　　　　　　　　　　　　　　　　　　2
(57)【特許請求の範囲】　　　　　　　　・・・・・・・・・・・・・・・・・・・・
　【請求項1】　○○○○○○・・・・・・
・・・・・・・・・・・・・・・・・・・・　　【請求項2】　○○○○○○・・・
・・・・・・・・・・・・・・・・・・・・
・・・・・・・・・
・・・・・　　　　　　　　　　　　　　　【請求項3】　○○○○○○・・・
・・・・・・・・・・・・・・・・・・・・
・・・・・・・・・・・・・・・・・・・・
・・・・・・・・・・・・・・・・・・・・　　【請求項4】　○○○○○○・・・
・・・・・・・・・・・・・・・・・・・・
・・・・・・・・・・・・・・・・・・・・
・・・・・・・・・・・・・・・・・・・・

(57)特許請求の範囲
この記載が特許権の範囲を定める
また、各請求項毎に特許権が発生する

注記（図中の吹き出し）:
- (11)特許番号：特許権の設定登録時に付与される
- (24)登録日：特許権は登録日から発生　権利存続期間は出願日から20年　年金不払いの場合は権利が無効となり特許権が消滅する
- (73)特許権者：この特許の場合は2社が権利を共有
- (72)発明者：発明者複数の共同発明もある

図Ⅱ-9　特許公報と公開特許公報

名　　称	特許公開公報	特許公報
公報発行の時期	出願から1年6か月経過後（例外あり）	特許権設定登録のあった後
掲載される内容	審査のパスに関係なく出願された内容	審査にパスして特許になった内容
公報の性質	権利化可能性の予告	特許権の内容を示す権利書的性質

図Ⅱ-10　特許権の存続期間

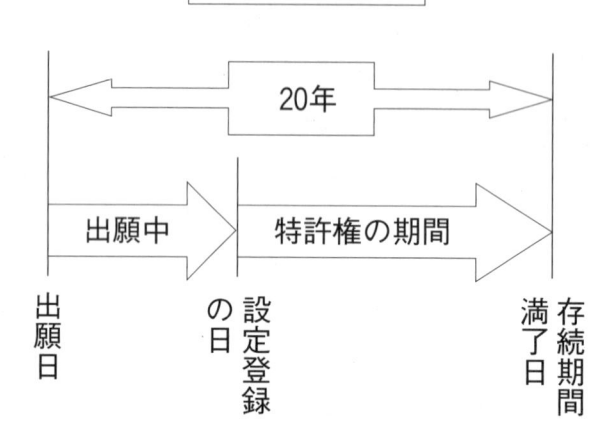

特許権の存続期間

```
←──────── 20年 ────────→
    出願中    │   特許権の期間
  出        設          満  存
  願        定          了  続
  日        登          日  期
            録              間
                            満
                            了
                            日
```

・特許権の内容的範囲

　特許権の内容的範囲（特許権の効力範囲）のことを、「特許発明の技術的範囲」といいます。特許発明の技術的範囲は、特許請求の範囲（「クレーム」と呼ぶ場合もあります）の記載に基づいて定められます（特許法70①）。いい方を替えると、特許公報に記載されてはいるが、特許請求の範囲以外の箇所（発明の詳細な説明、図面、要約）だけにしか記載されていない事項は、特許発明の技術的範囲に属さない、すなわち、特許権の効力範囲外である、ということです。特許請求の範囲に複数の請求項が記載されている場合は、請求項ごとに技術的範囲が定められます。特許権者には独占的に特許発明を実施（例えば製品を製造販売等するような特許発明にカバーされる行為）する権利が与えられ（特許法68）、特許権者以外の者が正当な理由なく特許発明を実施すると特許権の侵害となります。

　特許権侵害に対して特許権者は、差止請求（特許法100）や損害賠償請求（民法709）等を行うことができます。

・特許権の地域的範囲

　特許権の地域的範囲は、日本国のみです。特許権は、日本の法律である特許法に基づいて付与されるものですので、日本の法律が及ばない外国にまで特許権の効力を及ぼすわけにはいきません。外国（例えば、米国）にも特許権の地域的範囲を広げたいときは、その外国の法律に基づいた特許権を取得する必要があります。特許権を取得していない外国（例えば、中国）で製造したものには日本の特許権は及びませんが、その外国で製造したものを日本に輸入した製品に対しては日本の特許権の効力が及びます。

③注意すべきポイント

・他人の特許発明の利用（特許法72）

　例えば、キーボードについてＡ社が特許を取っていたとしましょう。次に、キーボード操作による負担を減らすことのできるアームレスト付きキーボードを発明したＢ社が、その発明について特許を取ったとします。アームレスト付きキーボードは、Ｂ社の特許製品ですから自由に製造販売できるように思えますが、実際はそうではありません。Ｂ社のアームレスト付きキーボードを製造すると、Ａ社のキーボード発明をそっくり使うことになってしまうからです。このような関係にあるＢ社の特許発明を「利用発明」といいます。Ｂ社が利用発明を実施するためには、Ａ社の特許発明について特許権を譲り受けたり、その特許権についてライセンスを得たりする必要があり、そうしなければ、Ａ社の特許権の侵害となってしまいますので、注意が必要です。

　では、Ａ社について見てみましょう。

　Ａ社はキーボードについて特許を取っていますが、これで安心してよいのでしょうか。Ａ社はキーボードについての基本特許を持っていますが、アームレスト付きキーボードについての特許を持っているわけではありません。Ａ社がアームレスト付きキーボードをＢ社に無断で製造販売すると、Ｂ社の特許を侵害することになります。Ａ社がどうしてもアームレスト付きキーボードを製造販売したいのであれば、Ｂ社からアームレスト付きキーボードの特許権を譲り受けたり、ライセンスを得たりする必要があります。基本特許を持っていても、特許権の譲渡対価やライセンス料を支払わなくてはならない場合があることを理解してください。

　Ｂ社にライセンスを申し込んだら、Ｂ社はＡ社の基本特許についてクロスライセンスを申し入れてくる可能性もあります。上記のような場合にどうすればよかったのでしょうか。

　Ａ社は、基本特許を取っているからといって、その特許権の上にあぐらをかいていてはいけません。開発の手を緩めないことです。そして、開発した技術については、漏れのないように特許を取っていくべきです。アームレスト付きキーボードをＡ社自身が開発し、特許を取っておけば、譲渡対価やライセンス料はもちろん不要となります。キーボードのビジネスにおいて他の追随を許さない圧倒的なシェアを握ることも可能となりましょう。

・先使用権（特許法79）

　先使用権とは、ある発明について他人の特許権が存在する場合、当該他人の特許権にかかる特許出願の日よりも前に当該特許発明について実施または実施の準備（以下「実施等」といいます）をしていることを立証できれば、所定の成立要件を満たすことを条件に実施を確保できる権利のことをいいます。特許権侵害事件の裁判の中でよく主張される権利です。

　先使用権の成立要件は、まず、他人の特許権についての発明とは別ルートの発明に基づいたものであることが第1の要件となります。つまり、特許出願にかかる発明とは別個に自分自身で行った発明であること、または別個に発明した第三者から教わった発明であることが必要です。特許出願の際、現に日本国内においてその発明である実施等をしているものでなくてはなりません。これが第2の要件です。第2の要件の中で誤解されやすいのが、「特許出願の際」「現に」の意味です。先使用権という「先」の文字に引きずられて、特許出願より先に実施等を行ってさえいればいいように思われていますが、それだけでは足りません。特許出願の際「現に」実施等を行っていることが必要です。特許出願前に、実施等したことがあるだけでは、先使用権は認められないのです。

　先使用権の範囲は、特許出願の際に行っていた実施等の継続できる範囲に限られます。規模の拡大に制限はありません。実施形式の変更は、実施等していた実施形式に現れた発明と同一性を害さない範囲で認められ、同一性の範囲内であれば実施形式の変更も認められます（最高裁昭和61年10月3日第二小法廷判決）。

　次は、先使用権の立証の話です。先使用権については、先使用権による保護を求める技術についての「時期」「技術内容」および「実施等の範囲」の点で争いとなりやすいので、これらの点について立証できるように準備しておくべきです。立証には、公証制度の利用が有効です。証明力が極めて高いからです。公証制度とは、法務大臣が任命する公証人による法律サービスのことをいい、①確定日付の付与、②認証および③公正証書に分かれています。2002年1月15日より電子公証制度の運用も始まっています。

　公証制度の主な種類を図Ⅱ-11にまとめてあります。詳細については、日本公証人連合会のホームページ（http://www.koshonin.gr.jp/index.htm）を参照してください。

図Ⅱ-11　公証制度の主な種類

	公証制度		一 般 的 内 容
イ	確定日付の付与		私人の署名または記名捺印のある文書に確定日付印を押印することで、その私署証書がその日付の日に存在したということの証明。
ロ	認証	a．私署認証	認証対象文書の署名または捺印が「本人」によってなされたことを証明
		b．宣誓認証	本人が認証対象文書の記載内容が真実であることを宣誓した上、文書に署名または捺印したことを証明。米国の宣誓供述書に相当
ハ	公正証書	a．契約等の公正証書	契約の成立や合意に関する事実を証明
		b．事実実験公正証書	公証人が直接見聞・体験した事実（五官の作用で認識した事実）を基に作成する公正証書

出典：「パテント2003　Vol.56　No.9」日本弁理士会

・特許権の共有

　特許権の共有とは、一つの特許権を2人以上の者（自然人、法人）が共同で所有していることをいいます。技術の高度化・複雑化に伴い、複数の者が共同で発明を完成する場合が増えています。このような共同発明者がそのまま特許権の共有者となることがあります。また、特許権（特許を受ける権利）の部分譲渡や、共同相続等によっても特許権の共有となることがあります。特許権が共有の場合には、各共有者は一つの特許権の上に一定の割合の持分権を持つことになります。各共有者の持分は契約で定めることができますが、契約で定めない場合の持分は平等であると推定されます。持分の割合は特許料の負担割合やロイヤルティの分配割合等に影響を及ぼします。

　特許権の共有については、原則として民法の規定が適用されますが、特許権自体は形のあるものではありませんので、事実上の占有ができません。不動産であれば、一方の共有者がその土地の上に家を建ててしまうと他の共有者は家を建てることができなくなりますが、特許権の場合は一方の共有者と他方の共有者が同時に実施することが可能です。これが、特許権を含む無体財産権の特殊性です。そのような特殊性があるため、特許権を共有している場合には、単独で所有している場合に比べて次の制限があります。

　①　各共有者は、原則として、特許発明の全部を自由に実施することができます。持分の多少には影響されません。つまり、例えば、持分99％の共有者と、持分1％の共有者との間であっても、特許発明を実施するにあたって何ら制限はありません（特許法73②）。したがって、小規模経営の企業と、大資本を有する大企業との間で特許権が共有されている場合に、その特許にかかる商品を両者が同時に発売したとしましょう。

大資本を投下しうる大企業の方が有利であることはいうまでもありません。この点は、注意を要します。

　ただし、上記原則に対する例外があります。各共有者間で契約していた場合は、その契約が優先されます。例えば、一方の共有者である自動車メーカーＡと、他方の共有者である部品メーカーＢとの間で自動車部品Ｃについての特許権を共有する場合を考えます。この場合において、「メーカーＡは自動車部品Ｃを製造販売しない。自社用には、原則として自動車部品ＣをメーカーＢから購入して使用する。メーカーＡがメーカーＢ以外から特許部品を購入するとき、または、メーカーＢがメーカーＡ以外に自動車部品Ｃを販売するときは、互いに他の共有者の持分に応じて実施料を支払う」というような契約を交わすことができます。契約に違反すると、債務不履行に基づく損害賠償を求められることが考えられます（民法415）。

② 　各共有者は、他の共有者の同意を得なければ、その持分を譲渡したり、その持分を目的として質権を設定することができません（特許法73①）。第三者にライセンスを与えるときも同じです（特許法73③）。

　特許権は、１人が使用したために他人が使用できなくなるものではありません。この点は、特許権の特殊性として、すでに説明しました。さらに、投下する資本の大小と特許発明を実施する技術レベルの高低の如何によって、他の共有者の経済的価値に大きな影響を与えます。例えば、共有者の１人が大きな資本を投下して中国で大量生産させた特許部品を日本で販売した場合に、これと同じ特許部品を日本において製造しようとする他の共有者のビジネスは非常に不利になってしまいます。

　このようなことから、各共有者は互いに信頼関係にあることが必要であり、持分の自由譲渡によって知らないうちに共有者が代わることのないように規定されているのです。ただし、会社合併等の一般承継については、他の共有者の同意は必要ありません。

・強く広い特許を取るために

　特許出願は誰でも行うことができますが、その高度な専門性から弁理士に依頼して行うことが多いと思います。その場合に、弁理士はたしかに技術と法律に精通した特許取得の専門家ではありますが、弁理士に任せておけば望むような特許が取れるかというと、必ずしもそうはいきません。弁理士の能力の話を棚に上げるつもりはありませんが、強い特許、広い特許が取れるかどうかは、特許出願を依頼する依頼者の準備の出来不出来に負うことが非常に大きいといえます。

　特許出願を行うためには、発明の内容を説明する明細書や図面を作成する必要がありますが、発明の中身を弁理士に正確にかつ詳しく伝えることができなければ、弁理士の仕事内容も不正確で舌足らずになりがちです。これでは、強くて広い特許は望めません。

　発明内容を理解するために質問を繰り返されたとき、「そんなことも知らないのか。私

は忙しいんだ！」といわんばかりの顔をされる方はいらっしゃらないとは思いますが、もし、いらっしゃるのであれば是非改めてください。発明は世に知られたものではないからこそ特許が与えられるのであり、発明者の知識レベルは、その発明の属する技術分野において最先端に位置しています。弁理士の知識レベルは、発明者のそれより上であるはずがありません。弁理士は発明者ではないのです。弁理士の役目は、発明者によって創作された発明を育てることにあります。これが弁理士の役目であり、弁理士にとって腕の見せ所です。繰り返しますが、発明者の協力がなければ、強くて広い特許を取ることは不可能です。

・先行技術の把握

　特許出願を行う上で、先行技術の把握はとても大切です。特許は、先行技術との差異があることを前提に与えられるものですから、先行技術を正確に把握することによって特許出願を実りあるものにすることができます。さらに、先行技術の把握は、他社の開発動向や特許権の内容の把握にも役立ちます。競合他社がどのような技術を開発しているかを知れば、無駄な競争や設備投資をしなくて済みます。やみくもな特許出願はもとより、無駄な競争や設備投資は企業の体力を消耗させます。なお、先行技術の調査は、特許庁ホームページの中の電子図書館（http://www.ipdl.ncipi.go.jp/homepg.ipdl）等で行うことができます。

ウ　商標権について

①商標とは

　商標は、自分の商品（またはサービス）と他人の商品（またはサービス）とを識別させるためのシンボルです。例を挙げて説明します。

　大証ヘラクレス市場のホームページ（http://hercules.ose.or.jp/）を開くと、弓と矢を重ねた図形と並ぶ「Hercules」の文字が目に入ります。この文字をみた私達は、今見ているホームページがヘラクレス市場のものであり、東証マザーズその他の株式市場と区別することができます。株式市場の運営は一種のサービスです。したがって、上記した図形と「Hercules」の文字は、自分のサービスと他人のサービスとを識別させる機能を持っています。また、私達の身の回りにある商品、例えば、コンピューターとしましょう、このコンピューターには「NEC」「SONY」「IBM」等の文字がついています。これらの文字を見た私達は、目の前にあるコンピューターがどの会社によって製造されたものか見分けることができます。つまり、上記した「NEC」等の文字は、自分の商品と他人の商品とを識別させる機能を持っています。

　このように、自他のサービスや商品を識別させるためのシンボルが商標なのです。商標は、これについて商標登録出願を行い、特許出願と同じように審査をパスすることによって設定登録されます。設定登録により商標権が発生し、設定登録された商標は「登録商標」になります。

②商標権の権利帰属

　発明と商標の最大の違いは、発明は創作物（創り出したもの）であるのに対し、商標は選択物（選び出したもの）である点です。創作物であることから発明完成と同時に特許を受ける権利が発生するのですが、選択物である商標には商標登録を受ける権利なるものはありません。ただ、将来において商標登録出願を行えば、商標登録出願を受け得るという期待権が発生します。これを「商標登録出願により生じた権利」といいます。商標登録出願により生じた権利は、ほぼ特許出願後の特許を受ける権利と同じ法的性質を持っています。また、商標権の法的性質も、特許権の法的性質とほぼ同じです。詳細については、図Ⅱ－12を参照してください。なお、商標権の存続期間は、設定登録の日から10年ですが、何回でも更新することができます（商標法19）。

図Ⅱ－12　商標権の権利帰属

権　利　名	特定承継	相続 （一般承継）	共有の制限	消滅
商標登録出願により生じた権利	特許庁長官への届出が効力発生要件	特許庁長官への届出	他の共有者の同意なくして持分譲渡不可	放棄 商標権発生
商標権	移転登録が効力発生要件	特許庁長官への届出	他の共有者の同意なくして持分譲渡不可	存続期間満了 特許料不能 登録無効 登録取消 相続人不存在 放棄

（注）商標登録出願前の権利はない。商標登録出願によってはじめて財産権としての価値が生じる。

（5）ディスクロージャー制度の整備

a　会計方針の確定

ア　売上高の計上基準

　公開前の企業では、請求から入金までのサイトが1か月ぐらいですと、入金時に売上計上としている例が見受けられます。また、得意先の決済条件で例えば、20日締めの場合など締め後から月末までの出荷分は会計帳簿に記帳しないで、月次決算を行っている場合も見受けられます。もちろん、決算月には、決算日まで商品の出荷したものまで正しく記帳されています。しかしながら、当該処理では、月次決算が年度予測に耐えられません。

　したがって、月次レベルでも、出荷基準で売上を計上し、締め後の売上についても会計帳簿に記帳すべきです。また、業種によっては、必ずしも出荷基準が売上計上基準として望ましくない場合もあります。どのような計上基準を採用すべきか、会社の実態に応じて

判断されることとなりますので、監査法人とよく相談し、慎重に判断することが必要です。
　特に、FC展開されている申請会社は、ジャスダック上場のタスコシステム株式会社の事例にあるように、売上計上基準を契約の締結に伴う加盟金の入金時としていたのを加盟店の出店時に計上する方法に変更していますので留意する必要があります。これは、契約日から契約実行日までの期間が長いと、その間に景気動向の影響を受け出店中止もありますし、加盟金の性格を巡って返還請求も起こりうるため、より売上計上の確実性を確保する必要性から変更したものであります。法的に保護された契約を前提にしていますが、売上の修正や契約不履行に伴う訴訟等のリスクを抑えるためと思われます。

イ　仕入高の計上基準

　公開前の企業では、支払いまでのサイトが1か月ぐらいですと、支払時に仕入計上としている例が見受けられます。また、上述の売上高の計上基準と同様、仕入先の決済条件に合わせて、仕入計上し、締め後は会計帳簿に記帳しない場合もあります。もちろん、売上高と同様年度決算は、適切に対応しております。
　売上高の計上基準と同様、月次決算においても、出金ベースの記帳および仕入先の決済条件に基づく会計帳簿の記帳は、年度決算レベルの対応を行うべきです。
　したがって、公開会社では仕入の事実に基づいて仕入高を計上することが求められます。一般的には、検収基準・入荷基準などが採用されています。どのような計上基準を採用するかは、やはり会社の実態に応じて判断されます。

ウ　原価計算制度の構築

　製造業の場合、原価計算を行っていない場合には、年度末の在庫評価は、最終仕入原価法もしくは売価還元法を採用し、決算末の在庫を評価しています。しかしながら、当該会計方針は、期間損益計算の正確さが求められる公開企業として望ましくありません。したがって、望ましい会計方針、例えば、総平均法に基づく原価法の採用、月次決算における売上原価の確定、変動費・固定費に基づく原価分析を行うためにも、原価計算制度の構築は必要です。

エ　費用の計上基準

　「企業会計原則」によれば「費用は発生した期間に計上されなければならない」とされています。これを「発生基準」といいます。非公開会社の場合、節税目的から、損金性が是認される費用項目は、未払計上しています。また、その発生が翌期でも継続適用を条件に、支払時に短期前払費用等として当期の損金算入が認められる費用項目については、積極的に前払費用計上を行っていません。しかしながら、適正な期間損益計算の確保から、支払が当期でも、その発生が翌期の場合は、前払費用に計上すべきです。
　一般に、以下のような費用は早いうちから考慮する必要があります。
・　支払家賃
・　借入金の利息

- 従業員給与
- 社会保険料

オ　引当金の計上基準
①貸倒引当金
　非公開会社の場合、税法基準に従って、対象債権を個別評価するものと一括評価するものとに分け、一括評価するものについては、過去の貸倒実績率を用いて貸倒引当金の金額を算定します。また、貸倒引当金を計上する場合は、損金性が是認するもののみ計上し、有税償却は行っていない場合が多々見受けられます。

　しかし、ヘラクレス上場を目指す会社は、「金融商品に係る会計基準」に従って貸倒引当金を算定しなければなりません。この基準によれば、まず債務者の財政状態および経営成績等に応じて、債権を一般債権・貸倒懸念債権・破産更生債権等の3種類に区分します。その上で、以下の方法により貸倒見積高を算定します。

・一般債権
　債権全体または同種・同類の債権ごとに、債権の状況に応じて求めた過去の貸倒実績率など合理的な基準により貸倒見積高を算定します。

・貸倒懸念債権
　債権の状況に応じて、次のa.b.いずれかの方法により貸倒見積高を算定します。ただし、同一の債権については、債務者の財政状態および経営成績の状況等が変化しない限り、同一の方法を継続して適用します。
　　a. 債権額から担保の処分見込額および保証による回収見込額を減額し、その残額について債務者の財政状態および経営成績を考慮して貸倒見積高を算定する方法
　　b. 債権の元本の回収および利息の受取りにかかるキャッシュ・フローを合理的に見積もることができる債権については、債権の元本および利息について、元本の回収および利息の受取りが見込まれるときから当期末までの期間にわたり、当初の約定利子率で割り引いた金額の総額と債権の帳簿価額との差額を貸倒見積高とする方法

・破産更生債権等
　債権額から担保の処分見込額および保証による回収見込額を減額し、その残額を貸倒見積高とする。

②賞与引当金
　現在、法人税法上、賞与引当金の繰入額の損金性は認められていません。したがって、翌期に支払う見込額があるにもかかわらず、当期の費用として認識されていません。しかしながら、会計上は、翌期に支払う見込額のうち当期に発生している費用（当期の支給対象期間に対応する部分）を引当金として計上しなければなりません。これを「支給見込額基準」といいます。

③退職給付引当金

　従来は、退職金規定がある場合、法人税法の規定に基づいて「退職給与引当金」を計上することが一般的でした。しかし、2000年4月1日以降開始する事業年度からは、これとは異なる退職給付会計の導入が義務づけられています。

　これは、将来支払われる退職給付（退職一時金および退職年金）の現在価値を割引計算し、これから外部に積み立てられている年金資産の時価額を控除した金額を「退職給付引当金」として計上するというものです。

　従業員の在職期間が長い企業は、退職給付債務の金額が多額に上っているところもあります。退職金制度のあり方も含めて、早い段階から専門家を交えて検討することが必要です。

b　会計方針の変更

　ヘラクレス上場の場合、公認会計士又は監査法人との監査契約は上場申請を行った事業年度からみて前々事業年度中に締結しておく基準いわゆる1事業年度以上の継続監査を求めておりませんので、会計方針の変更が何時行われたとしても、その時期が問題になることはありません。

　しかしながら、申請書類の財務諸表は、投資意思決定情報として重要であるため、財務諸表の期間比較や的確な投資判断を促す観点から、早い段階で会計方針の変更を行い、会計上の問題点を整理し、株式公開の基準である最近1年間に終了した事業年度にかかる監査意見「無限定適正」に対応できるようにしておくことが必要です。

c　月次決算の早期化、正確性

　企業の継続性・収益性を確保するため、会社は利益計画を作成します。その利益計画を検証する手段として月次決算が重視され、これが月次決算の必要性の第1です。しかしながら、ヘラクレス市場の上場審査において、企業の継続性・収益性は直接問われませんが、証券取引所は主幹事証券会社の引受審査や事前説明を参考にしております。したがって、他市場と違い、株式公開においては、継続的に利益を獲得し得るシステムが構築されているかどうかは主幹事証券会社の判断に委ねられていますが、上場後の最初の決算で大幅減益等の事例が多々あったため、利益の見通しには慎重に対応しています。

　月次決算の必要性の第2は、年度決算の軽減のためです。すなわち、月次決算を年度決算レベルで行っていれば、月次決算を累積することによって年度決算の早期作成が可能となります。

　次に、月次決算を行う上での留意点を述べます。

　月次決算は、当該企業の稼働日換算で10日が一つの目安になります。月次決算の目的は利益計画もしくは予算との対比で、財務数値レベルで目標の達成度合いを測り、経営者の今後の事業戦略を決定するための重要な意思決定情報となります。したがって、月次決算

が10日以上かかる場合、経営者の意思決定がそれだけ遅れることを意味します。

月次決算が遅れる理由としては、会社の事務手続きもしくは月次決算早期化の意識の欠如に問題がある場合が多いです。例えば、月次決算で商品の仕入高を計上するためには、購入先からの請求書の到着を待って計上する場合もあります。通常、商品が自社到着する場合、現品に納品書が添付されます。したがって、納品書を日々集計するしくみを構築すれば、仕入高の計上は早期に完了します。

また、月次決算を遅らせるもう一つの理由として、月次決算の精度にこだわる場合が挙げられます。

経理マン・ウーマンの宿命ですが、経理は、金額が正しくて当たり前という風潮です。したがって、月次決算においても経理として当該金額の正確性が確かめられない場合は、会計帳簿に記帳しません。

上述の例によれば、納品書ベースで仕入れ計上した場合、その金額の正確性は、先方の請求書と金額と突合せし、金額の合致を確かめなければ、会計帳簿に仕入れ計上しません。したがって、経営者も月次決算の精度についてある程度理解を示すことが月次決算の早期化に繋がる場合もあります。また、製造業の場合、在庫等の受払管理の精度が悪いため、毎月次実地棚卸を実施し、在庫数量を確認後、月次決算に織り込む場合もあります。一見すると、毎月次の棚卸は、資産保全目的に合致しており、望ましいと思われるかもしれません。しかしながら、毎月次棚卸を行うことは、それだけ製品の生産作業時間を短縮することになり、生産性の面からマイナスです。また、月次決算の早期化の観点からも、月次棚卸は、棚卸時間、棚卸の集計時間だけ月次確定が遅れるため、受払管理の精度は上げるべきです。

月次決算が年度予測に資するためには、減価償却費、賞与引当金、退職給付引当金等は年間発生金額を見積り、それを12分の1ずつ、毎月次に織り込む必要があります。また、固定資産税、労働保険料など、特定の月のみで支払が発生する費用項目も、年間発生高を見積月次で月割り計上することも肝要です。

d ヘラクレス市場の開示のタイミング

ヘラクレス上場後は、会社情報の提供機会を増やすことによる市場の透明性の向上を図るため、中間・本決算の発表[*1]に加え、「第1・第3四半期における財務・業績等の概況[*2]」について開示が求められています。

この四半期ごとの財務・業績等の概況についての開示を、適時・適切に行うことができる体制が必要です。

*1 ヘラクレス市場では、中間・本決算短信を開示する際、意思決定の仕組み、役員構成、内部監査機能の状況等の企業統治(コーポレートガバナンス)に関する状況について、併せて開示することを求めています。

*2 ヘラクレス市場では、第1・第3四半期における業績等の概況を開示する際、米国等で実施されている

MD&A（Management's Discussion and Analysis of Financial Conditions and Results of Operations）の手法を参考にして、財政状態および経営成績に関する分析・評価等について併せて開示することを求めています。

また、上記とは別に、開示規則に定められた適時開示例として、以下の事項があります。

① 決定事項に関する情報（業務決定機関が次に上げる事項を決定した場合）
- 株式、転換社債等の発行若しくは売出し
- 株式の分割
- 配当
- 合併・会社分割
- 業務提携
- ストックオプションの付与
- 代表取締役の移動
- その他

② 発生事実に関する情報
- 災害または業務に起因する損害
- 主要株主の移動
- 親会社の移動
- 資源の発見
- その他

③ 決算内容等の確定に関する情報
- 決算内容（中間期および期末）
- 業績予想の修正
- 配当予想の修正
- その他

e セグメント情報の開示

セグメント情報は「事業の種類別セグメント」「所在地別セグメント」「海外売上高」に大別されます。

「事業の種類別セグメント」は、製品の種類別に事業区分を決定し、製品系列別に売上高・営業損益等の情報を開示します。事業活動の多角化情報を投資家へ提供します。

「所在地別セグメント」は、連結会社の所在する国または地域ごとに売上高・営業損益等の情報を開示します。

「海外売上高」は、国または地域ごとに開示します。

企業が公表するセグメント情報の目的は、事業の種類別セグメントおよび所在地別セグメントの規模、利益貢献度、成長傾向を示すことにより、連結財務諸表の利用者が多角化・国際化した企業の過去の業績および将来の見込について正しい判断を下すための有

用な情報を提供することにあります。セグメント情報が開示されることによって、企業収益性の源泉の事業区分、多角化の状況等が把握することが可能になります。

f　連結財務諸表の作成

　企業は、近年、関係会社（子会社および関連会社）を通じての経済活動の活性化など、多角化・国際化が急速に進展しています。したがって、企業単体の財務諸表のみで把握できない企業集団の実力を図るため、関係会社（子会社および関連会社）を含めた企業グループ全体の財政状態および経営成績を示す連結財務諸表の作成は必要であり、投資家にとって有用な情報です。連結財務諸表の作成にあたっての留意点は、まず第1に関係会社の範囲の決定です。関係会社の範囲の決定は、単に持株比率のみではなく、財務・営業・事業の方針を決定する機関を支配している場合にも該当することになります。

　第2に、連結財務諸表を作成する場合、申請会社たる親会社のみならず、関連会社の会計管理体制を整備しなければなりません。具体的には、決算期の調整、会計方針の統一化、連結会社間の取引の整理および情報収集手法です。また、連結決算短信等や連結ベースの業績予想も開示対象になります。したがって、月次レベルで連結財務諸表を作成するのが望ましいです。そのため、先に述べた、経営管理体制の整備は、関係会社全般にわたります。

（6）IR活動

　IRとは、Investor Relations（インベスター・リレーションズ）の略であり、市場から適切な評価を受けるための活動です。株主、投資家、アナリスト等に自社の事業内容、経営戦略、将来ビジョン等の情報を提供することで、企業イメージの向上を図り、市場から適切な評価を受けることになります。

　IR活動の実施による企業イメージや知名度のアップ等を通じて、株価の上昇、株主数の増加および株式の流動性の向上をもたらす効果があります。

　また、申請会社が具体的にIR活動を実施するのは、主幹事証券会社の主導で申請期に開催される会社説明会になります。したがって、公開準備作業を通じて、公開後IR活動を円滑に進められる体制を構築することは重要です。

2　主幹事証券会社の役割

　主幹事証券会社の第一の役割は、上場に際して公募または売出し株式の引受を行い、上場審査基準に定められた数以上の株主を確保することにあります。そのため主幹事証券会社は、公開の1年以上前から公開準備全般に関する助言・指導を行います。さらに、上場申請の際の取引所との連絡や交渉も重要な役割の一つです。こうした業務を行う主幹事証

券会社以外に「幹事証券会社」数社が選定されますが、この幹事団のとりまとめも主幹事証券会社が行います。通常、主幹事証券会社の指導の下、公開準備が進められることから、早い段階での主幹事証券会社の選定が重要です。最近では公開予定企業と主幹事証券会社との間で、公開準備に関するコンサルティング契約が結ばれ、さまざまな助言・指導の下公開準備が進められることが多いようです。

コンサルティング業務の主な内容には以下のようなものがあります。

- 公開準備スケジュールに関する事項
- 資本政策に関する事項
- 経営管理体制整備に関する事項
- 公開審査上の問題点の把握およびその改善に関する事項
- 公開申請書類の作成に関する事項
- 公開制度全般に関する情報の提供
- 公開市場の動向に関する情報提供
- その他

もちろん、公開申請のさまざまな手続も含まれます。さらに公開後も資金調達や事業戦略などに関するアドバイスも行います

3 監査法人の役割

株式公開にあたっての監査法人等の役割は、財務諸表監査と株式公開支援業務です。ヘラクレス上場の場合、原則として2期間の会計監査対象年度が必要です。したがって、直前事業年度末日前2年前には監査契約の締結が必要です。また、公開支援業務は、主として経営管理体制の整備や適切なディスクロージャー制度について助言等を行います。余裕をもった公開準備を考えれば、早い段階での監査契約締結が望ましいです。

なお、一般的には、内部管理体制あるいは会計管理制度の整備運用状況について監査法人が実施する予備調査が監査契約に先立って行われます。この調査は予備調査報告書（ショートレビュー）としてまとめられますが、その内容は、経営組織、経営計画、会計制度を中心に調査した結果、見つかった問題点や改善すべき事項に監査法人の見解も加え記載されております。上場審査においてもこの報告書に基づき会社が適切に対応し改善しているかどうかチェックされます。

また、予備調査に入る段階で監査法人を選定することになるので、事前調査（株式公開のための短期調査）の段階では、監査契約の締結を行っていません。したがって、事前調査する担当会計士との相性、熱意等を申請会社は感じ取るべきです。仮に、申請会社にと

って相性等が合わない場合、他の監査法人との契約も検討すべきです。

4 その他の関係者の役割

　非公開会社が、公開する場合、外部協力者として、主幹事証券、監査法人以外として、株式事務代行機関、印刷会社、顧問弁護士、顧問税理士、司法書士、弁理士、ベンチャーキャピタルおよびコンサルタント等が挙げられます。

　株式事務代行機関は、公開会社においては名義書換代理人の設置が義務づけられており、公開申請に際しては、定款で株式事務代行機関を選定して株式事務を委託することが必要となります。

　印刷会社は、公開の申請書類の作成にはじまり、有価証券報告書等の公開後のディスクロージャー、株主総会関連書類の作成等において印刷会社の存在は欠かせず、ディスクロージャーに関連する情報提供や助言等が期待できる印刷会社を選定することがポイントです。また、株券についても一定の要件を満たした適格株券を準備しなければならないため、印刷会社は必要となります。

　顧問弁護士は、公開企業にとって法令遵守は当然の責務のため、当然必要になってきますが、上場審査では、申請会社の開示すべきリスクとその記載内容の検討過程に参加していただく必要があります。

　顧問税理士は、非公開会社でも通常は税理士との顧問契約をしているため、ヘラクレス上場に際して新たに選任する必要性はないかもしれません。しかしながら、留意すべき点は、ヘラクレス上場後、決算開示の早期化も求められるため、税効果会計を実施するためにも、申請会社決算スケジュールに対応できる顧問税理士か否かの検討は必要です。

　また、申請期間中は、増資等が行われるため、司法書士は必要です。取締役会等の議事録整備についても助言してもらえる司法書士を選定すると、公開準備作業がスムーズに進みます。

　弁理士は、特許権、商標権等知的財産権の保護等のためにも必要です。すなわち、弁理士は、技術と法律の素養を備えた知的財産（知的財産権）の専門家です。知的財産権の中には著作権のように申請をしなくても発生する権利もありますが、特許権や商標権等を取得するためには、所定の出願行為や中間処理等を必要とします。

　知的財産は目に見えない無形のものですから、その取得には特別な配慮が必要です。先にも述べましたが、特許権の場合、取るだけでは足りません。強くて広い権利でなければ、競合会社に簡単に逃げられてしまいます。そのような特許権では、たとえ取れたとしても「絵に描いた餅」になりかねません。強くて広い権利を取るためには、その特許出願の前にどのような先行技術が存在するのか、その分野において技術常識は何なのかなどを考慮

しつつ、さらに、自社の商品戦略や競合会社の動向等も見据えた上で出願書類を作成することが必要です。

　知的財産に関する紛争処理、職務発明に関するリスクマネジメント、知的財産のディスクロージャー等においても専門家である弁理士の関与が望まれます。上場申請を円滑に進めるとともに、上場の前後を問わず知的財産の構築に成功を収めるために、弁理士を活用されることをお勧めします。

　ベンチャーキャピタルは、主として、資本政策の一環として公開申請会社の第三者割当増資等の引受等役割を担います。また、ベンチャーキャピタルから投資を受ける場合、一般的に投資契約書を結びます。その契約内容は、実務上多種多様と考えられますが、ベンチャーキャピタルの投資時点から株式公開までの資本政策で示される発行済株式数、ストックオプション等潜在株式数は、投資契約書に含まれる場合があります。したがって、ベンチャーキャピタルから投資を受ける場合は、株式公開までの資本政策が固まっていることが必要です。

　最後にコンサルタントは、株式公開にあたっての経営管理体制の整備や、それに伴うコンピュータシステムの構築、公開申請書類の作成等の業務を担う場合もあります。

図Ⅱ－13　公開準備作業における主幹事証券会社の基本的業務フロー

	公開意思決定期 （X－2期・意思決定機関）	申請直前々期 （X－1期・仮運用期間）	申請直前期 （X期・運用期間）	申請期 （X＋1期・上場年度）
株式公開準備会社	・公開についての基本的方向性の確認 ・公開意思（申請期・市場等）の決定 ・公開準備についての専門的知識の習得 ・プロジェクトチームの設置 ・監査法人の決定 ・主幹事証券会社の決定	①経営管理体制の整備→仮運用・完了 ②予算統制制度の整備→仮運用・完了 ③開示体制の整備→仮運用・完了 ④関係会社の整備→仮運用・完了 ⑤審査・各種申請書類等の作成 定期的ミーティングの実施	完全運用 完全運用 完全運用 完全運用 定期的ミーティングの実施	完了 大証・ヘラクレス市場へ 上場申請 有価証券届出書を提出
監査法人	監査契約 ・予備監査実施	三者ミーティング ・証取法監査実施	三者ミーティング ・証取法監査実施	三者ミーティング ・証取法監査実施
証券会社・担当者	主幹事依頼書 主幹事請書 公開コンサル契約 資本政策案 公開準備事項の説明 公開引受部担当者決定依頼	定期的ミーティングを通じ①～⑤に関する公開準備作業の指導等を実施 公開準備の指導実施　※2	公開準備の指導実施　※3	提出書類等のチェック・精査 日程のアレンジ ※4
証券会社・公開引受部	公開引受部担当者の決定 公開準備の指導実施　※1	事前相談・確認実施 大阪証券取引所等へ事前相談・確認作業等を行う	審査担当者決定依頼	大証の申請前ヒアリング
証券会社・審査部			審査担当者の決定 証券会社の審査開始 ヘラクレス申請の確認審査	ファイナンス審査
大阪証券取引所・ヘラクレス市場 （財務省財務局）		相談回答・確認回答	相談回答・確認回答	大阪証券取引所の審査・承認 財務局・届出書受理
備考	※1　公開準備指導に加え、公開準備に関する専門的な知識・情報の提供・キックオフミーティング等も併せて指導	※2　公開準備指導に加え、公開を前提とした資本政策に関係する増資手続き等も併せて指導	※3　公開準備指導に加え、ストックオプションの導入・各種上場申請書類の作成等も併せて指導	※4　公開準備指導に加えて、上場に関する引受業務・IR・上場関係諸規則の説明等も併せて指導

Ⅲ 引受審査のポイント

1 証券会社の引受業務と引受審査について

　証券会社は、証券市場のプレーヤーとして、投資家の資産運用や企業の資金調達に大きな役割を果たしています。株式会社が証券会社として証券業を営むには、証券市場*1の公正かつ円滑な運営に必要なルールを定めた証券取引法*2（以下「証取法」）に基づき、内閣総理大臣の登録を受けなければなりません。

　証券会社が営むことのできる主な証券業務は、事業の健全性・適切性を確保する観点から営業行為の範囲を証取法で定めています。その範囲は、①自己の計算で行う有価証券の売買（ディーリング業務）、②第三者の委託を受けて行う有価証券の売買（ブローカー業務）、③事業会社が資金調達を目的に発行した有価証券を取得する、有価証券の引受（アンダーライティング業務）、④有価証券を新規に発行する発行会社または既存有価証券の所有者（売出人）のために行う有価証券の募集、売出しの取扱いまたは私募の取扱い（セリング業務）に大別されます。

　この主な業務のうち、①②④については登録をもって営業を開始できますが、③の引受業務は、事業活動の根幹にかかわる設備の新増設、新製品・新技術の開発などの資金調達を担っていること、そのための有価証券の発行を確実に履行する能力が必要なこと、証券市場の直接金融部門である発行市場の効率性、透明性を確保する必要性があることから、内閣総理大臣の認可制が取り入れられ、証券会社に一定の資格と条件を課しています。

　なお、証取法では、同法の目的である国民経済の適切な運営と投資者の保護を図るために有価証券の範囲を具体的に定義するとともに、その有価証券を通して法の網を被せています。

　例えば、同法上で定義された有価証券の発行会社に対しては企業内容等の開示（ディスクロージャー）制度*3が適用されます。有価証券の発行市場では、有価証券の募集または売出しの時点における企業内容の状況を記載した有価証券届出書、目論見書または有価証券通知書の開示が制度化されています。一方、有価証券の流通市場（証券取引所市場等をいう）では、事業年度毎に作成する半期報告書、有価証券報告書の継続開示と経営に重要な影響を与える事実が発生した場合に提出される臨時報告書の適時開示（タイムリーディスクロージャー）が義務づけられています。また、有価証券の取引等を事業とする株式会社に対しては、証券会社（証券業）としての業態規制を行い、同法の適用を図っています。

　証券会社は、金融のグローバル化と金融システム改革の波を受け、証券業務のすべてを扱う総合証券型と、ITの活用やベンチャー支援などそれぞれの得意な分野に特化した専門証券型に分化されています。特に、引受業務は、銀行における土地担保融資の崩壊を契機に始まった間接金融からリスクの分散機能、負担能力に優れた市場型間接金融あるいは直接金融へシフトする企業金融の構造変化と21世紀の新産業を担うベンチャー育成策の実

施に伴う投資者保護の観点から重視されてきています。

　ここで取り上げる引受業務については、同法の適用を受ける有価証券のうち、株式会社に対する株主の権利（株式）を表した株券を対象にしています。

＊1　証券市場を株式市場で見ると、株式の取引過程から「発行市場」と「流通市場」に区分される。前者は、資金調達等を目的に株式を発行し、その株式を募集の方法を利用して多数の投資者に勧誘し取得させるまでの一連の取引が行われる過程を指して「発行市場」という。後者は、資産運用を目的に株式の取得または取得した株式の換金を行う場、すなわち投資者間の株式取引が売買取引を組織的に管理・監督する証券取引所等を介して行われる過程を指して「流通市場」という。

＊2　証券取引法は、証券市場の円滑な運営と公正な株価形成を図るための法律で、企業内容等の開示規制、証券会社の事業活動規制、証券取引所等の市場開設規制、不公正な売買取引規制と罰則規定からなる。金融商品の多様化から投資者を保護するために審議され、金融商品取引法に統合されたが現在、未施行である。

＊3　証券取引法における企業内容の開示制度（概要）について

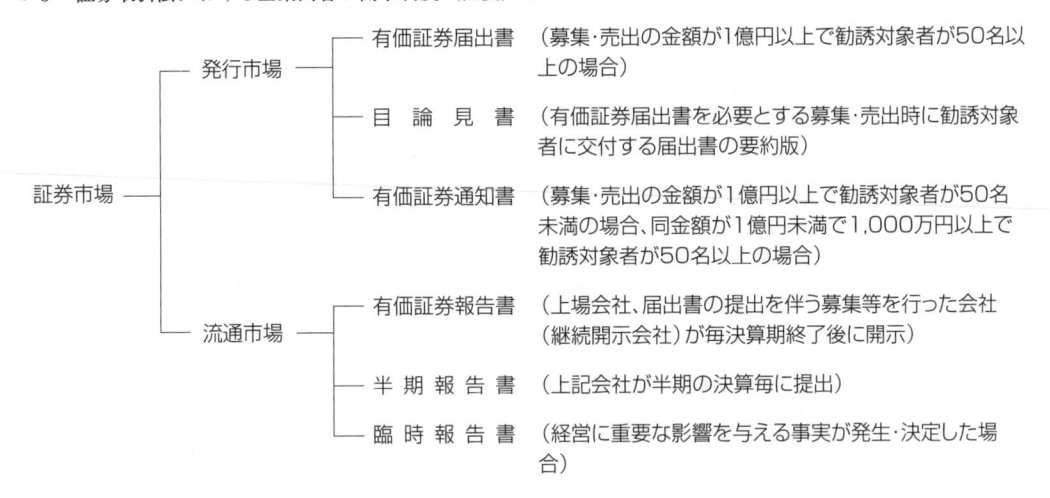

```
                ┌─ 発行市場 ─┬─ 有価証券届出書　（募集・売出の金額が1億円以上で勧誘対象者が50名以上の場合）
                │            │
                │            ├─ 目 論 見 書　　（有価証券届出書を必要とする募集・売出時に勧誘対象者に交付する届出書の要約版）
                │            │
                │            └─ 有価証券通知書　（募集・売出の金額が1億円以上で勧誘対象者が50名未満の場合、同金額が1億円未満で1,000万円以上で勧誘対象者が50名以上の場合）
証券市場 ───────┤
                │            ┌─ 有価証券報告書　（上場会社、届出書の提出を伴う募集等を行った会社（継続開示会社）が毎決算期終了後に開示）
                │            │
                └─ 流通市場 ─┼─ 半 期 報 告 書　（上記会社が半期の決算毎に提出）
                             │
                             └─ 臨 時 報 告 書　（経営に重要な影響を与える事実が発生・決定した場合）
```

（1）引受業務と幹事証券会社について

　証券会社の引受業務は、企業金融に直接かかわる引受部門として、新株の発行に伴う資金調達（増資）のタイミング、方法、手続等をアドバイスするだけでなく、当該発行会社の置かれた経営環境やその経営資源を調査・分析し、最も適切な財務・事業戦略の企画・提案ができる専門知識・ノウハウを必要としています。

　発行会社は、このようなノウハウを持つ証券会社の引受部門と協議しながら財務戦略を固めて資金計画を策定します。その資金計画に基づく新株の発行とその条件（発行価格、払込期日、募集の方法、申込期日、申込期間等）を決定する取締役会を経て証券会社と引受契約を結ぶことになります。

　引受契約には、①発行する株式の全部を当該発行会社（既発行株式の売出しの場合は売出人*）から証券会社が取得し投資家に分売する方法（買取引受）と②株式の募集または売出しを行った後に生じた未分売の残株を証券会社が引き受ける方法（残株引受）とがありますが、引受証券会社はいずれも資金調達と売出しの目的を確実に履行する保証を発行

会社に与えています。株式の新規公開では、上場手続を円滑に行うため買取引受が一般的です。

　引受業務は、円滑な資金調達の重要性に鑑み、引受契約の完全な履行を保証することから、引受に伴うリスクの負担能力が必要となります。証券取引法では、その負担能力を法的に確保するため、内閣総理大臣の認可業務（証取法29）となっています。この認可条件として、発行会社と引受内容について協議ができる幹事会社、いわゆる幹事証券会社（同法施行令15の2）の資本金を5億円以上としています。ただし引受総額が100億円以上の場合は資本金が30億円以上なければ幹事証券会社となることはできません（行為規制府令9）。

　一般に主幹事といわれる幹事証券会社は、公募または売出しに伴う勧誘を円滑に進めるためと引受リスクの負担割合を引き下げるために複数の証券会社と組み、引受シンジケート団を組成します。組成された引受シンジケート団の代表として、発行会社と元引受契約を締結し、発行条件や引受契約の内容を協議すると同時に引受株式の割当比率等の調整を行います。したがって、株式公開に伴う一般株主（浮動株主）づくりの公募などの手続は、株式公開のコンサルタント契約を締結した幹事証券会社の下で進められます。

＊　売出人とは、すでに発行された株式の大口所有者が株式公開時に株式の分布状況に関する基準（株主数基準）を充足するために、発行会社の要請を受けて均一の条件で分売する時の所有者（一般的に大株主）をいう。

（2）幹事証券会社の引受責任について

　引受においては、発行会社の資金調達を確実に実行させるために、幹事証券会社が自ら増資資金の払込人となることはすでに述べましたが、株式市場の動向、発行株式の市場性または発行会社の成長性、収益性等を見誤ると投資家の信頼を損ねるだけでなく投資意欲も低下させてしまい、引受価格が市場価格（時価）を大きく下回る結果を招くことになります。このような状況になると、証券会社は、引き受けた株式の売残りを抱え込むと同時に多額の評価損を計上しなければなりません。巨額の損失を抱え込むことは証券会社における投資者保護の拠りどころとして開示・報告の規制対象となっている自己資本規制比率（120％以上）を悪化させ、財務の健全性を損ねる懸念が生じます。

　この懸念は、市場の評価に委ねた資金調達のリスクを発行会社に代わって引受証券会社が負担することに起因しています。したがって、証券会社は引受業務を行う以上、このリスク負担を避けて通れないことから、幹事証券会社の「引受責任」といわれています。特に金融庁では、引受責任の重要性に配慮して、元引受契約を結ぶ幹事証券の認可に際し、引受責任に対応した業務体制の整備状況をチェックしています。その内容は管理責任者の証券業務の経験（5年以上必要）、業務遂行体制（組織・人員配置）、リスク負担の限度枠の妥当性についての確認です。

　また、幹事証券会社による引受責任の回避を防止するために、引受に伴い株式を販売す

る場合、その買主（投資者）に貸付等の信用供与を一定期間内行ってはならないとしています。これは、信用供与を通して引受責任を投資者に転化することを防止するためです（証取法46）。

　株式公開の場面では、株式市場の環境が急激に悪化すると、主幹事証券会社の手で進められるプレヒアリング*1、あるいはブックビルディング*2の過程において、発行会社が希望する公開価格にならないときや、公開後も公開価格の維持が困難であると思われるときは、幹事証券会社もリスク回避の観点から公開予定会社に上場申請の取下げを指導しています。

*1　プレヒアリングとは、市場動向に沿った公開価格を決定するために、アナリストや機関投資家に公開予定会社の事業内容、経営成績、財政状態等に基づいてフェアバリューを明らかにしてもらい、仮条件価格(商法上の発行価額)を決定することをいいます。
*2　ブックビルディングとは、主幹事証券会社が決定した公開価格の上限と下限の価格帯内で、購入を希望する投資家の購入ニーズを把握・集計し、この集計結果に基づき、市場の動向と公開日までの期間リスク等を勘案し、発行会社と協議の上、公開価格を決定することをいいます。なお、公開価格の下限価格を算定するに際し、公開会社と同業種の上場会社の株価を参考に、利益の額、純資産の額とを比較し算定する類似会社比較方式が採用されています。

（3）株式公開における引受審査について

　引受証券会社では、発行会社に対して引受契約の履行保証の見返りとして、引受責任（引受リスク）を監理・統制する目的で当該会社の事業の将来性、経営体制、業績の見通し、株価動向等について審査（いわゆる引受審査）を行っており、その審査の実効性を高めるために営業や引受部門から独立した審査部門を設けています。

　引受審査は、既上場会社の新株発行時と新規上場会社の株式公開時とで審査のポイントの置き方が異なります。上場会社の場合は、決算発表、有価証券報告書の開示、IR活動、アナリストによる分析評価が継続的に行われているので、発行の時期、市場の需給関係、資金使途等に重点が置かれます。これに対し、株式公開の場合は、経営が同族若しくは特定の者で行われていること、企業内容等の開示が継続的に行われていないこと、監査法人等による外部監査を上場準備段階で初めて受けていること、証券取引所の審査を受けることなどから、審査内容も広範囲にしかも詳細にわたって行われます。また、公開のタイミング、公開価格等については投資家に株式の取得を勧誘し進めることから、営業や引受部門との意見交換も重視されます。

　株式公開における引受審査の内容については、後述します。

〔参考〕引受証券会社の審査日程（株式公開の場合）

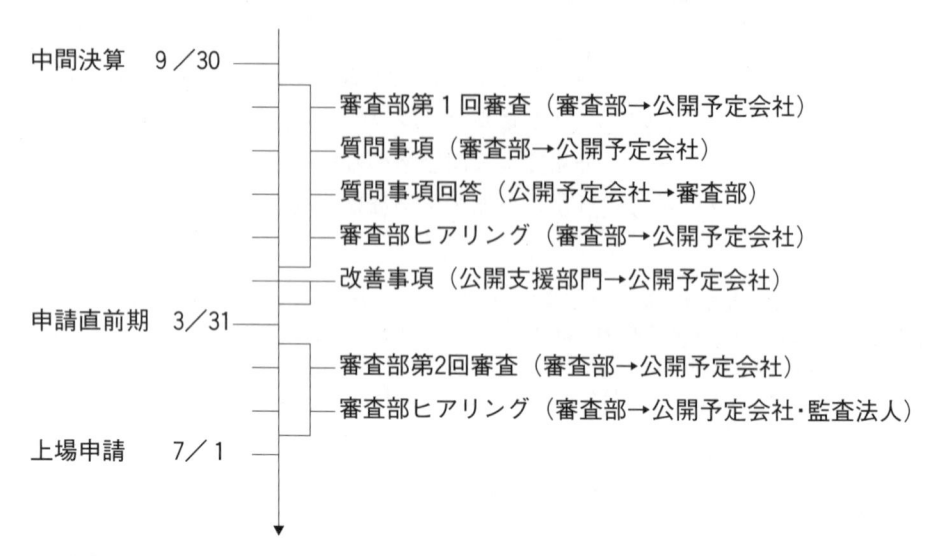

```
中間決算　9／30 ─┐
                ├─ 審査部第1回審査（審査部→公開予定会社）
                ├─ 質問事項（審査部→公開予定会社）
                ├─ 質問事項回答（公開予定会社→審査部）
                ├─ 審査部ヒアリング（審査部→公開予定会社）
                ├─ 改善事項（公開支援部門→公開予定会社）
申請直前期　3／31─┤
                ├─ 審査部第2回審査（審査部→公開予定会社）
                ├─ 審査部ヒアリング（審査部→公開予定会社・監査法人）
上場申請　7／1 ─┘
```

証券会社によっては、監査法人のショートレビュー（監査契約の締結のための事前監査）が行われた直後から審査部門審査に入る場合もある。

（4）株式公開支援と引受審査の中立性について

　証券会社における株式公開支援は、公開希望会社と株式公開のためのコンサルティング契約に基づき公開準備のための指導、上場申請資料・開示資料の作成指導、上場前の公募または売出しの助言・指導、財務局や証券取引所などの関係先との折衝となります。

　支援業務の内容は、株主価値の最大化を図る事業・経営の確立、コーポレートガバナンスの確立（監査役監査の強化、内部統制システムの確保）、計画的・組織的経営活動の確立（定款・諸規則の整備、組織の見直し）、株主構成の是正（資本政策）、企業内容等の開示体制の確立、公益または投資者保護に向けた整備（訴訟、行政処分、反社会的団体との関係）、公開市場の選択、証券取引所への上場推薦、公開に伴う法定開示書類の作成・指導などが中心となります。また、これら支援業務を担当する証券会社の部門は、公開引受部門あるいは引受部門にて行われています。

　証券会社の公開指導におけるコンセプトは、公開予定会社が公開後に株主、投資家に不測の損害を与える要因を前もって除去すると同時に、公開後も起こさせない仕組みを構築することにあります。これを踏まえた証券会社の指導結果は、証券取引所の上場審査でもチェックされることになります。

　引受審査では、健全な証券経営と顧客でもある投資者の信頼を将来にわたって維持する必要性から審査の中立性が求められています。特に、新興企業の株式公開では、公開基準の大幅な緩和に伴い、上場会社の適格性について「主幹事証券に裁量が与えられ、最終的

には、証券会社の判断にゆだね」[*1]られていることからも中立性の重要性が指摘されています。

しかしながら証券会社においては、引受がビジネスである限り、同業者間における引受競争に常に巻き込まれており、ややもすれば、引受実績を確保する観点から無理な引受行為、安易な株式公開に流れる可能性もあります。

それを避けるために、日本証券業協会では、「有価証券の引受け等に関する規則（以下、引受等規則）」（平14.5.13公正慣習規則第14号）を設け、その第2条で適正な引受を促しています。また、証券会社は、金融庁が幹事証券会社の認可にあたり、「元引受業務の検査を行う部署が独立した組織になっており、少なくとも1年に1回は検査が実施されること[*2]」との求めに対応して、引受審査部門を営業部門、公開引受部門から独立させ、ファイアウォールを引き、内部統制システムに基づく内部監査と担当者の教育を定期的に行う体制を築き、審査の中立性を確保しています。

[*1] 平成12年9月15日付日本経済新聞より
[*2] 「証券会社、投資信託委託業者及び投資法人等並びに証券投資顧問業者等の監督にあたっての留意事項について」のうち、元引受業務にかかる留意事項

（5）引受審査の強化について

金融庁の「市場仲介機能懇談会」において引受審査の強化が検討されています。検討項目は①審査項目。内容の見直しとして、引受審査能力の格差、証券業協会の引受審査に関する規則と事務処理指針の見直し、②引受審査体制として、引受審査部門の独立性、マニュアルの整備、内部監査部門のチェック、公開価格の実勢価格との乖離、③その他として、関係機関との連携強化、引受審査終了後の資本政策の変更、上場後一定期間の指導等からなり、各項目ごとに問題点の指摘が議事録などで公表されています。検討段階なのでコメントは避けますが、提起された引受審査関係の問題は証券取引所の審査方針を受けすでに取り入れられています。引受審査のあり方よりもむしろ、新興市場の上場基準をクリアした会社と市場の関係が重視されるべきでしょう。上場基準が大幅に緩和された市場にはどのようなベンチャー企業を、またどのような投資者を参加させるべきなのか、いわゆる市場のあり方を含めて検討されることを願います。特に、マザーズ等のベンチャー市場が開設されたときの有識者の意見を改めて見ると参考になるでしょう。例えば、①上場基準の大幅な緩和はプロの投資家が参加する米国のピンクシートを一般投資家が参加する市場に導入したのではないか、②公開前にベンチャーキャピタルの投資を受け、事実上資金調達が終わり、公開時の資金調達が本来の事業に投入されていないではないか、③過小資本から生み出される公開時の浮動株の少なさが売上高の何百倍の時価総額を作り上げ、株価が事業実態とかけ離れているのではないか、④海外の新興市場で実績があり、小規模資本の売買に適したマーケットメイク方式を導入しなかったため流動性に支障を来たし、価格形

成が歪になるのではないか、⑤市場間競争の弊害の指摘ですが、証券取引所の審査基準の大幅な緩和が安易な公開を招き、公開会社としてのモラル（社会的責任）を著しく低下させるのではないか、などです。いずれにせよ、未公開株の売買制度の育成が進まない現状では、店頭（登録）市場を視野に入れながら、ハイリスク・ハイリターンのベンチャー企業がローリスクの市場第一部、第二部と明確に区別され、しかも長期保有（少なくとも6か月以上）のリスクに耐えられる投資家を中心とした市場の構築が望まれます。

2 引受審査のポイントについて

　引受審査は、引受行為によって生じるリスク（引受リスク）を回避するために、その資金調達が資本市場にふさわしいか、情報開示が適切か否かの観点（引受等規則3）から、発行会社の事業内容と事業の成長性、経営体制、事業に対する市場の評価などを調査・分析し、引受できるかどうかを判断することです。
　この一連の流れは、事業会社における新製品の企画会議で行われる新製品の開発を巡る検討過程と同じです。
　その会議では、消費者ニーズの現状と変化、新製品の特性と標的層の関係、試販の反応、品質、安全性、商品内容の表示の適正性、法規制等あらゆる角度から議論され、問題点の提起とその評価をし、その上で開発順位のウエイトづけが行われます。おそらく、適切で効率的な開発会議では、会議出席者の経験、専門知識を生かす標準化された開発プロセスが確立されていることと思われます。
　引受審査においても、このような開発プロセスに相当する手続*が定められており、的確な審査を進めるために設けられた審査項目すなわち「見るべきポイント」あるいは「押さえるべきポイント」を定めています。
　以下、引受審査における主なポイントについて説明します。

*　引受等規則第11条では「審査、確認の手続き並びに株券等の募集及び売出しの引受審査に関する基準等を社内規則」として定めることを義務づけている。

（1）事業の適正性

　事業については、ITの進展、規制緩和とともに多くのベンチャービジネス・ニュービジネスが台頭し、ビジネスモデルも多様化・複雑化しています。それだけに、ビジネスモデルに問題がなくても提供する事業の目的と異なった利用のされ方をして社会問題化するケースやビジネスモデルを支える周辺基盤に反社会性、法令違反（脱法行為を含む）等が生じる可能性も高くなっています。このような経営者の意図に反した事業展開、あるいは事業そのものに反公益性、反社会性があれば引受だけでなく株式公開も不可能となります。

したがって、事業にかかる審査のポイントは次のような社会経済の健全な発展に貢献しているかどうかにあります。

- 大衆の娯楽として定着している遊戯業では、その事業に問題がなくても、遊戯に伴う景品の換金を巡る不透明性、違法性が解決されていない。なお、現状の三点方式（遊戯業者、買取業者、卸業者の完全分業）を容認する方向にありますが、業界全体が多くの課題を抱えておりますので、業界全体から検討される必要があります。
- エステサロン等における医療、マッサージ類似行為を行う新規事業が法的に規制された既存事業との関連で問題がないか。
- 携帯コンテンツ事業においては、社会問題化している出会系サイト、アダルトサイトのウエイトが高いとき。
- 主力製品について特許権侵害の訴訟を起こされているとき。あるいは、業界規制法等に違反し、行政処分（認可等の取消し）、業務停止、罰金、告発を受けているとき。また、法令違反ではないが、地域住民とトラブルにより社会的責任が問われているとき。
- 創業の経緯、沿革からみて、事業支援者（親族を除いた取引先、株主等）に反社会的勢力に関与している者がいるとき。
- 過去に主力事業を経済的合理性もなく頻繁に転換しているか、若しくは役員の交代が頻繁に行われているとき。

（2）事業の成長性と収益力

　事業の成長性は、審査対象の企業がどの成長段階（創業期、急成長期、安定期、成熟期）に属するかによって評価の難易度が異なります。例えば、急成長期の後半以降は、販売実績が伴うので比較的容易ですが、創業期段階もしくは急成長期前半では販売実績が伸びていても額的に僅少なため、市場規模が読めない上に一時的なブレークなのか見極めが困難となるからです。

　販売実績の僅少な新興企業の成長性を審査するポイントは、事業の領域、事業戦略および外部環境（社会経済の構造変化、特に、技術革新と需要ニーズの変化）から見ることとなります。

- 事業を支える技術、サービスが成長性高い分野であるIT、バイオ、ナノテク、環境、社会福祉等に属しているか、またはその周辺分野に属しているか。
- 技術、サービスが官民一体となって推進する創造的な新産業・新技術の育成・支援に伴う助成金の対象になっているか。
- ニッチな市場もしくは新たに創生された市場を対象に事業展開を行っている場合、市場ニーズ、市場規模、市場シェアが客観的に予測できるか。また、市場参入にあたっての障害、コストについて把握しているか。

- 成長要因とその阻害要因（市場ニーズ・環境の変化、技術革新、類似業種・製品との関係、競合他社の動向、新規参入の難易度）を把握しているか。
- 業界のリーディングカンパニーである大手企業の支援を受けている場合、その内容に問題がないか。
- 技術・サービスの内容が他社の追随を許さないレベル（新規性、創造性等）にあるか。
- 売上高の増減要因が明確であるか。

　次に、事業の収益性では、ベンチャー企業の多くが利益確保に必要な売上高を計上できない状況を踏まえ、財務分析とその評価よりも、利益を生み出す仕組み（収益構造）がポイントとなります。

- 事業化の経緯からみて、製商品・サービスのコンセプトと標的としている市場の対応関係に合理性があるか。
- 製商品・サービスの特性からみて、利益の計上可能なシェアが確保できるか。また、確保する手法が具体的に確立されているか。
- 製商品・サービスの価格設定が新技術、ノウハウ、品質、機能、代替品等の関係からみて市場の評価に適正に対応しているか。また、今後も競争力の維持が可能か。
- 仕入、生産（外注先）、販売における各取引先との関係からみて、収益に影響を与える要因があるか（過大な依存、力関係等に問題がないか）。
- 事業化後における赤字（粗利益、営業利益、経常利益の各段階別）の原因が明確に把握できるか。また、その原因が一時的若しくは継続的（構造的を含む）なものか。継続的な場合は、解決できる可能性があるか。
- 製商品・サービスが類似商品・サービスのライフサイクル（導入期、成長期、成熟期、衰退期）からみてどの時期にあるか。
- 事業形態からみて、一定の事業規模に達すると利益の確保は容易か（量販型、地域特化型、ブティック型、高付加価値型等による分析が可能か）。

（3）事業活動と経営方針、経営戦略、経営課題

　事業活動を継続的に行うには、事業推進者である経営者の経営方針、経営戦略、経営課題が明確にされ、全社で共有されていることが必要とされています。ここでは、中長期的な観点も含め、経営方針、経営戦略および経営課題が事業活動を適切に牽引・対応しているかがポイントとなります。

- 事業目的を達成するのに必要な経営方針とそれに対応した経営戦略が示されているか。
- 経営方針を具体化する経営戦略に基づき経営資源が配分されているか。

- 経営者として経営課題を的確に認識し、その対応策を立てているか。
- 経営方針、経営戦略、経営課題を共有するためにどのような経営会議を設けているか。また、従業員に対しどのような社員教育を行っているか。
- 経営方針、経営戦略、経営課題の立案、作成過程における問題意識あるいは経営課題の持ち方を通して経営者（社長）の見識・力量を確認し、洞察力に裏付けられた先見性、指導性、決断力の有無を評価する。

（4）事業活動と法規制、契約関係、知的財産権

事業活動を円滑に行うには、業界規制法の関係、提携、取引等における契約関係、主力製品・サービスにかかる特許権、実用新案権などの管理が経営上、その重要性が増していることに鑑み、これらを管理・遵守する体制がとられているかがポイントとなります。

- 業界規制法や関連法について、理解し遵守する教育制度、法務担当者の設置からなる有効なチェック機能を持つ内部統制が効率的に運用されているか。
- 購買・販売等における取引契約を締結し、その原本が総務部などで保管されているか。また、締結の手続きが規程に従って処理されているか。
- 特許権等の知的財産の管理、保護対策が適切に行われているか。
- 知的財産権を巡る法的係争に備えた体制が整えられているか。
- 知的財産権の内容確認、有効期限に問題がないか。また、特許権の所有者に問題がないか。

（5）事業活動と企業グループの役割

引受審査の対象会社が企業グループを形成しているときは、企業グループが審査対象となり、事業活動における関係会社（資本下位会社）の役割、設立若しくは出資の経緯、管理体制などが審査のポイントとなります。なお、引受審査の対象会社に親会社等がある場合は、後述「(26) 子会社上場ルールの適合性」を参照してください。

- 関係会社の管理が適切に行われているか（管理規程、関係会社の組織・人員配置、内部監査について問題がないか）。
- 関係会社の役割が事業活動からみて合理的な理由があるか。
- 関係会社との取引における条件設定に問題がないか。
- 親会社から派遣された関係会社の役員、従業員の報酬負担について問題がないか。
- 関係会社に休眠会社、実態のない会社、赤字もしくは債務超過の会社がないか。
- 関係会社への出資比率が事業との関連から見て問題ないか。また、役員の個人会社、同族会社などに事業活動からみて関係会社にすべき会社がないか。

（6）事業活動と営業取引関係の安定性

　営業取引は、企業が継続かつ業容拡大する上で最も重要な事業活動の一つです。主力事業の製品・サービスが素材、中間財（部品を含む）なのか、あるいは事業形態がアセンブリーなのかによって営業取引も異なります。事業活動の関連からみて合理的な取引なのか、また取引に安定性があるかどうかが審査のポイントとなります。

- 販売経路が商社、代理店経由もしくは直販か。商社等の経由の場合、拡販、アフターサービス、メンテナンスの協力関係に問題がないか。
- 取引先、取引実績が期毎に大きく変動している場合、その理由に合理性があるか。
- 取引先との関係維持では、品質、価格、技術、納品体制のうち優先順位があるか。
- 特定の取引先に販売が集中している場合の理由、継続的取引に問題がないか。
- 安定取引の維持もしくは新たな取引の採用にあたり、販売の条件に制約を受けていないか。
- 取引先の販売戦略やモデルチェンジに柔軟な対応が可能か。また、企画段階から参画が可能か。あるいは、参画の実績があるか。

（7）業績の推移と今後の見通し

　業績の推移は、事業基盤の形成過程を数値から見ることとなりますが、数値の時系列比較により業績の背景が分析できます。この分析結果から今後の事業展開や業績の見通しが判断できます。ここでは業績の変動とその要因（対応策を含む）が審査のポイントとなります。

- 業績の変動が業界平均値またはエンドユーザー業界の動向と連動しているか。
- 売上高、粗利益の変動要因を経営環境の外部要因と内部要因に区別して説明可能か（数量効果、価格効果、原料価格効果、新製品・新サービスの投入効果、コスト低減効果の把握などから説明できるか）。
- 同業他社との競合関係（主に業界シェアの変化）が業績に影響を与えているか。
- 業績が大きく変動している場合、その対応策が適切かつ機動的に行われたか。
- 変動要因から今後の見通しの根拠について説明が可能か。

（8）経営者（事業推進者）の資質、経営姿勢

　経営者の資質・経営姿勢の善し悪しで会社の命運を分けることもあります。経営者としての手腕・能力を見るには、「（3）事業活動と経営方針、経営戦略、経営課題」のチェックポイントに挙げられているように、会社の牽引者に相応しい先見性、指導性、決断力、倫理観を持ち合わせているかがポイントとなります。

- 事業について経験に裏付けられた知識を有し、業界の動向も的確に把握しているか。
- 経営を巡る諸問題について、バランスよくしかも堅実な対応をしながらも、時期を逸しない迅速な決断をしているか。
- 経営活動の状況を計数的に把握し、異常値の見極めができるか。
- 経営の意思決定において、特定の人に頼らず、多くの意見を聞き、最も適切な結論を採用しているか。また、経営陣、従業員との意見交換を日常的に行い、経営方針の浸透を図ると同時に、補佐役、幹部の育成を図っているか。
- 経営者としての倫理観と社会的責任について理解し、経営判断においても配慮しているか。
- 会社において公私混同がなく、私生活においてもスキャンダルになるようなことはないか。

（9）事業推進と株主体制、役員体制（従業員の状況を含む）

　ベンチャーなどの新興企業は、事業活動が起業家を中心に進められるためにワンマン経営になりがちです。事業を強力に推し進める場合には、ワンマン経営も牽引役として機能しますが、事業の進展に伴い経営活動の範囲が広がり、経営者の負担も著しく増加するため、経営体制の見直しあるいは強化の必要性が増してきます。

　ここでは、事業化の成功とともに事業推進の先頭に立つ経営者を補佐する株主、役員、管理職の状況が審査のポイントとなります。

- 経営権を維持する株主構成になっているか。
- 役員とその同族以外の株主（ベンチャーキャピタルを除く）について、資本参加した目的、経緯、背後関係に問題がないか。
- 名義株の有無がある場合は、実質上の名義人が確認できるか。
- 事業推進を巡り経営陣と株主の関係に問題がないか。
- 株主による経営支援（取引、役員派遣、資金提供等）に問題がないか。
- 経営支配を巡って、同族役員、同族株主間に問題がないか。
- 役員の担務制が職務権限の委譲に対応して確立し、機能しているか。

（10）コーポレートガバナンスへの対応（税法、新会社法等法令遵守の状況を含む）

　コーポレートガバナンスは、相次ぐ企業の不祥事を受け、会社のあり方が日本的経営の原点である「会社のため」から米国流経営の「株主のため」へと転換する中で導入されました。今では、健全な経営に不可欠な手法である内部統制やリスク管理へと軸足が置かれつつあります。株式公開においても、株主、投資家の信頼を確保する観点からコーポレートガバナンスやコンプライアンスの取組み状況がポイントとなっています。

- 経営者は内部統制システムの必要性を理解し、確立に向け努力しているか。
- 内部統制システムの確立に向け、①業務運営に関し遵守すべき行動規範の有無、②役員、社員の行動日誌、③内部告発制度の導入、④取締役の業務執行状況の記録・チェック、⑤企業グループ全体の情報伝達・チェックシステムの構築、⑥監査役の補助者の有無、⑦監査役による役職員の行動日誌など閲覧・チェックなどが取締役会で確認され実行されているか。
- 監査役（社外取締役を含む）が職責を理解し、取締役、使用人、会計監査人と定期的に意見交換を行い、業務執行状況を把握しているか。また、取締役会に出席し意見を述べているか。
- 監査役は、年間の監査計画を立て、効率的かつ有効な監査を実施し、その結果を取締役会に報告し、改善結果を確認しているか。
- 監査役は、内部監査部門と連携し、内部統制システムの整備・運用状況を確認しているか。
- 監査役は、稟議書、重要な経営に関する資料、会議の内容などについて閲覧、報告、説明を受けているか。
- 監査役会を設けている場合、上記監査役機能を果たしているか。
- 内部通報システム、情報の一元管理について制度化され、定期的に検証しているか。

(11) 計画的な経営体制の確立（中長期経営計画、利益計画、予算統制）

　未公開会社の多くは、経営者の目標はあっても、社内全体で議論を重ねた精緻な中長期経営計画あるいは利益計画までは策定していないのが現状です。特に、経営者の強力なリーダーシップの下では、経験に基づく経営判断が先行きの変化に臨機応変に対応できることから、あえて、経営計画を策定しなくても方向性を示すだけでよかったといえます。

　しかし、公開会社では、投資家の投資判断に必要な情報として、将来に向け、どのような会社に、どのような方法で、どのように進めるべきかを示さなければなりません。

　この役割を果たしているのが計画的経営であり、それを数値で示したのが中長期経営計画であり、利益計画です。

　計画的経営のメリットは、会社の将来像を示すことで、社内の士気を高めると同時に効率良く目標を達成する戦略が立てられることにあります。特に、計画と実績の比較は、問題点の早期発見と早期対応を促し、企業の健全な発展に貢献します。そのため、引受審査も、計画的経営の実施状況が重要なポイントとなっています。

- 中長期経営計画の内容が役員、従業員に理解されているか。
- 中長期経営計画の策定はどのような手続きで行われているか。

- 中長期経営計画を経営方針と経営戦略からみて事業活動の方向性、計画性、経営課題の見方に問題がないか。
- 利益計画の策定手続から見て、策定数値の根拠は妥当か。また予算制度との整合性が確保されているか。
- 利益計画と実績の対比分析を行っているか（利益計画の修正手続は制度化されているか）。

(12) 組織的な経営体制の確立（社内諸規則、内部統制、内部監査）

　組織的経営は、仕事の流れに沿って部・課・グループ等の組織編成と人員配置を行い、諸規則により統制しながら業務を円滑に効率良く執行することが肝要とされています。

　組織は、経営者の手で構築されるため、業態や企業規模に照らし、最適の状況にあるかが審査のポイントとなります。

- 定款等諸規則が実態に即して整備されているか。
- 経営政策、経営戦略を効率的に実施できる組織編成となっているか。
- 組織とその職階別人員配置が職務権限および職務分掌規程に対応し運営されているか。
- フローチャートと伝票証憑からみて内部統制・内部牽制が機能しているか。
- 管理部門が本社機能として他の組織から独立・運営されているか。
- 取締役の職務権限が明確にされ、その職務に対応した部門（兼務を含む）を担当しているか。
- 経営に関する企画、立案、重要な意思決定を行う部門の管理職における受入れ出向者に問題がないか。

(13) 株主総会、取締役会等の開催状況、議事録の整備状況

　経営に関する重要な意思決定と監督管理が会社法に定められた手続を経て行われ、会社の機関として機能しているかが審査のポイントとなります。

- 株主総会、取締役会が会社法または旧商法（2006年6月30日まで開催分）に従って開催され、その議事録が作成され保管されているか。
- 定期的に開催される取締役会が経営会議等の開催により形骸化されていないか。
- 経営上の重要な事項が取締役会等に付議され決定されているか。

(14) 企業経営の健全性と関連当事者間取引（役員、大株主等の会社との取引関係）

　企業経営の健全性は、コーポレートガバナンス、コンプライアンスの積極的な取組みにより維持・確保されますが、その質的レベルは経営者の問題意識の持ち方次第で大きく異

なり、しかも社内に醸成される企業体質にも左右されます。

そこで、株式の公開審査では、会社の役員、大株主など利害関係者による会社との取引、意思決定への影響力を審査の対象とし、特定の人に利益供与を図っていないかを確認しています。

ここでは、会社と会社の利害関係者との取引が株主に帰属すべき利益を損ねていないかを見るだけでなく、独占禁止法が定める不公正な取引に抵触していないか、雇用形態の複雑化によるモラルの低下が馴れ合い取引を誘引していないかが審査のポイントになっています。

- 大株主、役員、役員の同族関係者などとの取引（営業、融資、資産、債務保証等）について取引の経緯、取引条件に合理性があるか。
- 独占禁止法に定める差別価格、不当廉売、抱き合わせ販売に抵触するような取引がないか。
- 外注取引における受発注で下請代金支払遅延等防止法に抵触するような取引がないか。

（15）企業経営の健全性と役員構成（同族関係、兼任・兼職関係、監査役の独立性）

経営における重要な意思決定は、役員間の力関係（オーナー経営者と他の役員等）、同族役員の構成割合如何によってはそれぞれの利害関係を反映し、常に正しい決定がなされるとは限りません。

引受審査では、公正な意思決定を通して会社の社会的責任の適切な履行あるいは株主や投資家の保護を図る必要性から、役員の同族関係、兼任関係などを審査のポイントとしています。

- 取締役会の役員構成において、同族役員の比率が半数を超えていないか。
- 過去に同族の利益を優先した取締役会決議をしていないか。
- オーナー経営者以外または同族役員以外の役員が頻繁に退選任していないか。
- 役員の同族が当該役員の業務に対して利益相反関係となる職務に就いていないか。
- 常勤役員が過半数を占めているか。また、常勤監査役の就業状況に問題はないか。
- 代表権を社長以外の取締役に付与している場合、その理由に合理性があるか。
- 役員による他の会社（子会社を含む）の兼務に問題がないか。
- 監査役と取締役との関係（二親等以内の血族、配偶者および二親等以内の姻族）、社外監査役の履歴と会社との利害関係に問題がないか。

(16) 企業内容等の開示資料の適正性（新会社法関係の開示資料を含む）

　ディスクロージャーは、株式公開基準の大幅な緩和に対応すると同時に、証券市場に対する信頼性を確保する観点からも重要性が増しています。投資家、株主に開示される開示資料（証券取引法、新会社法の開示書類と公開基準に定める開示資料）は、投資判断に必要な事項を網羅し、しかもわかりやすく正確に記載されている必要があります。

　引受審査では、開示資料が関係法規に準拠しているか、開示内容が適切か、同業他社と比較・分析が可能かどうかを見ています。

- 経営者がディスクロージャーについて理解し、積極的に対応しているか。
- 開示資料が記載要領に従って記載されているか。
- 開示内容が事業あるいは経営の方針、特徴等を画一的に記載しているのでなく、投資家の理解を容易にする記載となっているか。
- 経営に重要な影響を与えるリスク情報が的確に開示されているか。また、リスク情報の内容について経営者、顧問弁護士の確認がとれているか。

(17) 会計監査人との契約、監査意見（ショートレビューを含む）

　証券市場、特に、企業内容の開示制度は公認会計士および監査法人による監査を前提に構築されています。何よりも、株式公開を進める会社にとっては、証券取引法や新会社法に定める監査を受け入れられる状態にしておく必要があります。この点が審査のポイントとなります。

- 会計監査人の契約状況からみて株式公開の時期が妥当か。
- 会計監査人に異動がある場合、その理由に合理性があるか。
- 監査契約締結の前提となるショートレビューで指摘された事項は改善されているか。
- 株式公開申請の直前期の監査意見は、無限定適正か。限定意見がつけられている場合、その内容に問題がないか。

(18) 会計制度の適正性とその運用状況（月次決算の状況）

　四半期、中間、通期毎の経営成績の公表は、ディスクロージャーの要として、可能な限り早期の公表が求められています。これら早期公表には、経理組織が適切に整備・運用されていることと月次決算の確定日が重要となっています。引受審査もこの点をポイントとしています。

- 申請直近期における「会計制度の整備状況等に関する意見」に問題はないか。
- 経理部門は、企業規模、事務量に照らして人員、組織構成等に問題はないか。

- 経理関係諸規程が整備され、事務手続もマニュアル化されているか。
- 経理部門の責任者は、経理関係の法規を理解しているか。
- 月次決算は、翌月の10日を目途に確定、報告できるか。
- 売上計上基準等の処理基準が業界慣行に準拠している場合、その慣行が一般的な会計慣行から見て問題がないか。

(19) 役員、大株主等の営業・資本取引と企業グループの適正性

　株式公開審査では、株式公開直前期の経営成績が投資判断に重要な影響を与えると同時に公開基準の審査、公開株価の算定等にも使用されるため、株式公開を念頭におき、継続的な事業活動を意図的に歪めるような操作が行われていないこととしています。そのために、次のポイントについて確認しています。

- 決算期前における納期日の繰下げ、繰上げを行っていないか。
- 正当な理由なくして納品先の変更もしくは値引きが行われていないか。
- 業界の商慣行から取引形態や売上割戻に問題がないか。
- 役員、大株主の紹介による販売先・仕入先について、正規の社内手続（技術、信用等の調査と決裁）を経て取引を開始しているか。
- 人的・資本的関係会社について、経営戦略、経営活動、営業取引などから見て、子会社化すべき会社はないか。

(20) 経営情報の適正な管理体制の確立

　株価の動きに大きな影響を与える会社情報については、株式の公開後におけるディスクロージャー制度の円滑かつ適切な運営に協力するため、証券取引所の規程に基づき情報取扱責任者を設置し、同責任者による経営情報の一元管理が必要となります。したがって、これに対応できる体制が整備されているかがポイントとなります。

- 経営に重要な影響を与える事象の発生または決定した場合の情報管理（伝達手続、漏洩防止、リスク管理からの対応など）が規則化され、役職員に周知されているか。
- 社内および取引先等の個人情報が同保護法に対応し管理されているか。
- IR、情報開示について、一元的に管理され発信される仕組みが構築されているか。
- インサイダー取引の防止に必要な自社株式もしくは取引関係先の株式の売買に関する社内手続（社内教育を含む）が制度化されているか。
- 自己株式の取扱いについて、所定のルールに従って行われているか。
- メディア関係の取材対応の部門、担当者が決められているか。

(21) 役員、大株主等と社会的に不適当な団体との関係

　証券業界は、日本証券業協会の理事会決議「暴力団員及び暴力団関係者との取引の抑制

について」に基づき、社会的に不適当な団体との取引を認めていません。これを受け、株式公開においても、資金洗浄等の防止から株主、取引先等について審査の対象としています。

- 株主、取引先について、社会的に不適当な団体の確認が可能か。
- 役員の履歴、交友関係に問題がないか。
- 業態から見て、社会的に不適当な団体に接触する機会が多い場合、会社の対応に問題がないか。
- 税務調査において、否認された使途不明金に問題がないか。
- 役員、株主に社会的に不適当な団体から指摘・追及されるようなスキャンダルを抱えていないか。

(22) 経営の根幹にかかる訴訟、係争、紛争

株式の公開準備会社に、訴訟、係争等の案件がある場合、その案件の決着次第では業績に多大な影響を与えるだけでなく、事業の維持も困難な事態を招く恐れがあります。これら紛争事項は原則として解決するまでは公開申請を受け付けないとされています。

引受審査では、投資家に不測の損害を与えない観点から、訴訟、係争等のかかる不確定要素について、確かな見通しが確認できる状況にあるかがポイントとなります。

- 訴訟、係争等の内容について、法令違反、薬害訴訟など反社会的な要素があるか。
- 告訴人の損害賠償請求額が算定可能で、業績に与える影響額を見極めることができるか。
- 訴訟等の内容からみて、原告団が拡大する可能性があるか。
- 訴訟、係争に対応すべく、常に法令遵守などの防止対策が講じられているか。

(23) 最近2年間の特別利害関係者等による株移動

株式の公開ルールにおいては、株式の公開をもって利する行為を防止する観点から、特別利害関係者等*が上場前に株移動を行っている場合、その内容を適切に開示していることを求めています。したがって、引受審査では、その開示内容がポイントとなります。

- 公開申請日の直前事業年度の末日の2年前の日から上場日の前日までの期間（以下「開示対象期間」という）における特別利害関係者等の株移動に関する資料が保全されているか。
- 開示対象期間における株移動について、移動該当分を漏れなく記載し、その移動理由、移動価格、移動先に問題がないか。

  * 特別利害関係者とは、公開申請会社の役員、その配偶者および二親等以内の血族、役員等により総株主の議決権の過半数を所有されている会社とその役員ならびに関係会社とその役員、大株主上位10名（従業員持

株会を除く）をいう。

(24) 最近1年間の第三者割当等による新株等の継続所有の確約状況

　株式の公開ルールにおいては、株式の公開をもって利する行為を防止する観点から、上場前の株主割当以外の方法、いわゆる第三者割当等による新株発行を行っている場合、その内容を適切に開示し、新株の継続保有を求めています。したがって、引受審査では、その開示内容と継続保有の状況がポイントとなります。

- 公開申請日の直前事業年度の末日の1年前の日から上場日の前日までの期間（以下「継続所有対象期間」という）における第三者割当を受けた者の資料が保全されているか。
- 第三者割当増資等における発行理由、割当先、割当価格、割当数に問題はないか。
- 第三者割当増資等を受けた者から継続所有に関する確約書が確認できるか。
- 公衆縦覧の同意を得ているか。
- 継続所有対象期間における新株の譲渡等について所定の手続きを経て報告されているか。

(25) 最近1年間の合併、会社分割、子会社化（非子会社）、事業の譲受・譲渡

　公開ルールでは、公開申請会社の経営もしくは事業実態を的確に審査するため、公開申請日の直前事業年度の初日以降に経営に重要な影響を与える合併、会社分割、子会社化（非子会社）、事業の譲受・譲渡（以下、合併等という）を行っている場合、合併等の該当会社の概要書、財務書類等の提出が必要となり、また、公開申請を行った日の属する事業年度の初日以降に合併等を行うか、または行う予定がある場合、申請会社が実質的に存続会社かどうかの審査が行われます。引受審査もこの点にポイントを置きます。

- 合併、会社分割、子会社化等に経営上の合理性があるか。
- 被合併会社等の事業内容、諸規則、決算書類などが保管されているか。
- 被合併会社の財務諸表等について公認会計士または監査法人の監査を受けているか。
- 公開申請を行った日の属する事業年度の初日以降の合併等について、申請会社が実質的に存続会社であるとの確認が可能か。

(26) 子会社上場ルールの適合性

　公開申請会社に親会社等[*]がある場合、親会社等からの独立性を確保していることや、親会社等の企業内容の開示、子会社の経営に影響を与える親会社等の重要な意思決定等について一定のルールを設けています。引受審査では、このルールから見て問題がないかを確認しています。

- 公開予定会社（以下、子会社という）と親会社等における取引において、子会社の独立性を阻害する不当若しくは不利益な行為がないか。
- 子会社と親会社等における取引条件が、他の会社と行われる通常の営業取引の条件と比べ著しく異なる条件で行われていないか。
- 子会社の業務内容が親会社等の一事業部門とみなされないか（ヘラクレスでは審査基準に設けていないが実質審査でチェックされます）。
- 子会社の役員構成・部課長クラス・研究主任が親会社等の人事関係から見て問題がないか。
- 親会社等の企業内容の開示に問題がないか。

＊ 親会社等とは、財務諸表等規則に定める親会社（同規則8③）と関連会社（同規則8⑤）をいう。

(27) 上場対象株券の市場性

　公開予定会社の事業内容、成長性等から見て市場における価格形成や流動性に問題がないか、市場の実務、投資需要の動向等からみて円滑な消化が可能かどうかを証券アナリスト、営業部門などの検討結果を踏まえ、市場性のリスクについて確認します。

- 証券市場または公開市場の状況からみて、公開のタイミングが妥当か。
- 業種もしくは事業にかかる技術、ノウハウ、アイデアが市場に受け入れられるか。また、その事業段階が公開の時期として妥当か。
- 株主構成、発行株式総数、公開価格などから見て、公開後に円滑な流動性が確保できるか。
- 公開後の株主への利益還元の可能性について問題がないか。
- 安定株主となりうる取引先があるか。

(28) 上場時の公募の資金使途（最近2年間の資金調達の状況とその使途を含む）

　ベンチャー企業等の株式公開は、市場から事業の成長に必要な資金を調達することにあります。投資家においては、公募により調達した資金がどのように使用されるかに強い関心を示しており、引受審査においても、この点に問題がないかどうかをポイントに置いています。

- 資金使途が経営計画、経営戦略などに基づき策定されているか。
- 資金使途は事業活動の内容から見て妥当か。
- 資金調達の額は、事業規模、投資計画などから見て妥当か。

Ⅳ 上場審査基準

1 形式基準

　株式公開をするためには、公開会社としての適格性の審査（以下、「適格審査」という）を受けなければなりません。この審査は、証券取引所が定めた一定の基準に基づき行われます。この基準には、形式基準と実質基準があります。

　まず形式基準は、充足しなければならない最低基準と証券取引所への公開申請前の一定期間に行ってはならない事項（不受理基準）からなり、各証券取引所において具体的に定められています。この基準をクリアしなければ公開申請そのものが受理されません。

　「ヘラクレス上場マニュアル2005」によると、ヘラクレス市場に上場するには、同市場で売買されることを希望する株券の発行会社が大阪証券取引所に上場申請しなければなりません。上場申請にあたっては幹事証券会社により上場審査基準に適合し、不受理事項に該当していないことの確認が行われ、同証券の推薦書が必要です。その上で、上場審査の観点に従って事業、経営活動の状況等について審査が行われ、上場適格性があると認められた企業が上場されることになります。

　上場審査基準はスタンダード基準（第1号～第3号）とグロース基準に区分されています。どの基準で審査を受け上場するかは申請会社の判断に任せられていますが、申請後の変更は認められていませんので、申請会社の実態、将来性を見極めて決定する必要があります。なお、各基準から見た基本的な企業のイメージは次のとおりです。

スタンダード基準	第1号	収益性、資産性があり、市場性の見込める企業
	第2号	資産性（資産実績）があり、市場性の見込める企業
	第3号	売上や資産など企業規模があり、市場性の見込める企業
グロース基準		潜在的な成長性があり、市場性の見込める、いわゆるベンチャー型の企業

	スタンダード基準			グロース基準
	第1号	第2号	第3号	
純資産の額	6億円以上	18億円以上	負でないこと	上場時株主資本の額4億円以上 または 時価総額50億円以上 または 利益の額7,500万円以上
時価総額または総資産・総収入[*2]	―	―	時価総額75億円以上 または 総資産75億円以上 かつ 売上高75億円以上	
利益の額[*2]	1億円以上	―	―	

設立経過年数	―	2年以上	―	1年以上または 時価総額50億円以上
最低浮動	1,100単位以上*¹			1,000単位以上*¹
最低公開株式数	500単位以上*¹			500単位以上*¹
浮動株時価総額	8億円以上	18億円以上	20億円以上	5億円以上
株主数	400人以上			300人以上
監査証明	虚偽記載を行っていないこと（2事業年度）			
その他	株式事務代行機関の設置、株券様式、株券の譲渡制限の廃止			

*1 単位は、単元株制度を採用する場合には1単元の株式の数を、単元株制度を採用しない場合には1株をいいます。

*2 設立経過年数は、新会社法に対応し、取締役会設置後の事業継続年数となります。

*3 利益の額、総資産の額かつ総収入は、上場申請日の直前連結会計年度に充足している、あるいは、最近3連結会計年度のうち最初および次の連結会計年度において充足していることが必要です。

a 株主資本（純資産）の額

ア スタンダード基準の1、2号の場合

上場申請日の属する事業年度の直前連結会計年度末（以下「直前期」という）の株主資本の額（純資産の部の合計額－少数株主持分－新株予約権に係る額＋特別法上の準備金・引当金）

イ グロース基準の場合

上場時の株主資本の額をいい、スタンダード基準の株主資本の額から配当金と役員賞与を控除し、上場時の公募増資により得た額を加算

b 利益の額の算式方法

ア 連結損益計算書を作成している場合

「税金等調整前当期純利益金額」または「税金等調整前当期純損失金額」（特別法上の準備金等の繰入額または取崩額を除外した額）から少数株主持分損益を加減した額

イ 連結損益計算書を作成していない場合

「税引前当期純利益金額」または「税引前当期純損失金額」（財務諸表等規則第98条の2により掲記される特別法上の準備金等の繰入額または取崩額を除外した額）

c 浮動株式数

上場時における役員（役員持株会を含む）および上場時において見込まれる上場株式数の10%以上の株式を所有する株主を除く株主が所有する株式の数

d　最低公開株式数

500単位以上の公募または売出しを行う。

しかし、国内の証券取引所に上場されている場合は、この限りではありません。

e　上場時の浮動株の時価総額および時価総額の算定基準

上場時（公募売出し後）の浮動株式数および発行済株式数に以下の価格を乗じて算出します。

ア　新規公開の場合（次のイ以外の場合）

上場申請にかかる公募または売出しの価格（以下「公開価格」という）

イ　国内の証券取引所に上場されている場合

① 当該申請会社が公募または売出しを行う時

公開価格と当該公開価格を決定した日から遡って1か月間における最低価格のいずれか低い価格

② 公募または売出しを行わない時

上場承認日の前々日から遡って1か月間における最低価格

f　株主数

単元株制度を採用する場合は、1単元以上の株式を所有する株主の数

g　取締役会設置後の事業継続年数

株式会社として取締役会設置後、主要な営業に関する活動が継続的に上場申請日の直前事業年度の末日までに行われていることが必要です。

h　財務諸表等

有価証券報告書等に「虚偽記載」を行っておらず、監査報告書において公認会計士等の「無限定適正意見」または「除外事項を付した限定付適正意見」が記載されていることが必要です。

ただし、最近1年間に終了する連結会計年度等の財務諸表等に添付される監査報告書および中間監査報告書においては公認会計士等の「無限定適正意見」または「中間財務諸表等が有用な情報を表示している旨の意見」が記載されていることが必要です。

2 実質基準

　形式基準を充足した会社が次に受ける適格審査を「実質基準の審査」といいます。この実質基準による審査が株式公開の本来の審査であり、実質基準の審査の趣旨は、公開会社としてふさわしい充実した実質的な内容を備えた会社であるかを審査することにあります。

　上場審査段階で問題にされるポイントとしては、当該事項が投資者保護の観点からみて問題ないか、上場後も問題として引きずらないか、業績に与える影響はどうか、再度起こりうる要素（可能性）がないか、経営上合理的理由があるかといった諸点が挙げられます。

　とりわけ、上場審査段階において、内部告発や突発事象などから派生し、問題となる場合には注意が必要です。トラブルとなる内容が悪質で社会的信用の失墜を招く、業績への影響が不透明であると判断されますと、審査の延期、申請の取下げとなります。会社、主幹事証券会社は、トラブルの内容に問題なしと判断しても証券取引所等の公的機関の判断と異なる場合も想定されるため、証券取引所が開設する「上場のための事前相談室」等において確認し、改善に努める必要があるでしょう。

　公開適格性の基準である実質基準の内容は、各証券取引所、ジャスダック、マザーズ、ヘラクレスの各市場により若干の相違があります。これをまとめると以下のとおりです。

	証券取引所	ジャスダック	マザーズ	ヘラクレス
企業の継続性および収益性	○	○	―*1	―*1
企業経営の健全性	○	○	○	○
企業内容等の開示の適正性	○	○	○*2	○*2
その他	○	○	○	○

＊1　マザーズ、ヘラクレスとも、「企業経営の継続性および収益性」は原則として審査項目としていません。これは、過去の実績を重視する伝統的な市場と異なり、実績があるかどうかにかかわらず、さまざまな成長過程にある企業に上場の機会を提供することを目的としているためです。したがって、ヘラクレスでは、投資者保護の観点から、健全な企業経営が行われ、企業内容等の開示が適時・適切に行われる状況にあるかについて重点的に審査を行います。審査項目の概要は下記のとおりです。上場審査は申請会社から提出された書類を中心として行いますが、さらに理解を深めるため、申請会社に対してヒヤリングを行います。

　　また、原則として、主幹事証券会社および監査法人等に対しても、ヒヤリングを行います。このように、申請会社、主幹事証券会社および監査法人等の機能および役割を考慮した上で、効率的かつ効果的な審査を実現しています。

＊2　マザーズ、ヘラクレスとも、高い成長可能性を有する企業を対象にしているため、既存市場に比べ一層企業内容の開示の適切性やリスク情報の開示の適切性に重点が置かれています。
　①　ヘラクレス適合条件である高い成長性について主幹事証券が判断し、証券取引所に書面提出します。
　②　証券取引所は、高い成長可能性にかかる判断が客観的・合理的な事実、資料等に基づいて行われているかについて、申請会社・主幹事証券会社へのヒヤリングにより確認が行われます。
　③　上記②によって、疑義が生じた場合は、申請不受理となるケースもあります。

（1）企業の継続性および収益性

　継続的に事業を営み、かつ、経営成績の見通しが良好なものであること。ヘラクレス上場では、主幹事証券会社の審査結果を踏まえて行われますが、利益計画の進捗状況が重視されます。具体的な審査項目は次の通りです。

- 損益および収支の見通しが良好なものであること。
- 相応の利益配当を行うに足りる利益を計上する見込みがあること。
- 仕入、生産、販売その他の経営活動が取引先との取引実績、製商品の需要動向等に照らして、安定的かつ継続的に遂行することができる状況にあること。
- 主要な事業活動を支える前提条件の仕入先、生産委託先、販売先等との取引について、その安定性、継続性に問題がない状況にあること。
- 役員構成等について、従業員の採用・退職または出向者の受入れ等の状況から見て、事業の安定的な遂行に必要な人員が確保されていないなど、継続的な経営活動を阻害する状況にないこと。
- 資産の保全および経営活動の効率性を確保するため経営管理組織が適切に整備・運用されていること。

（2）企業経営の健全性

　事業を公正かつ忠実に遂行していること。具体的には、

① 特別利害関係者、人的・資本的関係者及び知人などの特定の者に対し、取引行為その他の経営活動を通じて不当に利益を供与していないこと

　これに関して、さらに具体的事例で言及すると、

- 関連当事者取引がわかりやすく開示されていること。
- 会社との取引は、原則として解消することが求められます。本社など事業に供されている土地・建物の賃貸借は、その経緯、金額に合理性がある場合には認められてきましたが、最近の事例では上場前もしくは上場後に解消しています。これは、どちらかというと、証券取引所の審査の前に主幹事証券会社の指導によるものです。
- 役員の親族が経営する会社と直販取引がある場合には通常の取引条件であること。また、代理店経由の場合には、取引の透明性を確保する観点からも主幹事証券会社による改善の指導が行われます。
- 役員による債務保証は、解消することが原則として求められます。政府系金融機関からの借入は社長保証が条件として求められます。ただし、この場合においては、返済期日までは役員保証で上場が認められたケースもあります。

② 役員相互の親族関係、その構成または他の会社等の役職員等との兼職・兼任状況が、公正、忠実かつ十分な業務の執行または有効な監査の実施を損なう状況にないこと

- 　取締役会の構成は、常勤が過半数、非同族役員も過半数が原則です。また、利害関係が相反する部署・担当を同族で占めることは認めていません。利害関係が相反するというのは、例えば、社長の奥さんが経理担当役員の場合です。当然のことですが、名前だけの親族役員の就任も認められていません。過去に同族の利益を優先した決議の有無も審査対象となります。
- 　監査役は、取締役の配偶者ならびに二親等以内の血族および姻族の就任は認められていません。監査役の資質に関しては、コーポレートガバナンスの視点からより一層厳しく問われるようになっています。

（3）企業内容等の開示の適正性

　企業内容等の開示を適正に行うことができる状況にあること。具体的には、

① 企業内容の記載について（リスク情報）、開示にかかる書類が法令等に準拠して作成されており、かつ、投資者の投資判断に重要な影響を及ぼす可能性がある事項がわかりやすく記載されていること

- 　事業にかかる許認可・免許の取得等の状況について具体的な記載が求められています。
- 　業界特有の商慣行あるいは自社独自の商慣行についても同様に具体的な記載が求められています。

② 会計組織が、採用する会計処理の基準等に照らして適切に整備・運用されている状況にあること

- 　ソフト関連の会計処理は内部告発も多発してきたところから、その監査手続に関するヒヤリングが審査上、重視されています。
- 　ベンチャー企業への対応は従来、審査において比較的寛容でしたが、相次ぐ不祥事発生により市場第二部上場並の厳しさが要求されるようになりました。
- 　内部統制との関連で指導を受けるケースが多くなってきています。

③ 特定の者との間の取引行為または資本下位会社等の株式の所有割合の調整等により、企業グループの実態の開示を歪めていないこと

- 　役員100％所有の個人会社（財産保全会社を除く）で実態のある会社は、その出資関係が問題となります。特に、第三者に経営を委ねていても業種的に競合する場合は改善が必要とされるでしょう。

④ 会社情報のタイムリーディスクロージャーについて、経営に重大な影響を与える事実等の会社情報を管理し、当該会社情報を適時、適切に開示することができる状況にあること

- 　具体的には、月次決算に関しては翌月10日までに行える体制が必要とされます。
- 　内部情報管理規程の制定、情報の一元管理が求められます。

⑤　四半期にかかる業績の概況を適時・適切に開示できる状況にあること
・　月次決算制度が確立され、翌月の10日までに取締役会に報告されていること。
・　関係会社を持つ場合、連結ベースの四半期開示が可能かどうか審査されます。
⑥　申請会社が親会社等を有する場合には、親会社等からの独立性が確保されている状況にあること
・　親会社等との取引が公平性に欠け株主の利益を損ねていないこと。
・　親会社等との取引が経済合理性に基づく条件で行われていること。
・　親会社等の事業の一部を形成しているため、経営に関し独自の意思決定が行えない状況にないこと。
＊　ベンチャーキャピタルは、親会社等に該当しません。

（4）その他

　その他公益または投資者保護の観点から必要と認める事項であり、具体的な基準はないものの、詳細な確認がなされる傾向にあると考えられます。
・　業種が問題とされるケースがあります。パチンコホール、エステティックサロン、マッサージなど。
・　社会的に不適当とされる団体との関係も問題とされます。
・　事業の根幹にかかる訴訟、係争、脱税による告発、役員による刑事事件、公正取引委員会による処分、さらに、近年は労働基準監督署の調査による不正摘発なども問題とされます。
・　社会的信用を失墜した役員・従業員の行為（セクハラ、賭博など法令違反）に関しては、内部告発、告訴、新聞報道などがなされると上場申請自体ができなくなります。

a　実質基準のケーススタディ

・　例えば、資本政策を無視し、ストックオプションなど過大な潜在株式の発行だけでなくベンチャーキャピタル等からの業容実態を超えた投資を受け、これらの出資比率が高くなりますと、株式公開後の潜在売り要因が強いということから、事実上、株式公開が見送られる可能性が高まります。ただし、最近はベンチャーキャピタルによるマネジメント・バイアウトなど外部株主の比率が高くとも、適正な株価形成が期待され、株式公開後に株式が適正な株価で流通することが期待されるのであれば、不問とされるケースも出始めています。したがって、業績・人気度などを勘案しつつ主幹事証券の意向を汲みながら、資本政策を構築していくことが実質基準をクリアするための方策です。また、特定の取引先に売上が依存しているなど、公開企業としての独立性を立証できない場合にも、たとえ経営成績が良好であっても、実質基準をクリアできないケースがあります。

b　市場選択の参考事例1

　証券取引所の上場に対する方針は、その時々の社会経済の動向に大きな影響を受けますが、他市場と差別化を図った上場審査基準に集約されます。この基準は国内の証券取引所が開設する市場毎に異なっていますので、投資者保護の観点から問題がない限り、A市場に上場申請し受理されなくてもB市場で受理されるケースも起こり得ます。

- 前述したように、ヘラクレスでは事業の成長性よりも市場の評価を重視した審査基準を設けているので、足元の経営成績があまりに不安定かつ芳しくない場合、新規性・将来性をアピールしても上場が見送られるケースがあります。
- ヘラクレスでは公開間もない新興企業を中心とした不祥事の多発で企業体質を重視した適格審査を行うなど市場の信頼性を維持する姿勢を強めています。そのため、審査の裁量の範囲を狭めており、その分、定型的・標準化された審査が行われる傾向にあります。したがって、過去に不祥事があったため、ヘラクレスでは上場がダメとなりましたが、他の新興市場で公開したケースもあるようです。

c　市場選択の参考事例2

　ヘラクレスにおける新規上場の会社を見ていますと、次のような審査が行われていると読み取れます。

- 定型的・標準化された審査が行われることから、すでに上場されている業種業態の企業で後発組であっても、審査基準がクリアされていれば、上場申請が受理される可能性は高いといえます。
- 流通・小売・サービス産業系の企業で、規模がまだ小粒であるとか、新規性に乏しい企業であっても、そこそこの業績が上がっていれば、ヘラクレスでは上場申請が受理されるケースが多々あります。
- 主幹事証券会社による審査が上場申請の可否を事実上決定する面が強いといえます。そのため、大証におけるIPO実績の高い主幹事証券会社の引受審査部門が引受可能と判断を出せば、セントラル市場としての格式と信用を維持しなければならない証券取引所主導の新興市場に比べると上場申請が受理される傾向が強いと思われます。もちろん、大手証券会社とそれ以外の証券会社ではベンチャー企業への対応やリスクの見方に差があります。ベンチャー企業の事業リスクを正しく評価しながら育成・支援するノウハウを持ち、IPOにも精通し、適切な指導、助言のできる証券会社を選ぶ必要があるでしょう。また、当該証券会社との相性も大切な要素となります。

d　予算・実績の差異分析

　ジャスダックなどと比べますと、最終利益の水準が重視され、業種の特性により業績変

動が大きな企業に対しては、月別の予算差異分析よりも年間予算の設定方法に重点が置かれることもあるようです。これは、上述のごとく、利益計画は、証券会社が審査をしていることもあり、証券会社の調査・分析の仕方により大きな差異があると認識しておくべきでしょう。

e 時代の流れ

ヘラクレス市場では、地理的に中国大陸にも近く、また、東京にある市場などと比べ独自性を打ち出すために、アジアマーケットに進出しようという企業に対しては、関西経済界と歩調を合わせ積極的に支援していこうという傾向があるようです。上場申請企業の特質に合わせて上場する市場を決定することが肝要でしょう。

3 申請不受理のケーススタディ

申請会社が次のいずれかに該当する場合、上場申請は受け付けられません。

（1）申請会社が実質的な存続会社でなくなる場合

上場申請日の属する事業年度の初日以後、合併、分割、子会社化、非子会社化、営業若しくは事業の譲受または譲渡を行った場合、あるいは上場申請日の直前事業年度の末日から起算して2事業年度以内に行う予定のある場合であって、申請会社が当該行為により実質的な存続会社（経営実体が大きく変わる場合）でなくなっているまたはなくなると取引所が認めた場合には、上場申請は受理されません。

（2）解散会社となる場合

申請会社が解散会社となる合併、他の会社の完全子会社となる株式交換または株式移転を上場申請日の直前事業年度の末日から起算して2事業年度以内に行う予定のある場合には、上場申請は受理されません。

（3）その他

上場申請日の直前事業年度の末日の1年前の日以降において、取引所の定める継続所有等の確約が締結されていない第三者割当増資等によって新株発行などを行った場合には、上場申請は受理されません。

これらの件は基本的に前述した「その他公益または投資者保護の観点から必要と認める事項」に関わるケースです。

最近は活発な新興市場を背景として証券不祥事が多く発生していることもあり、証券会社の判断、とりわけ業績見通しが厳しくチェックされる傾向にあります。主幹事証券の変更、監査法人の交替なども、それらの理由に合理性を持ち、明確に説明できることが重要とされています。

4 上場前の公募または売出し等に関する規則

　平成13年9月、上場前における資金調達の多様化に途を開き、わが国経済の発展とさらなる直接金融市場の活性化に資するために上場前の第三者割当増資等の規制は大幅な見直しが行われました。ただし、規制導入の背景となった「リクルート事件」を契機とした株式公開に関する社会的な公正性の確保（株式公開を利用した短期利益獲得の排除）は引き続き維持されています。

（1）上場前の第三者割当増資による新株発行の取扱いについて

　直前事業年度の末日の1年前の日以後上場日の前日までの間（以下「制限期間」という）において、第三者割当等の方法による新株発行を行っている場合には、原則として、効力発生日から上場日以後6か月間（この期間が1年に満たない場合には発行日から1年間）を経過する日まで割当新株を継続して所有する必要があり、かつ、申請会社と割当を受けた者との間で当該継続保有等について確約（書面）が必要です。

（2）新株予約権付社債の取扱いについて

　制限期間内に新株予約権付社債の発行を行っている場合は、（1）と同様に継続所有および確約が必要です。

　制限期間内に発行された新株予約権付社債の転換または行使による株式についても継続所有が必要です。

（3）ストックオプションの取扱いについて

　制限期間内に新会社法第238条（旧商法280ノ19①）の規定に基づき付与された新株予約権の行使、成功報酬型ワラントの行使により発行された株式については、上記（1）と同様に継続所有（ただし、上場日の前日まで）および確約が必要です。

（4）その他

　有価証券届出書等において、上場申請日の直前事業年度の末日から2年前の日の翌日以

降の第三者割当増資等や特別利害関係者等の株式移動の内容等について開示が必要です。

※　継続所有等の確約

申請会社と割当を受けた者との二者間で、書面により次の①～⑦に掲げる事項の確約を行います。
① 継続所有の確約について
・第三者割当等による新株発行について

割当を受けた者は、割当を受けた新株を、原則として、新株発行の効力発生日から上場日以後6か月間を経過する日まで所有しなければなりません。

ただし、上場日以後6か月間を経過する日において新株発行の効力発生日以後1年間を経過していない場合には、新株発行の効力発生日以後1年間を経過する日まで所有しなければなりません。

また、割当を受けた新株について株式分割または他の種類の株式への転換が行われたときは、当該株式分割または他の種類の株式への転換により取得した株式についても同日まで所有しなければなりません。

・第三者割当等による新株予約権および新株予約権付社債の発行について

割当を受けた者は、割当を受けた新株予約権証券および新株予約権付社債券を、原則として、新株予約権または新株予約権付社債の発行にかかる払込期日から上場日以後6か月間を経過する日まで所有しなければなりません。

ただし、上場日以後6か月間を経過する日において新株予約権または新株予約権付社債の発行にかかる払込期日以後1年間を経過していない場合には、新株予約権または新株予約権付社債の発行にかかる払込期日以後1年間を経過する日まで所有しなければなりません。

また、割当を受けた新株予約権証券および新株予約権付社債券について、新株予約権の行使を行ったときには、当該行使により取得した株式および当該株式の株式分割または他の種類の株式への転換により取得した株式についても同日まで所有しなければなりません。

・ストックオプションとしての新株予約権の行使による取得株式について

割当を受けた者は、ストックオプションとしての新株予約権の行使により、割当を受けた株式を、原則として、新株発行の効力発生日から上場日の前日まで所有しなければなりません。

また、ストックオプションとしての新株予約権の行使により、割当を受けた株式について株式分割または他の種類の株式への転換を行ったときは、当該株式分割または他の種類の株式への転換により取得した株式についても同日まで所有しなければなりません。
② 割当新株等*の割当を受けた者（以下「割当を受けた者」という。）は、割当新株等の

譲渡を行う場合には、予め申請会社に書面により通知するとともに、事後において申請会社にその内容を報告しなければなりません。

③　申請会社は、割当を受けた者が割当新株等の譲渡を行った場合には当該譲渡を行った者、譲渡を受けた者の氏名および住所、株式数、日付、価格、理由、その他必要な事項を記載した書面を、当該譲渡が上場申請日前に行われたときには上場申請のときに、上場申請日以後に行われたときには譲渡後直ちに、証券取引所に提出しなければなりません。

④　申請会社は、割当新株等の所有状況に関し証券取引所が必要と認めて照会を行った場合には、必要に応じて割当を受けた者に対し割当新株等の所有状況にかかる確認を行った上で、遅滞なく割当新株等の所有状況を証券取引所に報告しなければなりません。

⑤　割当を受けた者は、申請会社から割当新株等の所有状況にかかる確認を受けた場合には、直ちにその内容を申請会社に報告しなければなりません。

⑥　割当を受けた者は、継続所有等の確約を証する書面の内容および割当新株等の譲渡を行った場合にはその内容が、公衆縦覧に供されることに同意しなければなりません。

⑦　その他証券取引所が必要と認める事項

＊　上述②〜⑥において、以下を総称して「割当新株等」といいます。
・　割当を受けた新株（割当を受けた新株について株式分割または他の種類の株式への転換が行われたときは、当該株式分割または他の種類の株式への転換により取得した株式を含みます）
・　割当を受けた新株予約権証券または新株予約権付社債券（割当を受けた新株予約権証券または新株予約権付社債券について新株予約権の行使を行ったときには、当該行使により取得した株式および当該株式の株式分割または他の種類の株式への転換により取得した株式を含みます）
・　割当を受けたストックオプションとしての新株予約権の行使による取得株式（ストックオプションとしての新株予約権証券を除きます）

大阪証券取引所の継続所有等に係る確約書（株式）

[参考様式]

（株式）

確　約　書

（割当を受けた者）（以下「甲」という。）及び（新規上場申請者）株式会社（以下「乙」という。）は、株式会社大阪証券取引所（以下「大証」という。）の定める「上場前の公募又は売出し等に関する規則」（以下「上場前公募等規則」という。）に基づき、甲が乙より割当を受け取得する平成　年　月　日発行予定の乙株式（株式数）株（以下「割当新株」という。）及び割当新株の割当以後において株式分割又は他の種類の株式への転換により取得した株式（以下「取得株式」という。）に関し、以下のとおり確約する。

第1条　甲は、割当新株発行の効力発生日である平成　年　月　日又は取得株式の発効日からその上場後6ヶ月間を経過する日（当該日において割当新株発行の効力発生日以後1年間を経過していない場合には、割当新株発行の効力発生日以後1年間を経過する日）までの間は、割当新株又は取得株式を第三者に譲渡しないものとする。ただし、次の各号に掲げる事由が生じ、かつ、甲が乙に対して当該事由により割当新株又は取得株式を譲渡したい旨を記載した書面をあらかじめ提出した場合は、この限りではない。
　1　甲の経営又は資産の状態が著しく悪化した場合
　2　割当新株又は取得株式を譲渡することが社会通念上やむを得ないと認められる場合

第2条　甲は、割当新株又は取得株式を譲渡した場合は、直ちに、譲渡を受けた者の氏名及び住所、譲渡株式数、譲渡日、譲渡価格、譲渡方法、譲渡の理由等を書面により乙に報告する。
　二　乙は、前項に基づく報告を上場申請日前に受けた場合は上場申請のときに、又、上場申請した日以降上場後6ヶ月間を経過する日（当該日において割当新株発行の効力発生日以後1年間を経過していない場合には、割当新株発行の効力発生日以後1年間を経過する日）までの間に受けた場合は直ちに、割当新株又は取得株式の譲渡の内容を記載した書面を大証に提出する。
　　　甲は、乙が割当新株又は取得株式の譲渡に関する内容について書面により大証に報告することに同意し、甲及び乙は、大証がこれを公衆の縦覧に供す

ることに同意する。
第3条 乙は、甲の割当新株又は取得株式の所有状況に関し、大証が必要と認めて照会を行った場合には、必要に応じて甲に対し割当新株又は取得株式の所有状況に係る確認を行った上で、遅滞なく割当新株又は取得株式の所有状況を書面により大証に報告する。
二 甲は、前項に基づく割当新株又は取得株式の所有状況に係る確認を受けた場合には、直ちにその内容を書面により乙に報告する。
第4条 乙は、上場計画を変更し、割当新株発行の効力発生日が、上場申請日の直前事業年度の末日の1年前の日以後に該当しなくなることが確定したときは、その旨を書面により甲に通知する。
二 前項の通知を受けた場合は、前3条の規定は効力を失う。
第5条 乙が上場申請を行う場合、本確約書の写しは、上場申請書類に添付されるものとする。
二 甲及び乙は、大証が本確約書の写しを公衆の縦覧に供することに同意する。

この確約書の証として本確約書1通を作成し、甲及び乙記名捺印の上、乙が正本を、甲がその写しをそれぞれ保有するものとする。

平成 年 月 日

甲 （住 所）
　（氏 名）　　　　　　　　　　　　印
乙 （住 所）
　（氏 名）　　　　　　　　　　　　印

継続所有等に係る確約書（新株予約権証券等）

[参考様式]

（新株予約権証券等）

確　約　書

（割当を受けた者）（以下「甲」という。）及び（新規上場申請者）株式会社（以下「乙」という。）は、株式会社大阪証券取引所（以下「大証」という。）の定める「上場前の公募又は売出し等に関する規則」（以下「上場前公募等規則」という。）に基づき、甲が乙より割当を受け取得する平成　年　月　日払込み予定の乙新株予約権証券又は乙新株予約権付社債券（以下「割当新株予約権証券等」という。）（証券数）枚並びに割当新株予約権証券等の新株予約権を行使して取得した株式及び当該株式の株式分割又は他の種類の株式への転換により取得した株式（以下「取得株式」という。）に関し、以下のとおり確約する。

第１条　甲は、割当新株予約権証券等の払込期日（新株予約権（新株予約権付社債に付された新株予約権を除く。）が無償で発行された場合は、発行日。以下同じ。）である平成　年　月　日又は取得株式の発行日からその上場後６ヶ月間を経過する日（当該日において割当新株発行の効力発生日以後１年間を経過していない場合には、割当新株発行の効力発生日以後１年間を経過する日）までの間は、割当新株予約権証券又は取得株式を第三者に譲渡しないものとする。ただし、次の各号に掲げる事由が生じ、かつ、甲が乙に対して当該事由により割当新株予約権証券又は取得株式を譲渡したい旨を記載した書面をあらかじめ提出した場合は、この限りではない。

　　１　甲の経営又は資産の状態が著しく悪化した場合
　　２　割当新株予約権証券等又は取得株式を譲渡することが社会通念上やむを得ないと認められる場合

第２条　甲は、割当新株予約権証券等又は取得株式を譲渡した場合は、直ちに、譲渡を受けた者の氏名及び住所、譲渡株式数、譲渡日、譲渡価格、譲渡方法、譲渡の理由等を書面により乙に報告する。

　　二　乙は、前項に基づく報告を上場申請日前に受けた場合は上場申請のときに、又、上場申請した日以降上場後６ヶ月間を経過する日（当該日において新株予約権又は新株予約権付社債の発行に係る払込期日以後１年間を経過していない場合には、新株予約権又は新株予約権付社債の発行に係る払込期日以後

　　　　　１年間を経過する日）までの間に受けた場合は直ちに、割当新株予約権証券
　　　　　等又は取得株式の譲渡の内容を記載した書面を大証に提出する。
　　　三　甲は、乙が割当新株予約権証券等又は取得株式の譲渡に関する内容について
　　　　　大証に報告することに同意し、甲及び乙は、大証がこれを公衆の縦覧に供す
　　　　　ることに同意する。
第３条　乙は、甲の割当新株予約権証券等又は取得株式の所有状況に関し、大証が必
　　　　要と認めて照会を行った場合には、必要に応じて甲に対し割当新株予約権証
　　　　券等又は取得株式の所有状況に係る確認を行った上で、遅滞なく割当新株予
　　　　約権証券等又は取得株式の所有状況を書面により大証に報告する。
　　　二　甲は、前項に基づく割当新株予約権証券等又は取得株式の所有状況に係る確
　　　　　認を受けた場合には、直ちにその内容を書面により乙に報告する。
第４条　乙は、上場計画を変更し、新株予約権又は新株予約権付社債の発行に係る払
　　　　込期日及び取得株式の発行日が、上場申請日の直前事業年度の末日の１年前
　　　　の日以後に該当しなくなることが確定したときは、その旨を書面により甲に
　　　　通知する。
　　　二　前項の通知を受けた場合は、前３条の規定は効力を失う。
第５条　乙が上場申請を行う場合、本確約書の写しは、上場申請書類に添付されるも
　　　　のとする。
　　　二　甲及び乙は、大証が本確約書の写しを公衆の縦覧に供することに同意する。

　この確約書の証として本確約書１通を作成し、甲及び乙記名捺印の上、乙が正本を、
甲がその写しをそれぞれ保有するものとする。

平成　年　月　日

　　　　　　　　　　　　　　　甲　（住　所）
　　　　　　　　　　　　　　　　　（氏　名）　　　　　　　　　　　印
　　　　　　　　　　　　　　　乙　（住　所）
　　　　　　　　　　　　　　　　　（氏　名）　　　　　　　　　　　印

参考1　第三者割当等により発行された新株の継続所有期間等について
（平成17年3月期決算の申請会社の場合）

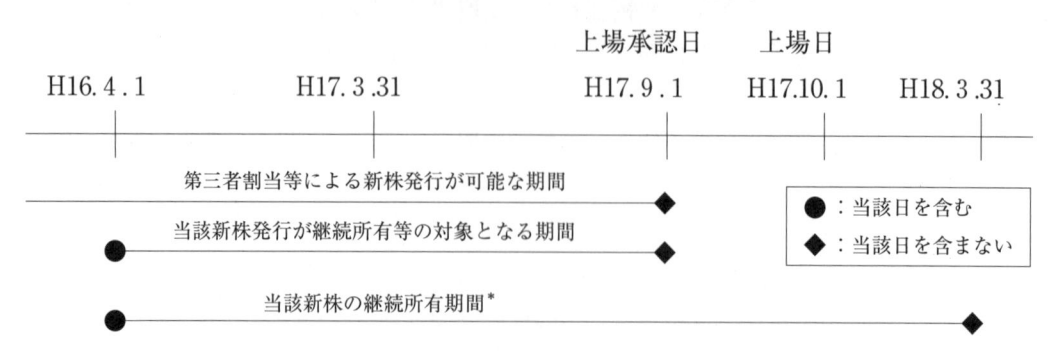

```
                                      上場承認日   上場日
  H16.4.1        H17.3.31            H17.9.1   H17.10.1   H18.3.31
     |              |                    |         |          |

         第三者割当等による新株発行が可能な期間 ◆
                                                    ●：当該日を含む
     ● 当該新株発行が継続所有等の対象となる期間 ◆
                                                    ◆：当該日を含まない
     ● 当該新株の継続所有期間*                              ◆
```

*　上場日以後6か月を経過する日において新株発行の効力発生日以後1年間を経過していない場合には、新株発行の効力発生日以後1年間を経過するまで所有しなければならない。また、当該新株について株式分割または他の種類の株式への転換が行われたときは、当該株式分割または他の種類の株式への転換により取得した株式についても同日まで所有しなければならない。

【例】平成16年3月31日までに第三者割当等による新株発行を行った場合
　平成16年4月1日以後に発行された第三者割当等による新株が継続所有等の確約の対象となるため、この場合、新株の発行にかかる継続所有等の確約は不要です。

参考2　新株予約権または新株予約権付社債、新株予約権の行使期間及び行使された新株の継続所有期間等について
（平成17年3月期決算の申請会社の場合）

●：当該日を含む
◆：当該日を含まない

```
                                      上場承認日   上場日
  H16.4.1        H17.3.31            H17.9.1   H17.10.1   H18.3.31
     |              |                    |         |          |

  第三者割当による新株予約権、新株予約権付社債の発行が可能な期間 ◆
  第三者割当による新株予約権、新株予約権付社債の発行が継続所有等の対象となる期間
        ●  当該新株予約権、株式予約権付社債の継続所有期間*1 ◆
                    新株予約権の行使等による株式取得が可能な期間
        ●  新株予約権の行使による株式が継続所有等の対象となる期間*2       ◆
        ●  当該株式の継続所有期間*2                              ◆
```

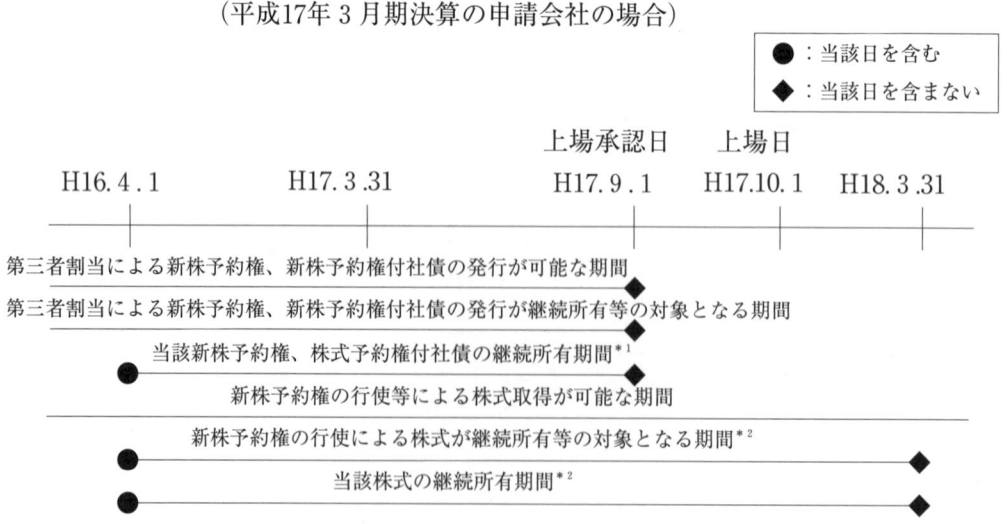

*1　上場日以後6か月を経過する日において新株予約権または新株予約権付社債の発行にかかる払込期日以後

1年間を経過していない場合には、新株予約権または新株予約権付社債の発行にかかる期日以後1年間を経過するまで新株予約権または新株予約権付社債ならびに新株予約権の行使により取得した株式を所有しなければならない。

○継続保有期間が上場日後6か月で1年を経過している事例

```
払込期日      上場承認日 上場日
H17.3.31     H17.9.1  H17.10.1        H18.3.31
   ←── 6か月 ──→×←── 6か月 ──→
        継続保有期間（1か年経過）
```

○継続保有期間が上場日後6か月で1年を経過していない事例

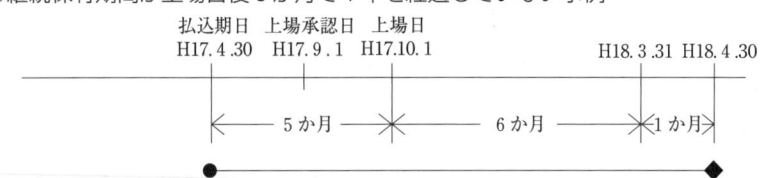

```
払込期日  上場承認日 上場日
H17.4.30  H17.9.1 H17.10.1        H18.3.31 H18.4.30
   ←─ 5か月 ─→×←── 6か月 ──→×←1か月→
```

* 2　上場申請日の直前事業年度の末日の1年前の日（この場合、平成15年4月1日）以後に発行された新株予約権または新株予約権付社債ならびに当該新株予約権の行使により取得した株式が継続所有等の確約の対象となる。

【例】平成16年3月31日までに発行した新株予約権付社債にかかる新株予約権を平成16年12月に行使し、株式を取得した場合

　平成16年4月1日以後に発行された新株予約権付社債が継続所有等の確約の対象となるため、この場合、新株予約権付社債の発行にかかる継続所有等の確約は不要です。また、当該権利行使にかかる株式について平成16年4月1日以後に取得されていますが、新株予約権の行使前の新株予約権付社債が平成16年4月1日前に発行されたものであるため、当該株式についても継続所有等の確約の対象外となります。

参考3　ストックオプション（ＳＯ）としての新株予約権の付与期間、行使期間およびび行使された株式の継続所有期間等について

（平成17年3月期決算の申請会社の場合）

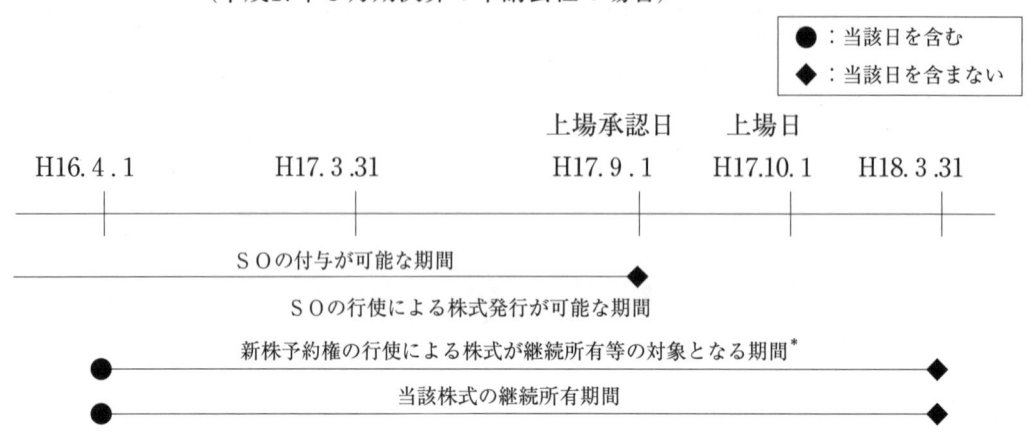

● ：当該日を含む
◆ ：当該日を含まない

```
                                            上場承認日    上場日
      H16.4.1        H17.3.31              H17.9.1    H17.10.1    H18.3.31
        |───────────|─────────────────────────|──────────|─────────────|
                    ├─────ＳＯの付与が可能な期間─────◆
                    ├──ＳＯの行使による株式発行が可能な期間──────────────────◆
        ●──新株予約権の行使による株式が継続所有等の対象となる期間※──────────◆
        ●─────────────当該株式の継続所有期間─────────────────────────◆
```

※　上場申請日の直前事業年度の末日の1年前の日（この場合、平成15年4月1日）以後に付与された新株予約権の行使により取得した株式が継続所有等の確約の対象となる。

【例】平成16年3月31日までに付与したストックオプションとしての新株予約権を平成16年12月に行使し、株式を取得した場合

　平成16年4月1日以後に付与されたストックオプションとしての新株予約権の行使により取得した株式が継続所有等の確約の対象となるため、この場合、当該株式にかかる継続所有等の確約は不要です。

Ⅴ　望ましい資本政策

1 資本政策とは

(1) 資本政策の必要性

a 投資を受ける企業の宿命

　新規性、優位性、成長性のある事業モデルを考えついた経営者は、事業化を目指します。しかしながら、自己資金は限定的であり、金融機関からの融資も、事業実績がないと予定していた金額を借り入れることが難しく、また、売上等による資金回収の結果が現れる前にその借入金を返済していくことはかなりの負担になります。

　せっかく考えついた事業モデルを事業化して、世に送り出すには、資金が必要です。世の中、スピードの時代です。「せめて数千万円の資金があったら、事業成長を加速できるのに」と、経営者は地団駄を踏みます。

　そこで経営者は、事業成長のための資金調達の道として、外部投資家から直接投資を受けられないかと考えます。そのときから、会社は、外部投資家からの期待を背負うことになるのです。

　ところで、外部投資家の資金提供の目的は、キャピタルゲインです。経営者は、株式公開を視野に入れざるを得なくなります。外部投資家に「投資資本の回収の機会」を示さなければ、資金提供を受けられないからです。

b 資金調達と経営陣の持株比率

　外部投資家からの投資を受けるということは、会社の経営にとって重大なことです。株主という会社の所有者に他人の目が入るからです。同族株主で占められた会社は、会社の重要事項の決定に際し、株主総会などを改めて開催するまでもなく、「経営者の決定＝会社の決定」であることが普通です。今までは、「自分の会社」だからと内々で済まされていたことも、今度は法的な手続を経て株主総会を開催し、他の株主の承認を仰ぐ必要が出てきます。

　また、外部投資家からの投資は、経営者自らの持株比率が下がることを意味します。経営権を確保していないと、経営者が打ち出した方針が承認されない場合や、経営者が代えられることもあり得ます。

　このように、資金調達と持株比率の維持は、相反するトレードオフの関係にあるのです。経営者は、経営陣の持株比率を維持しながら、必要な資金を調達していくためには、どのようなタイミングで、誰に、どのように株式を発行していけばよいのか、シミュレーションを行う必要性を感じるはずです。

　これが、最も基本的な「資本政策」といわれるものです。

c　資本政策の2つの観点

　資本政策の重点的な課題は、必要資金の調達スケジュールと経営陣の持株比率の調整ですが、忘れてはならないのが、企業にとっての「あるべき株主構成」の構築という観点です。

　企業価値の尺度にはさまざまな情報がありますが、株主構成というのは、企業の特徴を示す非常にわかりやすい情報です。例えば、大企業が株主になっているだけで信頼感を持てたり、知名度のある事業提供先の存在にその後の事業展開を期待したりと、企業のたどってきた道やその後の事業展開の方向を判断する材料になり得るのです。

　持株比率の調整が大きなシミュレーションの動機づけとなる資本政策ですが、企業の株主資本戦略を示す計画でもあるのですから、資本政策には、次の2つの役割が考えられます。

ポイント1　必要資金の調達計画
　事業成長に必要な資金を、いつ、誰から、どれだけ、どのように調達するかという「調達計画」という役割。

ポイント2　望ましい株主構成の構築計画
　自社が、企業価値を高め安定した経営を行っていく上で、自社にとって望ましい「株主構成の構築計画」という役割。

（2）資本政策に課せられた6つの目的

　もう少し、具体的に資本政策の立案の目的を考えてみましょう。

　資本政策は、一度実行するとやり直しがきかないものなので、自社が達成すべき目的を十分に確認しておくことが必要です。

　資本政策の目的としては、次の項目が挙げられます。①事業資金の調達、②安定株主対策、③株式公開基準の充足、④創業者利潤の確保、⑤事業承継対策、⑥役員・従業員へのインセンティブプランの6項目です。ここで注目すべき点は、③の株式公開基準の充足です。したがって、一般的にいわれる資本政策は、株式公開を前提にこれら項目のすべてに配慮しながらのシナリオ作りをいいますので、より複雑な作業が伴います。

a　事業資金の調達

　株式公開の本来の目的は、会社の成長のための資金を一般投資家から集め、活用することにあります。どのような事業展開を図るために、どのタイミングでいくらの資金が必要なのかを、明確にしておかなければなりません。

　株式公開前の調達においては、社内体制の強化、設備投資、販売強化のための投資と、成長期にある企業の旺盛な資金需要を満たしてもらえます。アーリーステージの企業では、

事業成長のための資金調達は最も優先的な課題となります。

　株式公開を契機に、企業の信用性が高まり、調達コストや担保の条件が緩和され、資金調達の幅が広がります。また、株式公開後の資金調達は、企業の財務強化に役立ちます。

b　安定株主対策

ア　持株比率の低下の影響

　会社の経営権の源泉は、その会社の株式の所有数に帰着します。公開前の過程で、オーナー経営者以外の役員、従業員、事業提携先、ベンチャーキャピタルなどが新たな株主として資本参加します。これにより、同族関係者の持株比率は低下し、公開時の公募増資とオーナー等による持株の売出しにより一段と低下して、オーナー経営者の会社支配力は徐々に弱まります。株式公開が私的企業から公的企業への転身であるがゆえに、避けがたいことではありますが、株式公開は、オーナー経営者が心血注いだ会社の明渡しという危険もはらんでいるのです。

　役員の選任や計算書類の承認といった会社の基本的な事項は、株主総会で決議されることとされており、その決議事項によって必要な議決権数が異なります。持株比率が高ければ、多くの事項を単独で決議でき、会社経営に強い権利を有することになります。

　株主総会の議決要件からみた持株比率の重要な水準は、「3分の2」、「2分の1」、「3分の1」となります。持株比率による主な株主の権利は次頁図Ⅴ－1のとおりです。

図V−1　株主総会における決議事項と議決権割合（新会社法309条関係）

	定足数・議決要件	決議事項（括弧内：会社法の根拠条項）
特殊決議 *1	議決権を行使できる株主の半数以上かつ、その株主の議決権の3分の2以上（定足数規定なし）	■非公開会社（株式の譲渡制限）への定款変更（309②十一） ■消滅会社等による吸収合併契約等の承認（70①）*2 ■消滅会社等による新設合併契約等の承認（804②）*2
	総株主の半数以上かつ、その議決権の4分の3以上（定足数規定なし）	■配当や残余財産を受ける権利等について、株主ごとに異なる取扱いについての定款の定めの変更（109②）
特別決議 *1	議決権を行使できる株主の議決権の過半数を有する株主が出席し、その議決権の3分の2以上	■譲渡制限株式の買取・指定買取人の指定（140②・⑤） ■特定株主からの自己株式の取得（156①） ■全部取得条項付種類株式の取得・相続人等に対する売渡請求（譲渡制限株式対象）（175①） ■株式の併合（180②） ■募集株式の募集事項の決定・募集株式の割当等（199②、200①、202③四、204②） ■新株予約権の募集事項の決定・募集新株予約権の割当等（238②、239①、241③四、243②） ■累積投票により選任された取締役の解任または監査役の解任（339①） ■役員等の責任の一部免除（425①） ■資本金の減少（一定の場合除く）（447①） ■金銭以外の財産による配当（一定の場合に限る）（454④） ■定款の変更、事業の譲渡等、解散（第6章〜第8章） ■組織変更、合併、会社分割、株式交換および株式移転（第5編）
普通決議	議決権を行使できる株主の議決権の過半数を有する株主が出席し、その議決権の2分の1超	■取締役・監査役の選任（329①） ■計算書類の承認（438、439） ■取締役・監査役の報酬額の決定（361、387）

*1　議決要件については、一定の数以上の株主の賛成を要する旨を定款で定めることができます。
*2　消滅会社等が公開会社で、合併交付金が譲渡制限付株式等である場合の株主総会に限られています。

　会社の経営権の維持という観点からは、持株比率が高いに越したことはありませんが、オーナー経営者で2分の1超を持っていれば経営権を維持しているといえるでしょう。3分の1超を有している場合は、他の株主が3分の2以上を有していることはあり得ず、特別決議を否決することが可能ですので、最低でも3分の1超の保有を目標としたいところです。

図V-2　株主の権利／単独株主権

株主が自分のために自分1人で行使できる権利を単独株主権といいます。

権利の内容	株式の保有期間
■株主議決権（新会社法308） 　1株または1単元につき1個の議決権	不　要
■株主総会の議事録閲覧謄写権（新会社法318④）	
■取締役会議事録の閲覧謄写権（新会社法371）	
■定款・株主名簿・新株予約権原簿・社債原簿・端株原簿の閲覧謄写権 　（新会社法31②、125②、252②、684②）	
■利益配当請求権（新会社法461）	
■残余財産分配請求権（新会社法504）	
■総会決議取消訴権（新会社法831） 　・株主総会の招集手続きや決議方法が定款や法令に違反している、または、著しく不公正である場合 　・決議内容が定款に違反している場合　など	
■累積投票請求権（新会社法342） 　2人以上の取締役を選任する場合、定款に別段の定めがある場合を除き、取締役を累積投票により選任することを請求できる	
■新株発行差止権（新会社法210） 　法令・定款に違反または著しく不公正な方法による新株発行で、株主が不利益を受けるおそれがある場合	
■新株発行無効訴権（新会社法828） 　新株発行の日から6か月以内に提起	
■取締役の責任追及の代表訴訟提起権（新会社法847）	6か月前より引き続き株式を有する株主*
■取締役等の違法行為差止請求権（新会社法360）	

＊　非公開会社の場合、6か月保有期間の制限はありません。

図V-3 株主の権利／少数株主権

　一定の株数や議決権割合を有する株主（数人の株主の保有株式を合計して要件を満たす場合でもよい）のみが行使できる権利を少数株主権といいます。

権利の内容	株式の保有期間	議決権等保有条件
■株主提案権（新会社法303） 　株主総会の議案にするよう書面で請求できる	6か月前より引き続き株式を有する株主	総株主の議決権の1％以上または300個
■株主総会の検査役請求権（新会社法306） 　株主総会の開催手続きや決議方法を調査するための検査役の選任を裁判所に請求できる		総株主の議決権の1％以上
■株主総会の招集請求権（新会社法297） 　株主総会の招集を請求できる。招集手続がなされないときは、裁判所の許可を得て招集できる		総株主の議決権の3％以上
■取締役・監査役の解任請求権（新会社法854） 　取締役・監査役に不正行為、法令・定款違反等の重大な事実があるにもかかわらず、株主総会で解任決議が否決されたときは、その解任を裁判所に請求できる		総株主の議決権の3％以上または発行済株式の3％以上
■特別清算における調査命令申立権（新会社法522）		
■帳簿閲覧権（新会社法433）	不要	
■業務・財産検査役選任請求権（新会社法358） 　会社の業務執行について不正行為、定款・法令違反等の重大な事実があると疑うべき事由があるときは、裁判所に検査役の選任を請求できる		
■取締役等の定款授権による免責に対する異議申立権（新会社法426⑤）		総株主の議決権の3％以上
■会社解散請求権（新会社法833） 　著しい難局により回復見込みのない損害を生じた場合等は、会社の解散を裁判所に請求できる		総株主の議決権の10％以上または発行済株式の10％以上

＊1　非公開会社の場合には、6か月の保有期間の制限はありません。
＊2　少数株主権について、定款でその行使条件を引き下げること、または単独株主権にすることができることが明文化されました。

イ　安定株主

　オーナー経営者が株式公開後も経営権を維持するためには、経営者の意思決定に協力的な株主をつくる安定株主対策が必要となってきます。企業によってどのような者が安定株主と位置づけられるのかは異なりますが、主な安定株主として、オーナー経営者（配偶

者・親族、経営者が所有する持株会社を含む）、会社の役員・従業員（持株会を含む）、業務提携先、取引先、取引銀行等の金融機関などが挙げられます。

　一般的に株式公開後、これらの安定株主の持株比率を70％程度に維持することが望ましいといわれています。もっとも、研究開発型の企業等については、短期間で多額な資金調達を必要とするので、該当しない場合も見られます。

ウ　安定株主対策と証券市場

　安定株主対策は、株式公開を決意したオーナー経営者としては避けて通れない課題です。しかしながら、わが国の証券市場は、金融ビッグバンを契機にフリー（原則自由）、フェア（ルール遵守の公正）、グローバル（国際化）な市場へと変革しています。

　経営者は、万全な安定株主対策を行い株式公開しても、株主の声である市場の声（株価）を聞き、企業価値の最大化を図る努力が必要です。この声に応えられない場合は、経営者の交代、M＆Aなどが提起されることになります。

　今まで、株式の未公開会社は、オーナー経営者とその一族が株主経営者として会社を支配していました。このような会社が株式公開しても業容の拡大と共に株式の持合を強め、この持合の背景に経営者一族が会社を支配し続ける既上場会社も多く、そのために、第三者の少数株主の利益からだけでなく株主全体の利益からも同族経営が問題視されることはありませんでした。しかし、現在の証券市場は、新会社法の制定に伴うインフラ整備を受け、これを許さない市場へと大きく変わりつつあることを認識しておく必要があります。

c　株式公開基準の充足

　資本政策の立案に際して、影響を受ける規制は大きく分けて2つあり、各株式市場の上場審査基準と公開前の第三者割当増資等により発行された新株の継続所有規制です。

ア　ヘラクレスにかかる上場審査基準

　ヘラクレスにかかる上場審査基準には、スタンダード基準とグロース基準とがあり、その選択は申請会社に委ねられています（98頁参照）。

イ　公開前規制

　公開前規制は、リクルート事件を契機に、株式公開に際しての不正行為の防止と公開株式に対する一般投資家からの信頼確保のために設けられたものですが、平成13年9月の大幅な規制緩和によりほとんどなくなり、残された規制は、継続所有の規制だけです。

　すなわち、制限期間（公開の直前決算期の期首以降）に第三者割当等により発行された株式は、公開後すぐに売却することはできません（次頁の図の①のケース）。また、制限期間に発行された新株予約権を行使し取得した株式も、継続所有の規制を受けるため、公開後すぐに売却することはできません（次頁の図の②のケース）。なお、制限期間の第三者割当増資等については、開示府令第二号の四様式の「有価証券届出書」および「上場申請のための有価証券報告書（Ⅰの部）」に発行数、発行価格、取得者、取得株数、取得者

の属性、取得者との関係を開示する必要があります。

ただし、公開規則上のストック・オプションの行使により取得した株式については、公開日以後6か月の継続所有の規制はありませんので、公開直後の売却が可能です（下記の図の③のケース）。

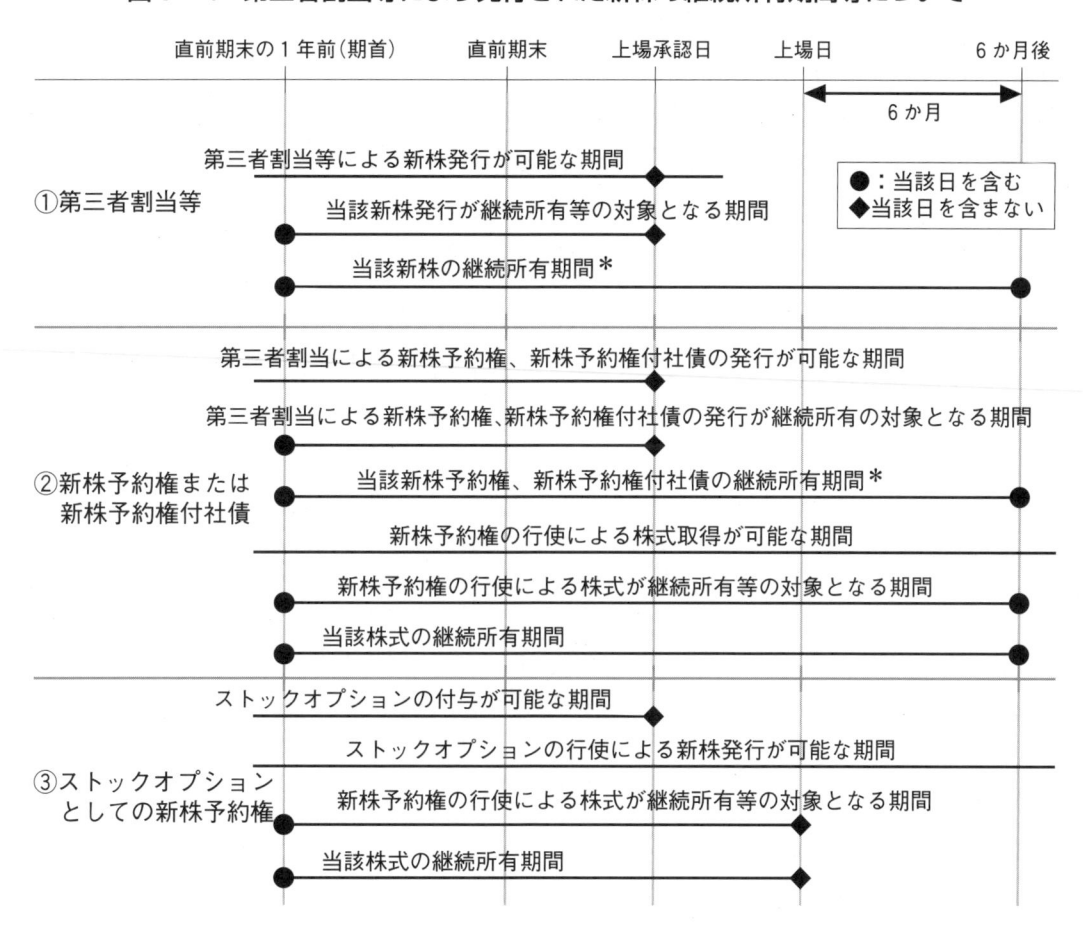

図V-4　第三者割当等により発行された新株の継続所有期間等について

```
                直前期末の1年前（期首）    直前期末    上場承認日   上場日      6か月後
                                                                ←―― 6か月 ――→

                        第三者割当等による新株発行が可能な期間                ●：当該日を含む
①第三者割当等           当該新株発行が継続所有等の対象となる期間              ◆：当該日を含まない
                ●――――――――――――――――◆
                        当該新株の継続所有期間*
                ●――――――――――――――――――――――――――――●

                        第三者割当による新株予約権、新株予約権付社債の発行が可能な期間
                        第三者割当による新株予約権、新株予約権付社債の発行が継続所有の対象となる期間
②新株予約権または       当該新株予約権、新株予約権付社債の継続所有期間*
  新株予約権付社債       新株予約権の行使による株式取得が可能な期間
                        新株予約権の行使による株式が継続所有等の対象となる期間
                        当該株式の継続所有期間

                ストックオプションの付与が可能な期間
                        ストックオプションの行使による新株発行が可能な期間
③ストックオプション
  としての新株予約権     新株予約権の行使による株式が継続所有等の対象となる期間
                        当該株式の継続所有期間
```

＊　上場日以後6か月を経過する日において、新株発行等の効力発生日以後1年間を経過しない場合には、新株発行等の効力発生日以後1年間を経過する日まで継続所有。

出典：「ヘラクレス上場マニュアル2005」株式会社 大阪証券取引所

d 創業者利潤の確保

ア 公募と売出し

　株式公開時における市場への株式放出の方法としては、「公募＝新株の発行」と「売出し＝大株主の保有株式の一般投資家への売却」とがあります。公募は、市場の一般投資家に対する時価発行増資であり、会社の資金調達が目的です。売出しは、既存の株主の保有株式を市場の一般投資家に売却することで、創業者利潤の確保が目的となります。

　創業者は株式公開までの資本政策において、例えば、増資の引受けや新株予約権の行使などで、個人的な借入れ等により資金を負担している例が、少なからずあります。資本政策では、必要とした資金を公開時の保有株式の売却資金で返済でき、さらに相応の利潤が獲得できるかどうかを考慮しておかなければなりません。また、その際には、株式売却収入に対する課税の問題もありますので、税引き後の金額での検討が必要となります。

図Ⅴ－5　個人の株式譲渡益課税

区　　分	譲渡益課税の内容
未上場株式の譲渡	（売却収入－取得費－譲渡費用）×20％（住民税5％を含む） 株価…直近の取引価額や相続税評価額を斟酌した価額
上場株式の譲渡	原則…（売却収入－取得費－譲渡費用）×20％（住民税5％を含む） 特例…上場株式等を譲渡した場合の優遇税率 　　　　税率10％（住民税3％を含む） 　　　（平成15年1月1日～平成19年12月31日までの時限措置）
新規公開株式の譲渡の特例	上場等の日において所有期間が3年超の新規公開株式を、上場等の日以後1年以内に証券会社への売委託等により譲渡する場合は、譲渡益を2分の1にする（上場株式等を譲渡した場合の優遇税率とは併用できない）。

イ 持株比率の維持

　創業者がキャピタルゲインを得る機会は、公開時の売出しと、公開後の株式売却とがありますが、株式の需給関係、役員の株式売却に伴う憶測・風説、インサイダー取引等を考えると株価の問題だけでなく企業信用にも影響を与えることから、公開後の売却は慎重にならざるを得ません。したがって、公開時の売出しは、創業者がまとまった株式を売却できる数少ないチャンスでもあるのです。

　しかしながら、公開時の売出しは、創業者の持株比率を低下させます。そこで、どの程度の売出し株数ならば許容範囲となるのか、その売出し株数で個人的な借入金等の返済は可能となるのか、シミュレーションを通して、予め把握しておくことが必要となります。

e　事業承継対策

　株式公開後の株価は、一般には短期の仮需要で公開前よりも相当高いものとなります。オーナー経営者の相続発生時に莫大な相続税が課され、結局、株式を売却して納付せざるを得ず、持株比率の維持に努めた苦労も水の泡というケースも生じかねません。

　資本政策では、資産家が必ず直面する「相続税」の負担の問題を考慮し、世代交代への対策を組み込んでおく必要があります。

　具体的には、後継者がいる場合には、あらかじめ後継者の持株比率を高めるように増資や株式の移動を実施する方法や、財産保全会社を設立する方法などが考えられます。

　これらの対策は、公開前に、株価が上がる前のできるだけ早い段階で実施しておきたいものです。

　事業承継対策では、過去に中堅中小企業を中心に相続税対策から株式公開する動きがありました。しかしながら、これらの会社は、事業承継と相続対策を株式公開の目的にしていましたので、公開後も同族経営を続け、株価低迷や株主数の減少に有効な対策を示さず上場廃止への道を歩み始めました。経営者は、相続対策で株式公開のメリットを享受しても、常に多くの一般投資家のメリットを考え、公開会社としての責任を果たす心構えが必要です。

f　役員・従業員へのインセンティブプラン

　株式公開はメリットも大きいですが、公開会社に相応しい体制を構築するためにかなりの作業負担を強いられますので、全社員が一丸となって成し得るものです。ストックオプション制度は、従業員数の少ないベンチャー企業で、役員や従業員の士気の向上を目的として、また、能力や技術を持った人材の確保のために高額な報酬の代わりにインセンティブプランとして利用されていますが、会社はストックオプションを付与した時点で、所定の計算式で算定された公正なストックオプションの評価単価に基づき人件費に計上する必要があります。

　また、従業員の士気の向上と財産形成のため、福利厚生の一環として従業員持株会制度を導入する企業もあります。従業員持株会は、従業員数の多い中堅クラスの企業で利用され、その取得株式数も多くなるため、公開後、安定株主としての役割を果たしています。

　これらの株式を利用したインセンティブプランは、株主構成にも影響がありますので、資本政策の策定過程で、いつ、どのような形で導入するかを検討しておく必要があります。

（3）資本政策の留意点

　資本政策は、経営者のためのものです。ベンチャーキャピタルやコンサルタントなどに決めてもらうものではなく、経営者自らの判断で決定すべきものです。「わからないから

他人任せ」では済まされず、実行の責任は経営者にあります。

a 投資家の目で再検討

株式分割が純資産額の制約を受けずに実施できるようになったので、経営者の持株比率の維持に偏重した資本政策をみる機会が増えました。資本政策は投資家があってのこと、投資する立場に立って考えてみることも必要です。例えば、大きな割合で株式分割をし、事業にさほど進展がないのに、分割前と同じ株価でファイナンスを実施する計画は、株価の形成に無理があります。

b 潜在株式発行には合理的な理由を

新株予約権の発行数の制限がなくなったために、新株予約権を発行済株式数を上回って発行することも理論上は可能となりました。しかしながら、大量の新株予約権の存在は、株価を希薄化させる要因になります。新株予約権については、発行の目的や行使価格、付与数の算定根拠を検討した上で発行するものであり、単に経営者の持株比率の維持のためという理由では、説得力を欠きます。なお、株式公開時における潜在株式の発行数は、市場の動向に配慮するだけでなく第三者割当増資の継続保有、ロックアップなどと整合性を保つためにも発行済株式数の10～20％以内に抑えるようにと主幹事証券会社の指導があります。

c 新株予約権は課税の問題も考慮

かなりの数の新株予約権を経営者等に付与した場合、通常は、株式公開前に権利行使することが求められます。ここで、注意したいのが課税の問題です。

一般に、アーリーステージで経営者に付与された新株予約権は、税制適格ストックオプションの適用要件に該当しないケースが多いとされています。なぜなら、持株比率3分の1超（上場会社以外の会社の場合）の株主に対する新株予約権は、税制適格ストックオプションの対象とならないからです。このような新株予約権を行使した場合、行使段階で課税の問題が生じます。取得した株式を売却してはじめて、資金を得られるわけで、売却前の行使段階の課税は、資金繰りの上でも負担が大きくなります。

資本政策を策定する場合、新株予約権の行使後の状況を想定することと、新株予約権を行使するのにいくら必要なのか、行使時に税金はいくら支払わなければならないのかを考えると、あまり大量に発行することは現実的ではありません。

d 事業計画との整合性

資本政策と事業計画とは、切り離せない関係です。事業計画なしでは、資本政策は作成できません。次項で詳細に説明しますが、資本政策は事業計画に基づく1株あたりの当期

純利益（当期純利益／潜在株式調整後の発行済株式数）に業界若しくは市場平均の株価収益率（PER）を乗じて発行価格を試算しています。したがって、資本政策の有効性は、事業計画の実現可能性にかかわってきます。資本政策は、一度立案したら終わりというわけではなく、事業計画の進捗状況を見ながら、修正していくものです。事業計画との整合性は、資本政策を見る上で、重要な確認事項になります。

e 新会社法で再確認を

旧商法第2編、有限会社法、商法特例法等に散在していた会社に関する規定が、「会社法」としてまとめられ、平成18年5月に施行されました。

本書の資本政策に関する事項を中心に、新会社法の施行に伴う確認すべき事項を次にまとめました（条文番号はすべて会社法の条文番号を示します）。

なお、以下における「公開会社」とは、「発行する全部または一部の株式の内容として譲渡による当該株式の取得について当該株式会社の承認を要する旨の定款の定めを設けていない会社」をいい、「非公開会社」は「公開会社以外の会社」をいいます。

非公開会社は、取締役会を設置しないという機関設計も選択できますが、この項では、取締役会のある会社を前提にしています。

イ 株主総会関係

- 株主総会の招集通知の発送時期他

  招集通知の発送時期は、原則、2週間前ですが、非公開会社の株主総会の招集通知は、書面または電磁的方法による議決権行使を定めた場合を除き、会日の1週間前までに発すれば足りることになります（新会社法299①）。

  また、株主総会の招集地に関する規定は削除され、招集地が任意化されます（新会社法298）。

ロ 株式等の発行関係

- 株主ごとの異なる取扱い

  新会社法は、株主の基本的な権利について、次の3つを掲げています（新会社法105）。

  ① 剰余金の分配を受ける権利
  ② 残余財産の分配を受ける権利
  ③ 株主総会における議決権

  このうち、①および②の権利については、その全部を与えない旨の定款の定めは無効としています。また、非公開会社では、これらの株主の権利について、「株主ごとに異なる取扱いを行う」旨を定款で定めることができるようになります（新会社法109②）。

  これにより、例えば、所有株式数に関係なく1人1個の議決権とすることや、特定

の株主が持つ株式について複数の議決権を与えること、議決権はないが残余財産の分配を優先することなどを定款で定めることができるようになります。なお、これらの取扱いが定められた場合には、これらの株式を種類株式とみなして、種類株式の規定が適用されることになります。

- 種類株式の発行

種類株式の内容が追加・整理され、次の9つの事項について異なる定めをした内容の異なる2以上の株式（＝種類株式）の発行をすることができるとされます（新会社法108）。

前述の株主ごとの異なる取扱いとともに、ベンチャー企業の資金調達の際に締結する投資契約の内容を確実にするものとして、または、企業買収の防衛策に活用できるのではないかと、注目されています。

① 剰余金の配当
② 残余財産の分配
③ 議決権制限株式
　株主総会で議決権を行使できる事項を定めた株式
④ 譲渡制限株式
　譲渡による当該株式の取得について会社の承認を要する株式（一部の株式のみに譲渡制限を設けることができ、種類株式として取り扱う）。
⑤ 取得請求権付株式
　株主が会社に対して当該株式の取得を請求することができる株式
⑥ 取得条項付株式
　会社が一定の事由が生じたことを条件として、株主から当該株式を取得することができる株式
⑦ 全部取得条項付株式
　会社が株主総会の決議により、その全部を取得することができる株式
⑧ 拒否権付株式
　株主総会、取締役会、清算人会における決議事項について、当該決議のほか、当該株式を持つ種類株主を構成員とする種類株主総会の決議を必要とすることを定められた株式。特定の事項について種類株主の拒否権を認めたもので、いわゆる「黄金株」といわれるもの。企業買収の防衛策として注目されているが、東京証券取引所では、「投資家平等の原則」に反するとして、上場規則でこの種類株式の導入を原則禁止とする方針を打ち出している。
⑨ 取締役、監査役の選任権付株式
　当該種類株主の総会で、取締役または監査役を選任することを定めた株式。公開会社および委員会設置会社は、当該株式を発行することができない。

V 望ましい資本政策

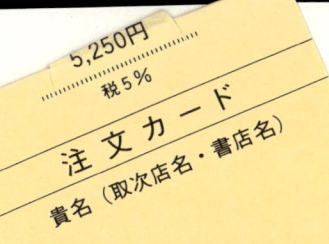

別の定め

　　　　　　部株式の内容として、定款で次の事項を定めることがで

　　　　　　　　ついて会社の承認を要すること（譲渡制限株式）
　　　　　　　　　取得を請求することができること（取得請求権

　　　　　　　　条件として、株主から当該株式を取得するこ

　　　　　　　　するには、株主全員の同意を必要とします。

　　　　　　　　　　　合の資本政策フォーマット例

　会社法では　　　　　　　　　　　つき株主ごとに異なる定めを設けること
ができるように　　　　　　　　　　　率とが異なるケースが生じます。この
ような場合には、　　　　　　　　　　　ように両者の異動状況が確認できるフ
ォーマットが求め

							2006年7月 第三者割当増資		
							増加	合計	比率
A株主	株式数	6						1,400	53.8%
	議決権	600				70%		1,400	43.7%
B株主	株式数	400		600	30%			600	23.1%
	議決権	400	200	600	30%			600	18.8%
C株主	株式数						600	600	23.1%
	議決権						1,200	1,200	37.5%
合 計	株式数	1,000	1,000	2,000	100%		600	2,600	100%
	議決権	1,000	1,000	2,000	100%		1,200	3,200	100%

・　新株の発行
　　株式の発行手続きと自己株式の処分手続きは、まとめて「募集株式の発行等」と規
　定されます。
　　① 新株発行決議と株式割当決議の区分
　　　　現行法では、譲渡制限規定のある会社の新株の割当先は、取締役会で発行決議
　　　事項の一つとして決定されます。会社法では、発行決議と割当決議とが明確に区

131

分されます。

② 第三者割当手続きと有利発行手続きの一体化

現行法では、譲渡制限規定のある会社の株式の有利発行の決議は、株主総会で第三者割当増資の決議と、有利発行の決議と2つの特別決議が必要でしたが、会社法では、この手続きが一体化され、募集事項の決定として1つの特別決議として、取り扱われることになります（新会社法199）。

ただし、有利発行の場合は、取締役は株主総会において、その有利な払込金額で募集する理由を説明することとされています（新会社法199③）。

③ 募集事項の決定

募集株式の発行において、募集事項の決定は、原則、株主総会で決定することになります。

区　　分	募集事項の決定
原　　則	株主総会の特別決議（新会社法199②）
募集事項の決定を委任	株主総会決議の特別決議（新会社法200①） 募集株式数の上限と払込金額の下限を決定した上で、募集事項の決定を取締役（取締役会設置会社は取締役会）に委任することができる。
公開会社	取締役会（有利発行の場合を除く）（新会社法201）

(注) 募集事項
　募集株式の数（種類株式発行会社にあっては、募集株式の種類および数）
　募集株式の払込金額またはその算定方法
　現物出資するときはその旨と現物出資する財産の内容および価額
　払込（財産給付）期日または払込期間
　株式発行時の増加する資本金および資本準備金に関する事項

④ 株主割当増資（株主に株式の割当を受ける権利を与える場合）の募集事項等の決定

株式の募集において、株主に株式の割当を受ける権利を与える場合には、募集事項と割当を受ける権利を与える旨等の決議は、次の方法で決定することになります（新会社法202③）。

区　　分	募集事項等の決定
定款に取締役会で決定できる旨の定めがある場合	取締役会設置会社で取締役会の決議と定款で定めた場合は、取締役会の決議
公開会社である場合	取締役会の決議
上　記　以　外	株主総会の特別決議

⑤ 募集株式の割当決定

募集株式の割当については、発行決議時ではなく申込後の割当となり、申込者の中から募集株式数の範囲内で、決定することになります（新会社法204）。

なお、募集株式が譲渡制限株式である場合には、株主総会（取締役会設置会社では、取締役会）の決議が必要になります。ただし、定款に別段の定めをした場合には、その機関での決議となります（新会社法204②）。

⑥ 決議事項の公告または通知の不要

現行法では、第三者割当の場合、払込期日の2週間前までに新株発行決議事項の公告または通知を行う必要があります。会社法では、非公開会社は、公告または通知の必要はなくなります。これにより、非公開会社の新株発行のスケジュールが短縮できます。

区　　分		公告または通知
株主割当の場合		申込期日の2週間前までに募集事項、割当株式数、申込期日を株主に通知が必要（新会社法202④）。
株主割当以外	非公開会社の場合	募集事項の通知または公告は不要（株主総会決議事項になったため）（新会社法199②、200①）。
	公開会社の場合	払込期日の2週間前までに株主に募集事項を通知または公告が原則必要（新会社法201③・④）。

⑦ 募集株式の払込期間と株主になる時期

出資の払込期日に加えて、払込期間を定めることができるようになります。

募集株式の引受人が株主になる時期は、払込期日を定めたときはその期日、払込期間を定めたときは出資の履行をした日となります（新会社法209）。

⑧ 株式申込証の廃止

会社法では株式申込証の交付制度に代えて、申込者に商号、募集事項等の通知を発し、申込者は氏名（または名称）、住所、引受株式数を記載した書面（電磁的方法でも可）を発行会社に交付することにより行うこととされます（新会社法203）。

⑨ 払込の証明

旧商法では払込取扱機関の「払込保管証明書」が必要ですが、会社法では、残高証明等の方法によることもできるようになります。

⑩ 株券の発行

株券は、定款の定めがある場合にのみ、発行することができることになります（新会社法214）。

非公開会社は、定款に発行する旨の定めがあっても、株主からの請求がある時までは株券を発行しないことができます（新会社法215④）。

参考　第三者割当増資のスケジュールの例（非公開会社で取締役会設置会社の場合）

```
取締役会（株主総会招集）、招集通知発送
        ▽  中、1週間以上前
臨時株主総会（最低限の募集事項の決定、取締役会への委任）
        ▽
取締役会（募集事項の決議）
        ▽
新株引受けの申込者への通知、申込受付
        ▽
取締役会（株式の割当決議）
        ▽
新株引受け申込者への通知（割当数の決定）
        ▽
出資の履行（払込期日または払込期間内）
        ▽  2週間以内
登記申請
```

（取締役会〜新株引受けの申込者への通知の範囲について）非公開会社の場合、払込期日2週間前の株主への公告または通知は、不要となる。

（出資の履行について）払込金保管証明書のほかに残高証明書等の方法によることができる。
払込期日（払込期間を定めたときは出資の履行日）に株主になる。

- 新株予約権の発行

　新株予約権の発行手続きについて、募集事項の決定機関、割当、株主への通知等は、新株の発行手続きと同様の規定の整理が行われます。

- 株式の譲渡制限

　譲渡制限株式の譲渡の承認機関は、原則として株主総会（取締役会設置会社は取締役会）とされましたが、定款で別の承認機関を定めることもできます（新会社法139）。

　会社が承認しないときは、会社が株式を買い取るのが原則ですが、株主総会等の決議により、買取人を指定（定款で予め買取人を指定しておくことも可能）することもできます（新会社法140）。

- 自己株式の取得（株主との合意による取得）

株主との合意による自己株式の取得については、市場取引等による取得、特定の株主からの取得、その他株主との合意（不特定の株主）による取得の3方法が規定されています。

自己株式取得による総会決議は、定時株主総会による必要はなく、臨時株主総会でも決議できるようになります。

八　組織再編関係

- 組織再編行為における新株予約権の承継

    ① 合併、会社分割における新株予約権の承継

    現行法では、合併、会社分割における新株予約権の承継やその手続きについて、明確な規定がありませんが、会社法では合併契約等に記載されるべき事項として明確化されます（新会社法749、753、758、763）。

    ② 株式交換、株式移転における新株予約権の承継

    株式移転、株式交換においても新株予約権の承継については、株式交換契約等に記載されるべき事項として位置づけられます（新会社法768、773）。

    ③ 新株予約権の買取請求権

    会社法で新設された制度で、新株予約権の発行条項と合併契約等において決定された条件とが合致しない新株予約権に関しては、組織再編行為における消滅会社等に対し、公正な価格で買い取ることを請求できるようになります（新会社法787）。

- 組織再編行為時の対価の交付の柔軟化

    消滅会社等の株主等に対して交付する対価として、存続会社等となる会社の株式ではなく、金銭その他の財産を交付することができるようになります（現金合併や三角合併）。ただし、この改正点に関する規定の施行は1年先送りにされました。

- 簡易組織再編の要件の緩和（新会社法784、796、805）

    株主総会の決議が不要となる簡易組織再編の要件が、5％基準から20％基準へと緩和されます。しかし、譲渡制限株式の発行を伴う一定の場合の組織再編行為については、第三者に対する新株の発行と変わりがないので、株主総会の決議が必要です。

- 略式組織再編行為の導入（新会社法784、796）

    ほぼ完全な支配関係（議決権割合90％以上の保有関係）にある会社間での組織再編行為については、被支配会社で株主総会を開催しても結果が目に見えているので、株主総会の決議は不要とされます。特別支配関係については、定款の定めにより、支配割合について90％を上回る割合とすることができます。

    また、この場合にも、譲渡制限株式の発行を伴う一定の場合の組織再編行為については、第三者に対する新株の発行と変わりがないので、株主総会の決議が必要です。

2 資本政策の策定ポイント

(1) 企業成長のステージと資本政策

a 企業成長のステージ

　事業活動の成熟度によって、当然、企業価値も変わってきます。事業を始めたばかりの初期の段階をアーリーステージといい、このうち、最も初期の段階をシードステージ、スタートアップステージと呼んだりします。これに対して、ある程度の事業活動の成長が見込まれ、将来的に株式公開などが想定されるようになった段階を一般的にレターステージと呼んでいます。

　各ステージでは、企業の成長度が異なるので、株価の形成も異なります。前述した「資本政策の6つの目的」を遂行するためには、想定株価の推移を念頭に、どのステージ（タイミング）でどのような施策を実行するかが重要となります。

b スタートアップ、アーリーステージの優先的課題

　アーリーステージでは、事業成長の原動力となる資金調達が、最も重視される経営課題となり、これとの関係で経営陣の持株比率維持の対策をどこまで実施できるかが、重点的な課題となります。

　ここでの留意点は、「株価は一度上げたら戻せない」ということです。外部の投資家に強気の高い株価で増資を引き受けてもらった後に、経営陣の持株比率の低下を回復しようと、低い株価で経営陣に対し株式や新株予約権を発行することは、株価の算定に合理的な説明がつきません。企業の姿勢が問われるでしょうし、税務上の問題も生じます。

　したがって、資本市場にデビューする準備は、スタートアップ、アーリーといった株価を上昇させて本格的な資金調達を行う前の段階で実施しておくことが必要です。このタイミングをはずすと、資金負担や手続き負担が増し、実施不可能となることもあります。

　具体的には、分散した株式を経営陣が買い戻す、経営陣の持株調整、安定株主となるべく支援者・協力企業に対する増資、インセンティブプランなどが挙げられます。関係会社の整理も、外部投資家が増えて手続きの正当さが厳しく要求される前に、実施しておきたい事項です。

c ミドル、レターステージの優先的課題

　ミドルからレターステージでは、事業計画が予測から確信に変わりつつある時期です。株式公開を目指した当初のゴールは公開時でしたが、このステージでは公開後の自社のあるべき姿を視野に入れて、公開後の状況を想定した株主構成の問題や企業グループとして

Ⅴ　望ましい資本政策

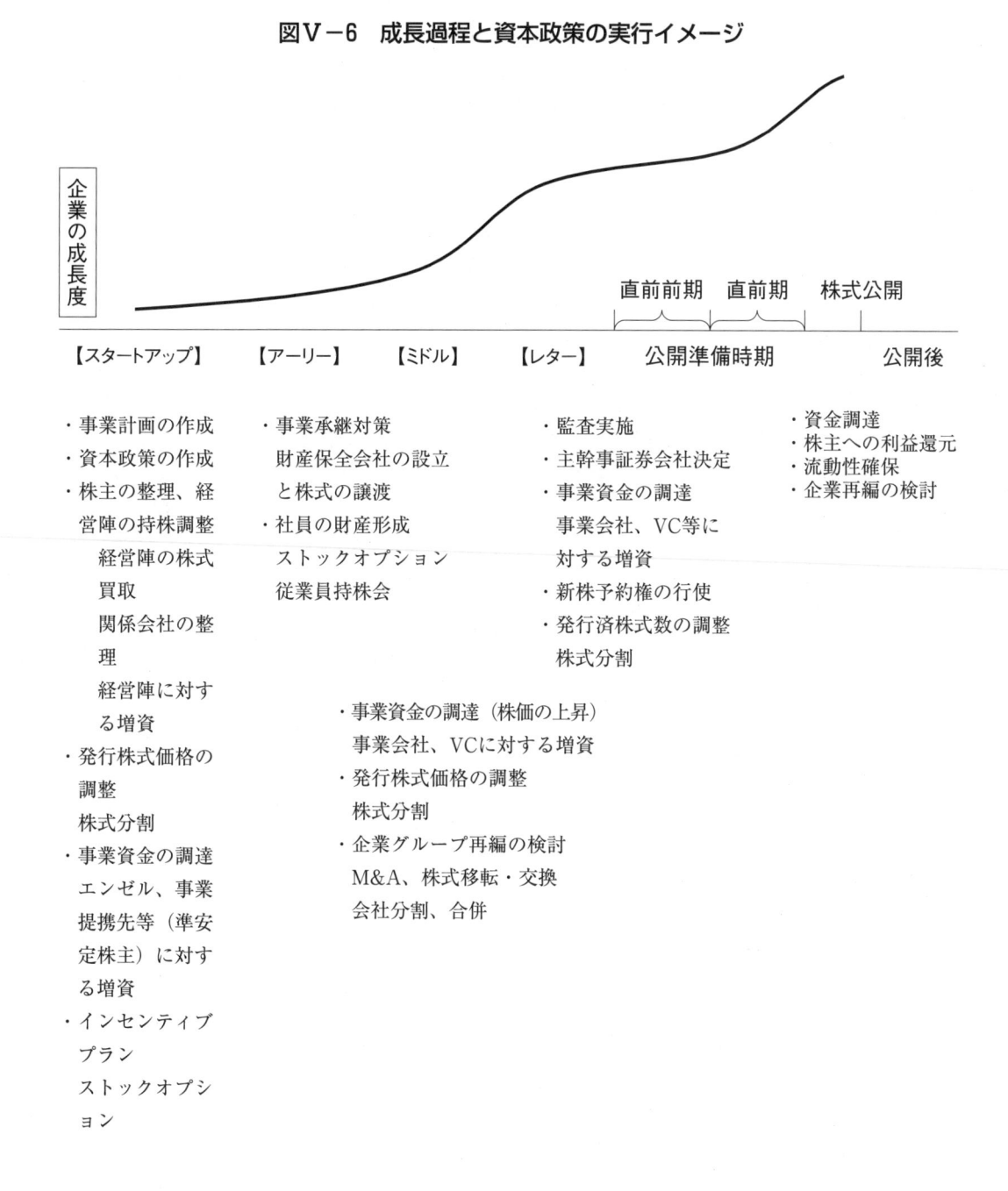

図Ⅴ-6　成長過程と資本政策の実行イメージ

	【スタートアップ】	【アーリー】	【ミドル】	【レター】	公開準備時期（直前前期・直前期）／株式公開	公開後
企業の成長度	・事業計画の作成 ・資本政策の作成 ・株主の整理、経営陣の持株調整 　経営陣の株式買取 　関係会社の整理 　経営陣に対する増資 ・発行株式価格の調整 　株式分割 ・事業資金の調達 　エンゼル、事業提携先等（準安定株主）に対する増資 ・インセンティブプラン 　ストックオプション	・事業承継対策 　財産保全会社の設立と株式の譲渡 ・社員の財産形成 　ストックオプション 　従業員持株会	・事業資金の調達（株価の上昇） 　事業会社、VCに対する増資 ・発行株式価格の調整 　株式分割 ・企業グループ再編の検討 　M&A、株式移転・交換 　会社分割、合併	・監査実施 ・主幹事証券会社決定 ・事業資金の調達 　事業会社、VC等に対する増資 ・新株予約権の行使 ・発行済株式数の調整 　株式分割		・資金調達 ・株主への利益還元 ・流動性確保 ・企業再編の検討

の見え方、事業承継対策などに優先的課題が移行します。

（2）資本政策の策定の基本的ステップ

　資本政策は、事業成長に必要な資金を、誰から、どれだけ、どのように調達するかとい

う事業計画の役割と、自社が企業価値を高め、安定した経営を行っていく上で、自社にとって望ましい発行済株式総数と株主構成の構築計画という役割を担っています。

　事業計画という前提条件と新会社法や税法、株式市場の動向、上場審査基準といった制約を踏まえて、将来のあるべき姿を想定し、シミュレーションを行い、現実とのギャップを埋めていくという方法により策定します。

図Ⅴ-7　資本政策のプロセス

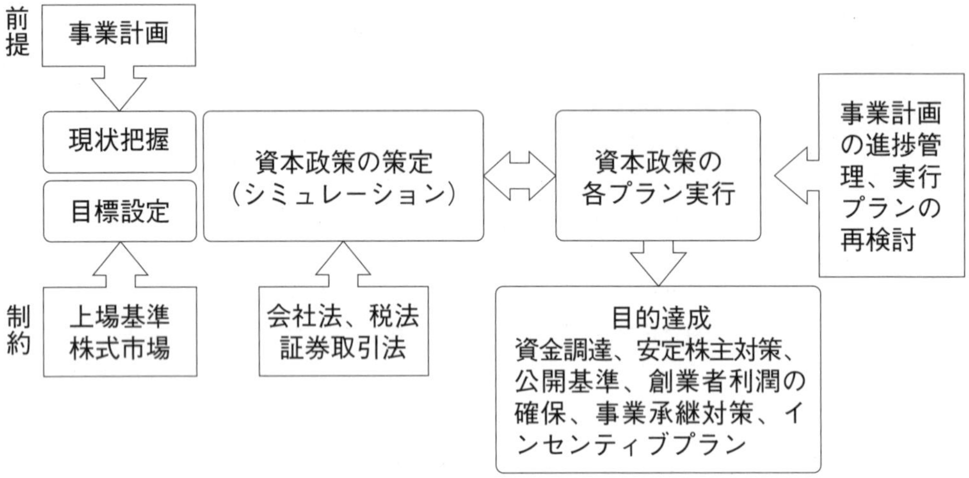

```
前提： 事業計画
         ↓
       現状把握         資本政策の策定      資本政策の         事業計画
                      （シミュレーション） ⇔  各プラン実行  ←   の進捗管理、
       目標設定                                               実行プラン
         ↑              ↑                   ↓              の再検討
制約： 上場基準       会社法、税法          目的達成
       株式市場      証券取引法           資金調達、安定株主対策、
                                          公開基準、創業者利潤の
                                          確保、事業承継対策、イ
                                          ンセンティブプラン
```

図V−8　資本政策の策定ステップ

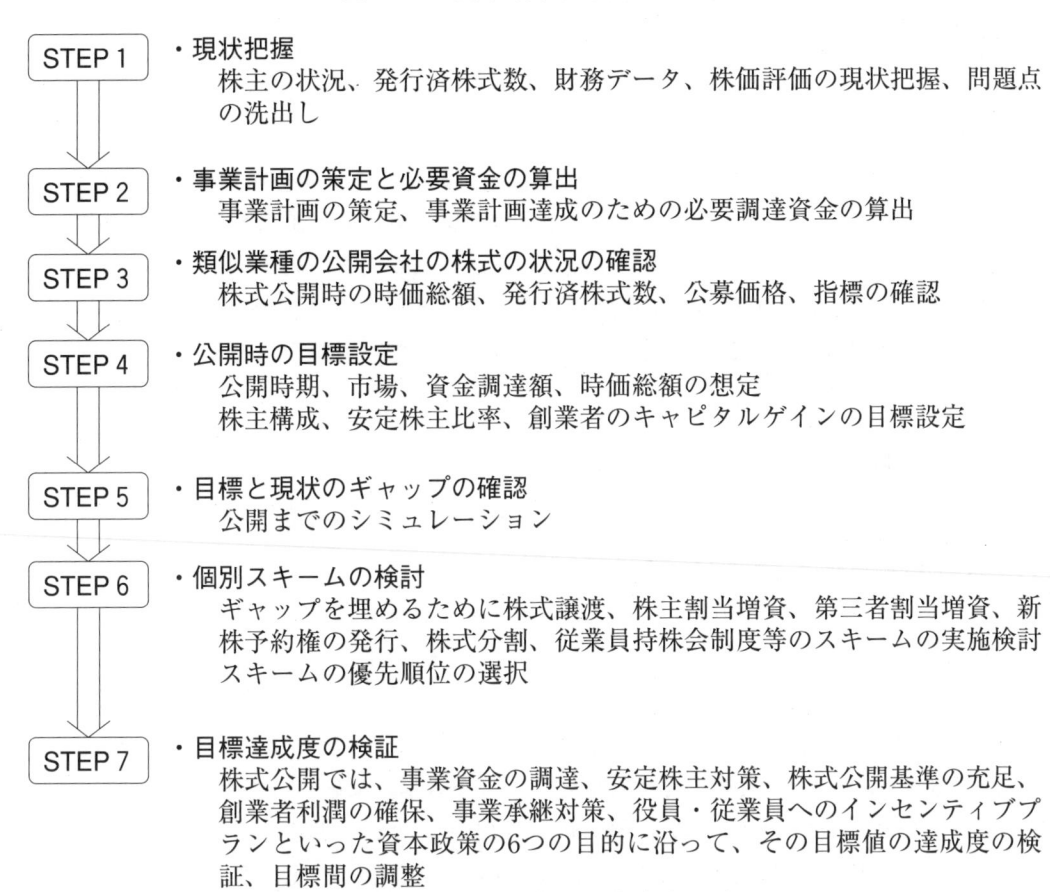

STEP 1
- 現状把握
  株主の状況、発行済株式数、財務データ、株価評価の現状把握、問題点の洗出し

STEP 2
- 事業計画の策定と必要資金の算出
  事業計画の策定、事業計画達成のための必要調達資金の算出

STEP 3
- 類似業種の公開会社の株式の状況の確認
  株式公開時の時価総額、発行済株式数、公募価格、指標の確認

STEP 4
- 公開時の目標設定
  公開時期、市場、資金調達額、時価総額の想定
  株主構成、安定株主比率、創業者のキャピタルゲインの目標設定

STEP 5
- 目標と現状のギャップの確認
  公開までのシミュレーション

STEP 6
- 個別スキームの検討
  ギャップを埋めるために株式譲渡、株主割当増資、第三者割当増資、新株予約権の発行、株式分割、従業員持株会制度等のスキームの実施検討
  スキームの優先順位の選択

STEP 7
- 目標達成度の検証
  株式公開では、事業資金の調達、安定株主対策、株式公開基準の充足、創業者利潤の確保、事業承継対策、役員・従業員へのインセンティブプランといった資本政策の6つの目的に沿って、その目標値の達成度の検証、目標間の調整
  あるべき株主構成との財務構造の達成度の確認

a　現状把握

　資本政策の策定にあたって、まず行うことは、自社の現状把握と、現時点における問題点の洗出しです。

　株主名簿により、発行済株式数や現状株主の持株比率を設立時から現時点まで、時系列で把握します。この際、退職社員や親族等に株式を保有してもらっている場合は、その株式を経営陣の所有に変更しなくてよいか検討します。資本関係のある会社との持合いになっている場合にも、持合い解消や関係会社の整備などの調整が必要となります。

　直近の決算書・試算表により、自社の財務状況についても確認します。現時点での自社株評価を行い、合理的な株価を把握します。

b　事業計画の策定と必要資金の算出

　事業計画は成長戦略の具体化のために作成しますが、事業計画なくして資本政策は考えられません。特に、事業計画が示す利益計画と資金計画は、資本政策の策定の前提条件となります。事業計画の進捗状況と予測の達成見込みや資金計画により、増資の時期、金額が決定され、そのときの利益水準により想定株価が決定され、発行株式数も決まります。事業計画を見直す場合には、それに合わせて資本政策の見直しも迫られることになりますので、資本政策の成否は、事業計画の精度に負うところが大きいのです。

　株式公開を念頭におく企業の事業計画は、投資家に魅力を感じさせ、期待感を抱かせるものでなければならず、新規性、成長性が問われる一方で、説得力、実現可能性の高さも重要な要素となります。

c　類似業種会社の株式の状況の確認

　公開時の目標設定をする際に、類似業種の公開企業の情報が参考となります。株式公開時の自社の時価総額は、本来は、将来のキャッシュフロー等に基づき算定すべきですが、一般的には、類似業種の株価収益率（PER）[*1]を参考に決定する手法がとられています。

　公開企業のPER、発行済株式数、時価総額[*2]といった情報を参考に、自社のケースを予想します。

　新規公開会社の株式の状況は、マザーズやヘラクレスなどのホームページから確認することができます。また、既存の公開会社がどのような資本政策をとってきたかについては、有価証券報告書の株式の状況、新株予約権の状況をみると、おおよそを把握することができます。有価証券報告書は、EDINET（http://info.edinet.go.jp/EdiHtml/main.htm）など、インターネットを利用して閲覧することができます。

*1　株価収益率（Price-Earnings Ratio：PER）
　　株価が1株あたりの利益の何倍まで買われているかを示す指標。「利益×PER」で時価総額を仮定することができる。
*2　時価総額
　　「株価×発行済株式数」で算出し、企業価値を示す。

図V-9 2005年新興市場における公開企業の状況

社名	業種	コード	公開月	上場前株数(株)	公募価格(円)	上場前時価総額(百万円)	公募PER	公募株数(株)	売出株数
<ジャスダック>									
ワイエスフード	流通(小売)	3358	2	5,746	450,000	2,586	17.81	1,000	400
ワールドインテック	サービス	2429	2	15,895	500,000	7,948	20.20	2,000	2,000
ハビックス	パルプ・紙	3895	2	3,687,640	600	2,213	8.13	400,000	350,000
ホロン	精密機器	7748	2	22,920	230,000	5,272	17.84	2,000	2,100
日本テクシード	サービス	2431	2	2,220,000	2,350	5,217	18.61	280,000	170,000
共立印刷	その他製品	7838	2	16,340,000	540	8,824	10.06	1,000,000	0
Human21	不動産	8937	2	5,900,000	500	2,950	5.66	900,000	300,000
テクマトリックス	情報・通信	3762	2	25,920	230,000	5,962	26.43	4,000	0
丸誠	サービス	2434	2	5,040,000	600	3,024	9.39	500,000	820,000
アールシーコア	その他製品	7837	2	17,155	250,000	4,289	14.75	3,500	500
チムニー	流通(小売)	3362	2	3,330,000	2,300	7,659	12.01	820,000	180,000
トーエル	流通(小売)	3361	2	8,297,520	680	5,642	11.25	1,200,000	200,000
プロシップ	情報・通信	3763	3	3,200,000	1,600	5,120	16.75	400,000	400,000
アムスライフサイエンス	食料品	2927	3	312,664	30,000	9,380	28.86	70,000	30,000
アッカ・ネットワークス	情報・通信	3764	3	104,192	450,000	46,886	15.69	19,000	18,000
システムズ・デザイン	情報・通信	3766	3	3,640,000	600	2,184	11.66	300,000	400,000
ナルミヤ・インターナショナル	流通(小売)	3364	3	86,400	250,000	21,600	10.96	5,300	22,360
ヒガシトゥエンティワン	陸運	9029	3	5,350,000	350	1,873	6.40	400,000	406,000
シダー	サービス	2435	3	5,238,000	850	4,452	28.01	500,000	500,000
ジュピターテレコム	情報・通信	4817	3	5,146,075	80,000	411,686	34.20	1,091,500	102,921
共同ピーアール	サービス	2436	3	1,140,000	2,800	3,192	22.09	120,000	180,000
日本テレホン	情報・通信	9425	4	27,000	110,000	2,970	17.12	4,000	2,000

141

社名	業種	コード	公開月	上場前株数（株）	公募価格（円）	上場前時価総額（百万円）	公募PER	公募株数（株）	売出株数
グリーンフーズ	流通（卸売）	3367	4	12,340	400,000	4,936	14.67	2,500	0
インデリックス	不動産	8940	4	9,720	550,000	5,346	16.81	1,500	200
フジタコーポレーション	流通（小売）	3370	4	7,155	230,000	1,646	13.45	1,500	400
アビックス	その他製品	7836	4	8,757	330,000	2,890	18.33	1,000	500
和井田製作所	機械	6158	6	6,528,000	900	5,875	11.03	500,000	600,000
エスアールジータカミヤ	サービス	2445	6	4,065,000	1,200	4,878	18.03	500,000	500,000
システムリサーチ	情報・通信	3771	6	870,000	3,000	2,610	16.76	100,000	100,000
内外テック	流通（卸売）	3374	6	4,472,000	550	2,460	9.28	600,000	600,000
ウィズ	その他製品	7835	6	8,040	700,000	5,628	17.99	900	500
ZOA	流通（小売）	3375	6	20,250	210,000	4,253	10.76	2,100	2,000
サンコーテクノ	金属製品	3435	6	981,376	5,400	5,299	16.01	100,000	110,000
ミクロン精密	機械	6159	6	2,318,700	1,750	4,058	13.20	250,000	50,000
メディキット	精密機器	7749	6	422,000	43,000	18,146	12.05	50,000	40,000
アイケイコーポレーション	流通（卸売）	3377	6	10,560	420,000	4,435	16.40	1,600	600
ブラッシュジャパン	サービス	2449	7	4,179,010	910	3,803	22.08	500,000	500,000
IMV	精密機器	7760	7	7,478,508	560	4,188	12.53	1,000,000	700,000
ミライアル	化学	4238	7	4,560,000	3,600	16,416	13.28	500,000	300,000
シベール	食料品	2228	7	15,536	260,000	4,039	22.35	2,000	800
ランドビジネス	不動産	8944	7	30,980	300,000	9,294	20.09	3,500	1,000
ホープ	水産・農林	1382	8	6,620	300,000	1,986	14.75	1,000	350
ビズネット	流通（卸売）	3381	8	19,890,000	250	4,973	18.49	2,000,000	2,000,000
UCS	その他金融	8787	8	8,403,850	2,800	23,531	11.51	1,000,000	0
陽光都市開発	不動産	8946	9	12,800	480,000	6,144	8.65	1,600	1,000
オールアバウト	サービス	2454	9	56,453	260,000	14,678	46.53	7,200	0

V 望ましい資本政策

社名	業種	コード	公開月	上場前株数(株)	公募価格(円)	上場前時価総額(百万円)	公募PER	公募株数(株)	売出株数
朝日工業	鉄鋼	5456	9	20,000	800,000	16,000	5.05	4,000	0
薬王堂	流通(小売)	3385	9	13,200	530,000	6,996	11.93	1,800	1,350
京樽	流通(小売)	8187	9	60,000	120,000	7,200	13.90	8,500	4,000
ノエル	不動産	8947	9	9,125	580,000	5,293	13.57	1,200	200
コスモ・バイオ	流通(卸売)	3386	9	23,924	280,000	6,699	18.02	4,800	1,832
明治電機工業	流通(卸売)	3388	10	5,333,560	2,600	13,867	15.84	700,000	250,000
三洋電機ロジスティクス	倉庫・運輸関連	9379	10	9,000,000	1,500	13,500	13.88	1,000,000	1,000,000
フルキャストテクノロジー	サービス	2458	10	11,346	420,000	4,765	16.21	2,000	0
ユニバーサルソリューション	流通(卸売)	3390	10	17,578	95,000	1,670	25.01	2,000	0
フリード	情報・通信	9423	11	7,480	450,000	3,366	13.22	1,100	570
ファンコミュニケーションズ	サービス	2461	11	17,400	1,500,000	26,100	75.31	1,100	0
ヴィンキュラムジャパン	情報・通信	3784	12	28,000	270,000	7,560	17.25	3,500	3,500
ラヴィス	サービス	2465	12	42,115	230,000	9,686	22.49	8,000	0
プロデュース	機械	6263	12	20,410	480,000	9,797	32.82	4,000	1,100
レシップ	輸送用機器	7213	12	5,582,100	1,150	6,419	14.93	700,000	83,000
日本オフィス・システム	情報・通信	3790	12	1,991,000	2,500	4,978	16.92	100,000	650,000
ユージン	その他製品	7828	12	16,300	360,000	5,868	18.42	3,000	500
プロダクション・アイジー	情報・通信	3791	12	12,500	510,000	6,375	23.21	1,400	1,100
日本パーキング	不動産	8997	12	23,015	290,000	6,674	25.11	4,000	0
<マザーズ>									
ディー・エス・エー	サービス	2432	2	134,191	220,000	29,522	87.81	14,000	0
ファーストエスコ	電気・ガス	9514	3	6,282	750,000	4,712	64.85	1,500	100
ネクステック	情報・通信	3767	3	13,200	430,000	5,676	51.77	1,000	1,000
GMOペイメントゲートウェイ	情報・通信	3769	4	17,375	800,000	13,900	759.01	1,600	235

143

社名	業種	コード	公開月	上場前株数（株）	公募価格（円）	上場前時価総額（百万円）	公募PER	公募株数（株）	売出株数
アスカネット	サービス	2438	4	9,330	500,000	4,665	33.82	1,300	1,035
ザッパラス	情報・通信	3770	5	9,656	930,000	8,980	38.87	1,500	440
関門海	流通（小売）	3372	6	25,148	220,000	5,533	22.52	2,500	1,000
シンプレクス・インベストメント	不動産	8942	6	23,000	3,300,000	75,900	26.89	3,500	0
ドリームバイザー・ドットコム	情報・通信	3772	6	7,487	500,000	3,744	37.03	1,000	515
フィンテック グローバル	その他金融	8789	6	60,950	330,000	20,114	31.66	6,000	6,000
リンク・セオリー・ホールディングス	流通（小売）	3373	6	59,520	760,000	45,235	22.33	11,000	2,800
アドバンスト・メディア	情報・通信	3773	6	89,500	160,000	14,320	33.62	15,000	0
一休	サービス	2450	8	89,520	550,000	49,236	79.20	3,020	9,080
メディアクリエイト	サービス	2451	8	4,153,700	680	2,825	25.54	1,000,000	200,000
ジャパンベストレスキューシステム	サービス	2453	8	13,500	230,000	3,105	25.24	1,800	0
日本社宅サービス	不動産	8945	9	8,735	400,000	3,494	30.74	1,000	0
アイフィスジャパン	その他製品	7833	9	8,480	690,000	5,851	38.34	1,000	500
クリエイト・レストランツ	流通（小売）	3387	9	7,950,000	3,500	27,825	27.08	646,000	646,000
エイジア	情報・通信	2352	10	9,243	320,000	2,958	31.17	1,800	650
さくらインターネット	情報・通信	3778	10	28,800	180,000	5,184	48.78	2,000	2,800
アヴァンコンサルティング	サービス	2459	11	15,407	400,000	6,163	44.23	2,000	1,000
メビックス	情報・通信	3780	11	31,200	330,000	10,296	57.86	4,500	1,200
ディー・ディー・エス	情報・通信	3782	11	11,640	600,000	6,984	65.04	2,700	0
ナノ・メディア	情報・通信	3783	11	16,205	830,000	13,450	49.81	3,100	900
エイチング	情報・通信	3785	12	50,408	115,000	5,797	23.62	3,000	4,000
ジェイコム	サービス	2462	12	12,500	610,000	7,625	31.21	2,000	800
シニアコミュニケーション	サービス	2463	12	14,006	470,000	6,583	60.55	980	820
テレビ東京ブロードバンド	情報・通信	3786	12	29,600	400,000	11,840	44.55	4,000	0

Ⅴ 望ましい資本政策

社名	業種	コード	公開月	上場前株数（株）	公募価格（円）	上場前時価総額（百万円）	公募PER	公募株数（株）	売出株数
サマンサタバサジャパンリミテッド	その他製品	7829	12	80,000	360,000	28,800	29.94	4,000	3,000
ビジネス・ブレークスルー	サービス	2464	12	53,314	200,000	10,663	50.01	5,000	2,500
テクノマセマティカル	情報・通信	3787	12	19,200	320,000	6,144	42.22	2,500	2,000
GMOホスティング＆セキュリティ	情報・通信	3788	12	55,835	735,000	41,039	77.75	1,500	2,000
ネットワークバリューコンポネッツ	流通（卸売）	3394	12	8,127	350,000	2,844	31.95	1,000	600
ソニーコミュニケーションネットワーク	情報・通信	3789	12	235,520	340,000	80,077	8.52	20,000	70,000
スターティア	流通（卸売）	3393	12	19,000	220,000	4,180	29.49	3,000	1,100
フュートレック	サービス	2468	12	19,840	270,000	5,357	70.74	2,800	1,300
<ヘラクレス>									
メディシノバ・インク	医薬品	4875	2	67,282,856	400	26,913	–	30,000,000	0
デジタルスケープ	サービス	2430	2	8,480	290,000	2,459	26.18	1,000	800
ロジコム	不動産	8938	3	10,000	140,000	1,400	8.53	2,500	0
ガンホー・オンライン・エンターテイメント	情報・通信	3765	3	16,060	1,200,000	19,272	52.92	300	700
リスクモンスター	情報・通信	3768	3	10,693	550,000	5,881	47.48	2,000	550
シンワアートオークション	サービス	2437	4	5,246	650,000	3,410	18.65	800	400
アライヴコミュニティ	建設	1400	4	5,670	300,000	1,701	18.74	800	500
トレイダーズ証券	証券・商品先物取引	8704	4	28,375	110,000	3,121	27.05	5,000	0
ソフトクリエイト	流通（卸売）	3371	4	1,212,000	6,200	7,514	35.78	150,000	0
日本通信	情報・通信	9424	4	179,205	50,000	8,960	23.60	34,000	0
ぐるなび	サービス	2440	4	46,160	900,000	41,544	38.98	4,800	3,200
セレブリックス	サービス	2444	5	4,005	460,000	1,842	25.93	900	90
レイコフ	不動産	8941	5	10,820	500,000	5,410	25.47	1,000	1,000
ゼンケンオール	サービス	2446	6	13,800	300,000	4,140	10.36	1,500	1,500
IRIユビテック	電気機器	6662	6	16,562	550,000	9,109	35.99	600	800

145

社名	業種	コード	公開月	上場前株数(株)	公募価格(円)	上場前時価総額(百万円)	公募PER	公募株数(株)	売出株数
イーコンテクスト	サービス	2448	6	18,202	800,000	14,562	43.47	2,000	1,488
オンリー	流通(小売)	3376	7	9,680	275,000	2,662	11.01	2,000	1,000
マルマン	その他製品	7834	7	10,125,000	1,300	13,163	21.42	500,000	3,000,000
ブロードバンドタワー	情報・通信	3776	8	16,729	1,050,000	17,565	33.15	2,500	0
オプテックス・エフエー	電気機器	6661	8	10,000	370,000	3,700	15.80	2,000	300
ターボリナックス	情報・通信	3777	9	77,000	100,000	7,700	51.89	10,000	9,000
ソディックハイテック	機械	6160	12	24,465	260,000	6,361	12.63	2,000	0

d　公開時の目標設定

　公開後も資金調達の必要性、株価の流動性の確保、株主への利益還元、新興市場から上の市場を目指すなど、企業の目標は尽きないのですが、一つの区切りとして、公開時の会社の「あるべき姿」を想定します。もっとも、公開時の株主構成などは、公開後の企業のあり方に大きな影響をもたらします。例えば、ベンチャーキャピタルの持株比率が高い企業は、公開後の株価低落が懸念されます。なぜなら、ベンチャーキャピタルは、キャピタルゲインを得ることが目的ですから、持株の売却による投資の回収を図ると予想され、売り圧力が強くなるからです。したがって、公開後も見据えて、公開時点における「あるべき姿」を描き、自社の目標設定を行います。

①公開時期

　経営戦略ストーリー・事業計画から、公開レベルに達する時期を設定します。

②市場の決定

　各株式市場の特色をふまえて、自社の方針・目的と合致する市場を確認・検証して決定します。

③公開時の時価総額水準

　類似業種の公開企業のPER（株価収益率）を用いて時価総額予定額を想定します。まず、類似業種の公開企業のPERを参考に、自社の予想PERを決定します。PERと利益と時価総額の関係は次のとおりですので、直前期の事業計画上の当期純利益×予想PERにより、自社の時価総額を仮定することができます。

　　　時価総額＝株価×発行済株式数＝EPS×PER×発行済株式数
　　　　　　　＝当期純利益×PER
　　　株価＝EPS×PER
　　　EPS＝当期純利益÷発行済株式数

　PERはそのときの株式市場の動向に左右されます。バブル期は、投資家の成長期待感が非常に高く、PERが高水準にありました。このため、企業の当期純利益が低い水準にあっても、株価が高く形成されたのです。見直しがしやすい柔軟な資本政策とするためにも、過度の期待感は禁物で、幾分、保守的に予測することをお勧めします。

④公開時の株価の想定

　自社の事業戦略ストーリー、事業計画を前提に、類似する公開企業を参考に想定します。1株あたりの株価が高すぎると、投資家が購入しづらいため、取引がスムーズに成立しない可能性があります。投資家が投資しやすい株価に設定し、現状の株価が高すぎる場合には、株式分割等により株式数を増やして、株価の調整を行います。

　2005年の状況では、ＩＰＯ市場の動向によりますが、ジャスダックでは1株10万円以下

が31社（上場会社数65社）、新興市場が1株10万円から40万円のクラスに35社（同73社）となっており、このクラスの株価設定が、投資家にとって投資しやすく、株式の流動性の確保に適当といわれています。

　時価総額予想額を想定株価で除することにより、株式公開時の発行済株式数の水準を把握することができます。

＊　資本政策で用いられる指標は、次のとおりです。
　①ＥＰＳ…1株あたり利益（Earnings Per Share）
　　　　　　「当期純利益÷発行済株式数」
　　　　　　1株あたりの企業の収益力を表す指標
　②ＰＥＲ…株価収益率（Price-Earnings Ratio）
　　　　　　「株価÷1株あたり利益」
　　　　　　株価が1株あたりの利益の何倍まで買われているかを示す指標
　③ＲＯＥ…株主資本利益率（Return On Equity）
　　　　　　「当期純利益÷期末株主資本」
　　　　　　株主資本を使ってどれだけの利益を稼いでいるかを示す指標
　④ＲＯＡ…純資産利益率（Return On Asset）
　　　　　　「当期純利益÷総資産」
　　　　　　総資産からどれだけの利益を稼いでいるかを示す指標

⑤公開時の資金調達額の決定

　公開後の事業戦略を見据えて、公募による必要資金調達額を決定します。新興3市場における2005年の上場時の公募増資による平均調達額は、マザーズが1,759百万円（上場会社数36社）、ヘラクレスが1,442百万円（同22社）、ジャスダックが2,340百万円（同65社）でした。

⑥公開時の株主構成

　公開時の株主構成を考える際、「安定株主比率」とともに、「株主の属性がもたらす自社への評価」に注意を払っておきたいところです。企業にとって、株式公開は通過点で、公開後には市場の厳しい目にさらされることになります。株主構成の特徴は、公開後の事業戦略・方針を垣間みるのに有効な情報です。

　まずは、安定株主比率の目標設定です。自社にとって、安定株主、準安定株主、その他の区分に入る株主の属性を確認し、安定株主グループでどれぐらいの持株比率を確保しておきたいか検討します。

　次に、会社はその株主構成を通して、自社をどのような会社に見せたいのかを確認しておく必要があります。通常、出資関係は、出資した人物、企業と自社との関係が問われます。その関係が業務あるいは経営者との親密度・協力体制を連想させます。自社の方針に沿った株主構成はどのようなものかについて検討が必要です。

【検討事項の例】
・　自社のキーマンの退職リスクを低めるために、インセンティブプランなどは実施され

ているか。
- 特定の企業グループに属することは自社にとってメリット・デメリットのどちらが大きいか。
- 事業提携先からの出資は、両社の協力体制をアピールするメリットがあるのか。

e　目標と現状のギャップの確認

横軸を時間、縦軸を株主構成として資本政策フォーマットを作成し、シミュレーションを行います。事業計画により予想した必要資金調達額、事業戦略ストーリー（例えばX期で開発終了、X1期で市場販売などの事業の進展度）、利益計画についての情報を入力し、公開期に想定した目標とのギャップを把握します。

f　個別スキームの検討

株式譲渡、第三者割当増資、株式分割、新株予約権、新株予約権付社債などの手法を活用して、資本政策の策定をします。また、企業再編による権利関係の整理や企業価値の向上が検討されることも頻繁となってきており、合併、会社分割、株式移転・交換、営業譲渡、営業譲受というスキームについても、幅広く活用されております。

資本政策の主な手法の目的は図Ⅴ－10のとおりですが、相手があってのことなので、実際の場面では、実行のタイミングや引受先等を見計らって、相互に関連づけて活用することになります。

また、外部投資家からの資金調達と経営陣の持株比率の確保は、トレードオフ（二律背反）の関係にあります。資金調達を優先させると、経営陣の持株比率は低下します。自社にとっては、資金調達を優先するのか、調達時期を遅らせたり、調達額や調達方法を変更して、持株比率の維持を優先するのかといった選択となります。

このように、現状と目標のギャップを埋める作業には、資本政策の目的間の調整、優先順位をどう考えるかという検討が必要になります。

図Ⅴ-10　目的からみた資本政策の主な手法

手　法	主な目的	主な効果		
		資金調達	安定株主対策	流動性の確保
株主割当増資	増資（資金調達）	△	△	△
第三者割当増資		○	○	
新株予約権付社債	有利な条件の社債・融資（資金調達）	○	△	
新株予約権付融資		○	△	
株式の譲渡	株主の整理		○	
株式の贈与	キャピタルゲインの確保		○	
ストックオプション	インセンティブプランの導入		○	
従業員持株会			○	
株式分割	株数（株価）の調整			○
単元株制度	投資単位の調整			○
財産保全会社の設立	オーナーの事業承継		○	

○…有効な手段、　△…活用方法によっては有効な手段

g　目的達成度の検証

資本政策について、次の目的を達成できたかについて、検証します。

①資金調達
- 調達資金の資金使途の説明に説得力があるか。
- 目標とした必要資金の調達手段が計画できたか。
- 自社の財務構造は資金調達により堅調化されるか。

②安定株主対策
- 経営陣以外の安定株主層を組み込むことができたか。
- 目標とした安定株主比率は、確保されたか。

③株式公開基準の充足
- 選択した市場の上場審査基準を満たしているか。

④創業者利潤の確保
- 上場前の資本政策で負担した創業者の資金は、上場時の売出しで回収できそうか。
- 株式譲渡益課税を考慮して検討されているか。

⑤事業承継対策
- 財産保全会社等を活用するなど、事業承継対策を実施できたか。
- 後継者が決定している場合、後継者の持株比率を高めることができたか。

- 財産保全会社の存在が、親会社等の情報開示、事業活動の状況等から見て株式公開に支障をもたらさないか。

⑥役員・従業員へのインセンティブプラン
- 自社のキーマン、社員に対するインセンティブプランは実施できたか。

（3）資本政策はたえず見直されるもの

　スタートアップ、アーリーステージでは、事業計画を作成してもその信頼性は低いと考えられます。数値データの必要性はあるものの、実際は、事業の基本戦略ストーリーや会社の基盤としての経営者やキーマンの資質が、企業価値判断の尺度といっても過言ではありません。

　事業計画は、企業の成長度に応じて見直され、実現可能性の高いものへと形を変えていきます。資本政策も事業計画を前提としているので、当然に、一度作成したら終わりというわけではありません。企業の成長度に応じて目標設定し、現実とのギャップを埋めていくという策定プロセスは、繰り返されるのです。

（4）具体的手法

　立案・承認の過程を経た資本政策案は、時間の経過に伴い漸次実施されることになります。この際には、各種形態の増資ないし株式譲渡等が行われることになりますが、これらの実施に際しては、その目的、効果および新会社法等の各種法規を遵守することが必要になります。

　ここでは、資本政策の中で利用される各手法の概要について紹介し、関連する法規のうち、特に新会社法上の規制に関して説明し、またこの個別の手法が具体的にどのような用いられ方をするのかについて簡単に考察していきます。

　なお、これらに関連する税務上の規制に関しては、(6) **資本政策にかかわる税務**をご覧ください。

図Ⅴ-11　各ステージ別の資本政策の具体的な手法およびその効果

ステージ	具体的手法	主な効果 資金調達	主な効果 安定株主対策	主な効果 流動性の確保
スタートアップ	増資（資金調達）			
	株主割当増資	△	△	△
	第三者割当増資	○	○	
	有利な条件の社債・融資（資金調達）			
	新株予約権付社債	○	△	
	新株予約権付融資	○	△	
	インセンティブプランの導入			
	新株予約権		○	
	従業員持株会		○	
アーリーステージ	株主整理、キャピタルゲインの確保			
	株式の譲渡		○	
	株式の贈与		○	
	オーナーの事業承継			
	財産保全会社の設立		○	
公開準備時期	株数（株価の調整）			
	株式分割			○
公開	投資単位の調整			
	単元株制度			○

a　株主割当増資

ア　定義

　株主割当増資とは、既存株主の保有割合に応じて同一の発行価格で新株引受権を付与し、新株式を発行する方法です。

イ　実施目的

①資金調達

　現在の株主構成（持株比率）を維持しつつ、資金調達することが可能です。

②安定株主対策

　公開前にオーナーの持株数を増やすことで、その後の第三者割当増資や公募増資の際に生じる持株比率の低下を抑えられます。

　とはいえ、現在の株主構成は維持されるので、株主割当増資単独では万全な安定株主対

策となりません。例えば、オーナーにお金がなく会社にお金がある場合に、不都合な株主グループから会社の資金で株式を買入消却した後に、株主割当増資で株式数を増やすなど、他のスキームと絡めて使われることがあります。

③ 流動性の確保

発行済株式数の増加により、株式の流動性の確保につながります。

つまりは、株主割当による増資は、現在の株主構成を維持しつつ、資金調達が可能であるため、株主構成を変更させない発行済株式数の単純増加と資金調達を両立することを目的として採用されます。

ウ　メリット

株主割当増資は比較的発行価格が低く抑えられるため株主の資金負担が少なくて済みます。したがって、オーナーの持株数を容易に増加させたり、過少資本を是正するために発行済株式数を増加させる必要がある場合には効果的です。

エ　デメリット

株主割当増資はの保有割合（持株比率）を変えませんので、株主構成の是正にはなりません。また、一般的に発行株数の割に資金調達額が少ないため、資金調達方法としては効果的ではありません。

オ　資本政策上の留意事項

株主割当増資は証券取引所が定める公開規制の対象にならないため、株数を増やすタイミングを自由に設定することができます。

ただし、次のような場合には、失権株および単元未満株を第三者に引き受けさせるのは第三者割当になりますので、公開規制に反しないようにする必要があるので注意しましょう。

①　株主割当増資となると、株主はお金があるかないかに関係なく、新株を割り当てられてしまいます。お金がない人にとっては迷惑な増資ですので、割当があっても増資に応じない株主も出てくる可能性があります（失権株）。

②　手続きとして1株あたりの新株の割当比率次第では、株主の中には、1単元未満の株が割当になる者が出てきます（単元未満株）。この取扱いも対応を誤らないようにすることが必要です。

カ　手続き上の留意事項

株主割当増資は、株主を平等に取り扱うため、手続きが念入りにできています。

①　発行価額等の発行条件は、発行毎に均等でなければなりません（新会社法199⑤）。

②　①のとおり、新株の発行条件は均一であることが求められているので、株主間の利益相反は生じず、発行価格は、会社が株主の構成を変えずに増資したいときなど、資金調達を目的としない場合には、時価よりかなり有利な発行価格で株主に割り当てることができます。

③ 単元未満株が生じた場合には、その単元未満株については新株引受権を与えなくてもよい（新会社法202②）こととなっています。これは、発行条件の均等の例外です。
④ 株式発行数は、定款で定めた授権株式数の範囲内に限られます。

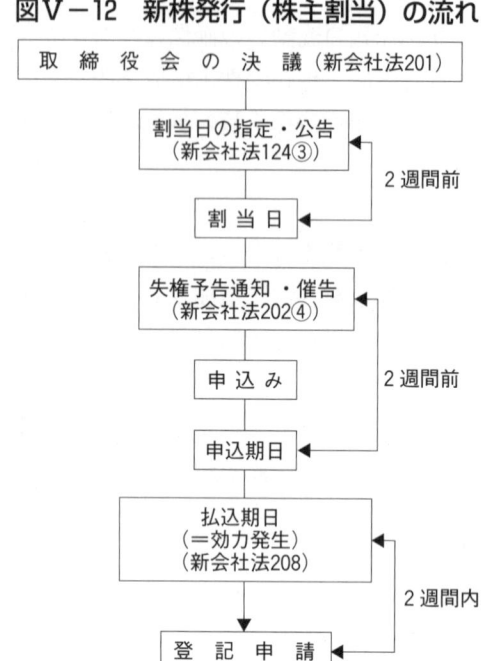

図Ⅴ－12　新株発行（株主割当）の流れ

```
取締役会の決議（新会社法201）
          ↓
割当日の指定・公告
（新会社法124③）   ┐
          ↓       │ 2週間前
        割当日　 ←┘
          ↓
失権予告通知・催告
（新会社法202④）   ┐
          ↓       │
        申込み    │ 2週間前
          ↓       │
       申込期日 ←┘
          ↓
       払込期日
     （＝効力発生）  ┐
     （新会社法208） │ 2週間内
          ↓        │
       登記申請 ←──┘
```

b　第三者割当増資

ア　定義

第三者割当増資とは、特定の株主や役員、従業員、金融機関、取引先等の第三者に対して新株引受権を付与し、新株式を発行する方法です。

イ　実施目的

①資金調達

既存株主から追加の出資を行わせることが困難な場合に、他の第三者より資金調達を行う目的で実施されます。

②安定株主対策

取引先や金融機関を新たに株主としたり、オーナーの持株比率を増加させるなど、持株比率を変更させる場合に実施されます。

ウ　メリット

① 原則的に割当先に制約がなく、今まで株式を保有していない役員、従業員持株会、金融機関、取引先、ベンチャーキャピタル等に対する割当ができるため、株主構成を是正するのに効果的な手段です。

② 時価発行するため、資金調達手段としても効果的です。
エ　デメリット
① 発行済株式数の増加に関しては、時価発行をするため、株価が高い場合は、株主割当増資に比べ効果が限定的です
② 時価発行をする場合には、割当先の資金的な負担が大きくなります。
オ　資本政策上の留意事項
① 発行する株数は、引き受ける第三者の資金調達のできる範囲ということになります。資金調達は、自己資金が一番望ましいのですが、借入れによることも、公開を前提にすればやむを得ないでしょう。したがって、その場合については、株式の譲渡の場合と同様に、借入れをし、利息を支払っても、採算が合うことを考える必要があります。
　　株価の変化率および公開時の売却予定株式数を勘案して、返済資金がその範囲でまかなえるかどうかを考える必要があります。
② 第三者の持株を増やすことによって、第三者の株主としての立場は強化されることになり、その結果、既存の株主の権利に強く影響を与えます。したがって、既存の株主構成が満足できる持株と持株比率になっている場合は、第三者割当は考える必要はありません。
③ 株価は(5)**株式評価の方法** で述べる、第三者割当増資の株価を参考にして決定します。
④ 公開前規制に留意する必要があります。制限期間中（公開直前決算日の1年前の日以降）に発行された株式は、継続所有が必要となります。また、公開申請前2期間における第三者割当増資の状況について、「上場申請のための有価証券報告書（Ⅰの部）」に、公開時に募集または売出しを行う時には有価証券届出書、目論見書に記載する必要があります。
カ　手続上の留意事項
① 株式の譲渡制限（新会社法2⑰、107①一、108①四、②四）が付されていない会社では、有利発行（新会社法199③）のケースを除き、取締役会の決議で第三者割当増資が可能です。
② 株式の譲渡制限が付されている会社では、第三者割当増資を実行する際には、株主総会の特別決議が必要となります（新会社法199、200、309②五）。
③ 株式の譲渡制限が付されていなくても、新株の発行価格が「特に有利な発行価額」（基準株価より10％以上安い株価の有利発行）である場合には、株主総会の特別決議が必要になります（新会社法199③）。
④ 株式発行数は、定款で定めた授権株式数の範囲内に限られます。
⑤ 第三者割当の手続には公告や通知が必要となりますが、公告や通知は株主の同意があれば短縮できますので、半月程度で手続きそのものは終わらせることができます。しかし、資金の手当てや割当先割当株数の決定などを考えると、1か月は充分にかかるとみ

たほうが安全でしょう。
⑥ 証券取引法上の制約として、勧誘数が50人以上で、発行総額が1億円以上となると、有価証券届出書を財務省に提出しなければ、第三者割当増資はできないことになっています。

　この有価証券届出書には2期間の公認会計士の監査証明がいることから、公開予定会社の早い段階では実質的にこの規模の第三者割当増資は不可能となります。その他の場合は、下図のとおり有価証券通知書で済みます。通知書は通知する内容も少なく、問題はありません。

図V-13　第三者割当の手続きの特徴

	譲渡制限なし		譲渡制限あり	
発行価格	有利発行	時価発行	有利発行	時価発行
決定権	株主総会 総株主の議決権の過半数にあたる株主が出席し*、その議決権の3分の2以上が賛成することによって成立	取締役会	株主総会 総株主の議決権の過半数にあたる株主が出席し*、その議決権の3分の2以上が賛成することによって成立	株主総会 総株主の議決権の過半数にあたる株主が出席し*、その議決権の3分の2以上が賛成することによって成立
公示義務 （公告または通知）	なし 新会社法201③④	あり 新会社法201③④	なし 新会社法201③④	あり 新会社法201③④
証券取引法 勧誘数50名以上 　1億円以上 　1千万円超 　1千万円以下	 有価証券届出書 有価証券通知書 不要	 同左 同左 同左	 同左 同左 同左	 同左 同左 同左
勧誘数50名未満 　1億円以上 　1億円未満	 有価証券通知書 不要	 同左 同左	 同左 同左	 同左 同左
制限期間	保有義務	同左	同左	同左

＊　定款によって3分の1まで下げることが可能

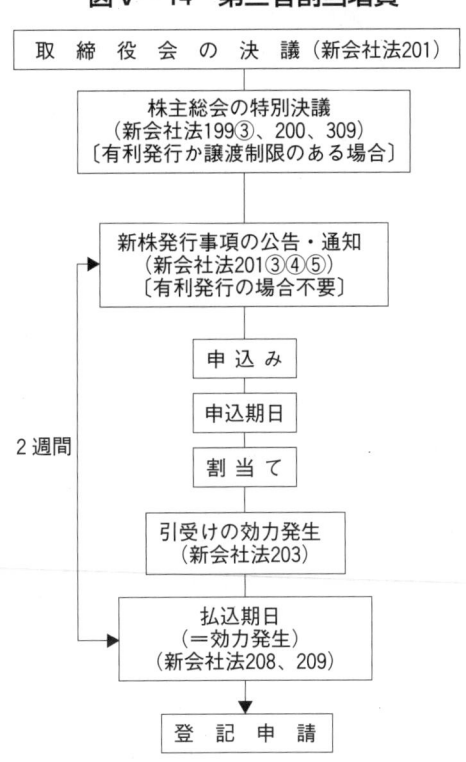

図Ⅴ-14　第三者割当増資

```
取締役会の決議（新会社法201）
        ↓
株主総会の特別決議
（新会社法199③、200、309）
〔有利発行か譲渡制限のある場合〕
        ↓
新株発行事項の公告・通知
（新会社法201③④⑤）
〔有利発行の場合不要〕
        ↓
    申込み
        ↓
    申込期日
        ↓
    割当て
        ↓
  引受けの効力発生
   （新会社法203）
        ↓
   払込期日
  （＝効力発生）
 （新会社法208、209）
        ↓
    登記申請
```
（2週間）

c　ストックオプション

ア　制度の概要

　ストックオプションとは、役員や従業員が、株式を一定の時期に所定の価額で会社から買い受ける権利のことをいい、ストックオプションを保有する者は、株価が上昇したときに、権利を行使して株式を購入し、市場で売却すればキャピタルゲインを得ることができます。最初から株式を購入する場合、株価が下落すると損失が出ますが、ストックオプションを利用すると、市場価格が上昇しない場合、権利を行使しなければ損失はありません。

イ　旧商法において解禁されたストックオプション

①自己株式方式（平成9年6月1日施行）

　会社がストックオプションを役員や社員に付与する決議を行い、その後の権利行使に備えて、あらかじめ市場または公開買付により自己株式を取得し、権利行使に応じて予め決められた行使価格の振込をもって、株式を交付する方式です。

　ただし、この方式は平成13年10月の商法改正で廃止されました。ただし、商法改正前に付与決議があったものについては、従前の規定が適用される経過措置があります。

②新株引受権（ワラント）方式（平成9年10月1日施行）

会社が譲渡不可能な新株引受権を役員や社員に付与する決議を行い、新株引受権の権利行使に応じて予め決められた行使価格の振込をもって、新株式を発行する方式です。ただし、この方式は平成14年4月の商法改正で廃止されました。商法改正前に付与決議があったものについては、従前の規定が適用される経過措置があります。

　現在のストックオプション制度は、新株予約権方式（平成14年4月1日施行）に集約されています。

　それでは、次に新株予約権について、特にストックオプションとしての活用の側面から解説をしていきます。

ウ　新株予約権
①定義
　新株予約権とは、これを有する者（新株予約権者）が、株式会社に対してこれを行使したときに、会社が新株予約権者に対し、新株を発行し、またはこれに代えて会社の有する自己株式を移転する義務を負うものをいいます（新会社法2二十一）。

　新株引受権に関する最初の商法改正では、取締役または使用人に対してストックオプションとして付与する場合や新株引受権付社債を発行する場合でなければ発行することができませんでしたが、その後の商法改正ではこのような枠組みをはずし、取締役または使用人に対するストックオプションとして付与する場合に限らず一般的に発行することを可能とし、また社債の発行を伴わずに単独で発行することが可能となりました。

　なお、資本政策において新株予約権は、ストックオプション目的および社債や融資との組み合わせで使われます。

②実施目的
・インセンティブプラン

　従業員・役員など社内向けのストックオプション（自社株購入権）として活用します。また、現行商法においては、コンサルタント・弁護士・取引先など、社外協力者向けのストックオプションとして活用することも可能となりました。それでは、なぜこれがインセンティブプランになるか説明します。

　新株予約権とは、会社が取締役や従業員に対して、予め定められた価額（権利行使価額）で会社の株式を取得できる権利のことです。この権利行使価額は、新株予約権を発行した時の時価以上で設定されます。したがって、新株予約権を付与された者は、将来株価が上昇した時点で権利行使を行い、会社の株式を取得し、売却することにより、株価上昇分の報酬が得られるので、報酬制度となり得るというわけです。

・安定株主対策

　第三者割当増資等によるオーナーの持株比率の低下に備えて、オーナーに新株予約権を付与しておくことが考えられます。

③メリット

- インセンティブとしての高い効果

  新株予約権保有者の利益が株価上昇と直接連動しているため、権利保有者は株価上昇のために会社業績の向上に努めるというインセンティブとしての効果が期待できます。

- 報酬コストの低減

  権利付与による報酬額は株価上昇に連動するため、株価上昇により報酬額が増大しても、会社としてのコストは変わりません。会社としては株価を活用した低コストの成功報酬制度といえます。

- 人材確保・流出防止

  会社の業績向上に伴う株価上昇により、巨額の報酬を獲得することも可能な魅力的な成功報酬制度を活用することにより、優秀な人材の確保および人材流出を防ぐ効果が期待できます。

- アナウンスメント効果

  ストックオプション制度を導入することにより、会社が自社の株価や業績を強く意識しているという経営姿勢をアピールするアナウンスメント効果が期待できます。

- 株主利益の向上

  制度導入に伴い、株価向上のための企業業績向上のインセンティブが働くことにより、実際に業績ならびに株価が上昇すれば、既存株主にとっても株式価値向上につながります。

④デメリット

- 従業員の士気の低下をもたらす可能性

  付与基準の不明確さによる不平等感や、付与後に株価が上昇せず、期待した利益が得られそうにない場合の失望感などにより、従業員の士気が低下する可能性があります。

- 経営陣のモラルの低下をもたらす可能性

  経営陣が、報酬の増大化を図るため株価第一主義となり、不当な決算処理や株価対策などモラルの低下をもたらす可能性があります。

- 株式価値の希薄化

  権利行使により、時価より低い権利行使価格で株式を発行することとなり、既存株主にとっては、株式価値の希薄化につながります。

⑤資本政策上の留意事項

- 株式公開に際しては、過度な潜在株の存在は、公開後の不確定要素とみなされる可能性があります。
- 制限期間中に発行された新株およびその新株予約権で、制限期間中に権利行使により発行された新株は、公開後6か月、または、新株予約権の発行から1年間のいずれか長い期間まで継続保有することなどを書面で確約することが必要です。(全国証券取引所の共通規則である「上場前の公募又は売出し等に関する規則」より)
- 有利な条件での発行の場合、課税関係が生じると考えられます。

⑥手続き上の留意事項
- 新株予約権の発行は、新会社法において新株発行と同じ手続きとなっています（新会社法238～247）。
- 株主以外の第三者に対して特に有利な条件で新株予約権を発行する場合、旧商法では定款の定めにかかわらず、株主総会の特別決議が必要でしたが、新会社法では取締役が株主総会においてその理由を説明する必要があります（新会社法239②二）。
- ストックオプションとして新株予約権を発行する場合には、株主以外の者に特に有利な条件で新株予約権を発行することから、株主総会の特別決議が必要となります。

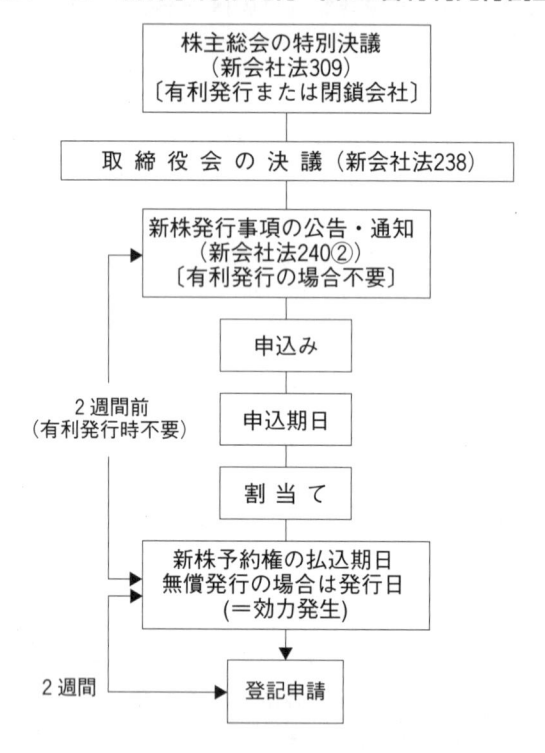

図V-15 新株予約権発行（第三者有利発行割当）

```
株主総会の特別決議
（新会社法309）
〔有利発行または閉鎖会社〕
        ↓
取締役会の決議（新会社法238）
        ↓
新株発行事項の公告・通知
（新会社法240②）
〔有利発行の場合不要〕
        ↓
     申込み
        ↓
    申込期日        2週間前
        ↓       （有利発行時不要）
     割当て
        ↓
新株予約権の払込期日
無償発行の場合は発行日
（＝効力発生）
        ↓
    登記申請        2週間
```

新株予約権は、資本政策において、安定株主対策にも利用できる資金調達手段として、社債や融資との組み合わせで使われることもあります。新株予約権付社債と新株予約権付融資について、簡単に解説します。

エ 参考 新株予約権付社債
①定義
　新株予約権付社債とは、社債に新株予約権が付された形態で発行される債券のことをいいます。新株予約権付社債には大きく分けて2種類あり、①従来、転換社債と呼ばれていた社債と新株予約権を同時に発行するもの（転換社債型）と、②新株予約権と社債を分離

して譲渡できないもの（非分離型）があります。
・転換社債型新株予約権付社債
　新株予約権の権利行使をすると、社債が株式に転換されます。すなわち、新株予約権の権利行使により、社債が償還され消滅し、その償還額で新株予約権の行使価格が払い込まれるのです。償還時にキャッシュアウトが発生しない可能性があります。
・非分離型新株予約権付社債
　新株予約権の権利行使をすると、社債はそのままで新株の交付を受けます。すなわち、新株予約権の権利行使で、行使価格を払い込むことにより新株の交付を受けるので、社債は残ることになります。償還時にキャッシュアウトが発生しますが、新株発行に伴いキャッシュインが発生する場合があります。

②実施目的
　資金調達目的で実施します。長期安定資金が調達でき、原則として担保は不要です。新株予約権が付与されているので、普通社債よりも低金利で発行できます。

③メリット
・ 新株予約権付社債を外部者に対して発行すれば、権利行使時点まで経営権を維持することができます。
・ 転換社債型の場合、償還資金が少なくてすむ、若しくは要らない可能性があります。
・ 非分離型の場合は、権利行使時にも資金調達ができ、それを償還資金に充てることもできます。

④デメリット
・ 転換社債型の場合、新株予約権の権利行使がなされなければ、償還資金が必要となってきます。
・ 非分離型の場合は、新株予約権の権利行使がなされなければ、新たな資金調達のチャンスを失うことになります。
・ また、新株予約権が権利行使されると、第三者割当増資と同じで、自己資本が増加するとともに株主構成も変化します。

⑤資本政策上の留意点
・ 権利行使による株式数の増加により、オーナー等の持株比率を下げることに留意が必要です。
・ 株式公開後は、公開前よりも株主構成の調整が困難になるため、予め、資金調達だけでなく将来の株主構成の観点からも考慮した上で、新株予約権付社債の発行を決める必要があります。
・ 制限期間中に発行された新株予約権付社債およびその新株予約権付社債で、制限期間中に権利行使により発行された新株は、公開後6か月または新株予約権付社債の発行から1年間のいずれか長い期間まで継続保有することなどを書面で確約することが必要で

す。(前出、「上場前の公募又は売出し等に関する規則」より)
- 有利な条件での発行の場合、課税関係が生じると考えられます。

オ 参考 新株予約権付融資
①定義
　新株予約権付融資とは、金銭消費貸借契約と新株予約権割当契約を同時に結び、新株予約権を金融機関に無償で割り当てることによって実施される融資のことです。創業初期段階で財務基盤が比較的弱いベンチャー企業などが、新株予約権を担保とすることで資金が調達しやすくなるというわけです。

②実施目的
　資金調達目的で実施します。一般に物的担保（土地、建物などの不動産）や信用力が不足しているベンチャー企業では、通常、金融機関等からの借入れは非常に困難です。そのため、新株予約権を担保とすることにより、融資を受ける手法が近年増えてきています。

③メリット
　担保がない場合でも、金利をおさえたまま長期安定資金が調達できます。

④デメリット
　新株予約権が権利行使されると、第三者割当増資と同じで、自己資本が増加するとともに株主構成も変化します。

d　従業員持株会（団体取得型）

ア　定義
　従業員持株会とは、従業員の自社株取得を奨励する制度で、民法第667条に基づいて設立される組合で、会社とは別の組織となります。従業員持株会は、給与もしくは賞与から天引きされた社員一人一人の投資金額をまとめ、窓口となって自社株を購入します。
　この制度は、もともと少額資金による継続的な株式購入の方法である関係上、主として株式公開会社を中心に普及してきた制度です。未公開株式は流通性が乏しいため、少額資金による継続的買付に適していませんが、近年、株式未公開会社にあっても、資本政策実施のスキームの一つとして、従業員の持株会を通した自社株取得について、注目されるところとなっています。

イ　直接取得型の従業員持株会
　持株会を構成する従業員個人が株主であり、持株会は株式の取得・譲渡の斡旋を行うだけなので、議決権は各従業員に属し、配当も各従業員が受け取ります。したがって、持株会として株主総会での議決権の統一が難しく、退職時の株式の買取り問題、株式の社外流出等が生じます。したがって、資本政策で用いられるのは団体取得型の従業員持株会ということになります。

ウ 実施目的

①インセンティブプランとして

　従業員にとって、少額の拠出で株式投資ができ、公開後にキャピタルゲインや、奨励金が得られるので、財産形成の一助となります。

②安定株主対策

　従業員の経営参加意識が高まり、会社にとって安定株主が確保できます。

エ メリット

① 従業員の会社に対する帰属意識や経営参加意識が高まります。
② 長期的な安定株主が確保できます。
③ 未公開会社の場合、オーナーの事業承継時にオーナーの持株を従業員持株会に売却する際、配当還元方式で株価評価するので、節税対策となります。

オ デメリット

① 持株会に参加している人と参加していない人との間で不公平感が生じ、勤労意欲に影響を与えることがあります。
② 業績不振時に配当がない場合や、公開延期になった場合に、投資回収への不安や会社に対する不信感が生じます。

カ 資本政策上の留意事項

① 持株会の持株比率はオーナー一族の会社の経営権に影響を及ぼさない範囲内とし、勤続年数や職位などによってランク別に割り当てを行うよう配慮します。
② 株式の社外流出に注意が必要です。定款で株式の譲渡制限を規定するのは当然のことです。さらに、従業員に株式を保有させた場合、従業員の退職に伴う株式が散逸するおそれがありますので、従業員持株会規約で、従業員持株会が退職者が保有するすべての株式を買戻す条項を規定しておきましょう。
③ 従業員持株会発足後の議決権に不安がある場合、議決権のない配当優先株式（種類株式）を利用する方法があります。その場合、株主総会の特別決議で定款変更して、数種の株式の発行ができるようにし、種類株式について、定款で以下のことを定めます。発行数については、公開会社（株式の譲渡制限撤廃会社）のみ発行済株式総数の2分の1までの制限を受けます（新会社法115）。
　・優先配当の内容
　・優先配当額に達しない場合の取決め
　・会社を解散して残余財産を分配する場合の取決め
　・議決権のない株式とすること
④ 退会時の買取り価額は明確にしておかないとトラブルのもとになるので要注意です。

キ 手続き上の留意事項

①参加させる従業員の範囲

民法上の組合である団体取得型の場合、持株会に参加できる従業員の範囲は自社および子会社の従業員に限定されます。

②奨励金

　従業員に奨励金を支出する場合、あまり高額に支給すると、株主への利益供与禁止規定（新会社法120）や株主平等原則に反するおそれがありますので注意しましょう（おおむね、拠出金の5～10％の奨励金を出すのが一般的です）。

③一人株主として取り扱うためのポイント

　従業員持株会を一人株主として取り扱う場合、次の点に留意する必要があります。
- 株主名簿に「従業員持株会」の名義で登録されていること
- 議決権の行使は「従業員持株会」が行っていること
- 配当金を「従業員持株会」で再投資する仕組みをとっていること

④導入手順

　上場を目指す場合、一般的には従業員持株会の設立や株式事務等を主幹事証券会社に委託することになりますので、導入については主幹事証券会社に相談することをお勧めしますが、参考までに、一般的な従業員持株会の導入手順は次のとおりです。
- 従業員持株会の理事会役員・事務局の実務担当者を任命する
- 発足準備を進める
- 規約・必要書類の原案を作成する
- 従業員持株会を設立する
- 契約を締結する
- 会員を募集する
- 事務要件を整備する

e　株式譲渡

ア　定義

　株式譲渡は、既存株主が発行済の所有株式を買い手に譲り渡すものです。なお、議決権の取得割合に比例して株主としての会社への影響力が増大することから、株式譲渡には、会社の経営権を譲り渡す意味もあります。

　なお株式譲渡は、会社の株主が代わる（所有者が代わる）だけですから、他の手法に比べて手続きは簡単といえます。

イ　実施目的

①安定株主対策

　株式譲渡は、オーナーグループの持株比率の拡大のために、他の既存株主の所有株の買取りを目的に行われます。

②事業承継対策

事業承継のために、事業者から後継者へ株を保有させる目的で行われることもあります。

ウ　メリット

① アーリーステージに自己のシェアを上げ、持株数の絶対量を増やすことにより、オーナーグループの支配権の長期維持を図りながら、より多くのキャピタルゲインを手に入れることが可能となります。

② 事業者から後継者へのアーリーステージでの譲渡は、贈与に比較して、外部に対する資金の流出（税金の支払い）が少なく、優れた面を持っています。

エ　デメリット

① 株式の買取りによる持株および持株比率の増大策は、受け手の了解がなくては成立しません。

② 株の認識の仕方によって、価額が異なってくることになりますので、不確定な資本政策ということになります。

③ 買取側に資金力を要するため、アーリーステージにおいて資金難であることが多いオーナー社長にとっては、現実的には困難な手法といえます。

オ　資本政策上の留意事項

① 公開予定であると買取交渉の相手側が認識している場合には、公開後の売却の方が高く売れると思われるので、公開予定を公表するのは、社内的にも社外的にも、資本政策を推進する上では望ましくありません。

② 公開予定会社の株価は年々その価格が高くなるため、早い段階で買い取るのがポイントです。

③ 株式の買取りに際して、借入れをし、利息を支払っても、採算が合うことを考える必要があります。資本政策のためとはいえ、負担の大きな負債が残るようでは問題です。買取価額と、公開時の推定価額を比較して、買取りが採算に合うかどうか検証することが重要となります。

カ　手続き上の留意事項

① 非公開会社は、株式の譲渡制限が定款で定められているのが普通ですので、会社に対して譲渡承認の手続きとして取締役会を開催して、承認を得ることになります。

② 非公開会社で、株券廃止会社（定款に株券を発行しない旨の定めをした会社）でない場合には、株券の交付と名義書換の請求および代金の支払いをします。したがって、まず当事者間で株式を譲渡する契約を結び、効力の発生を取締役会の承認時とし、その承認後、株券の交付および名義書換の請求をすることになります。

③ 非公開会社で、株券廃止会社の場合には、株式の移転の対抗要件として、取得者の氏名および住所を株主名簿に記載または記録しなければなりません。したがって、まず当事者間で株式を譲渡する契約を結び、効力の発生を取締役会の承認時とし、その承認後、株主名簿に株主として記載された者（譲渡人）と株式の取得者（譲受人）で共同して株

主名簿の名義書換の請求をしなければなりません。

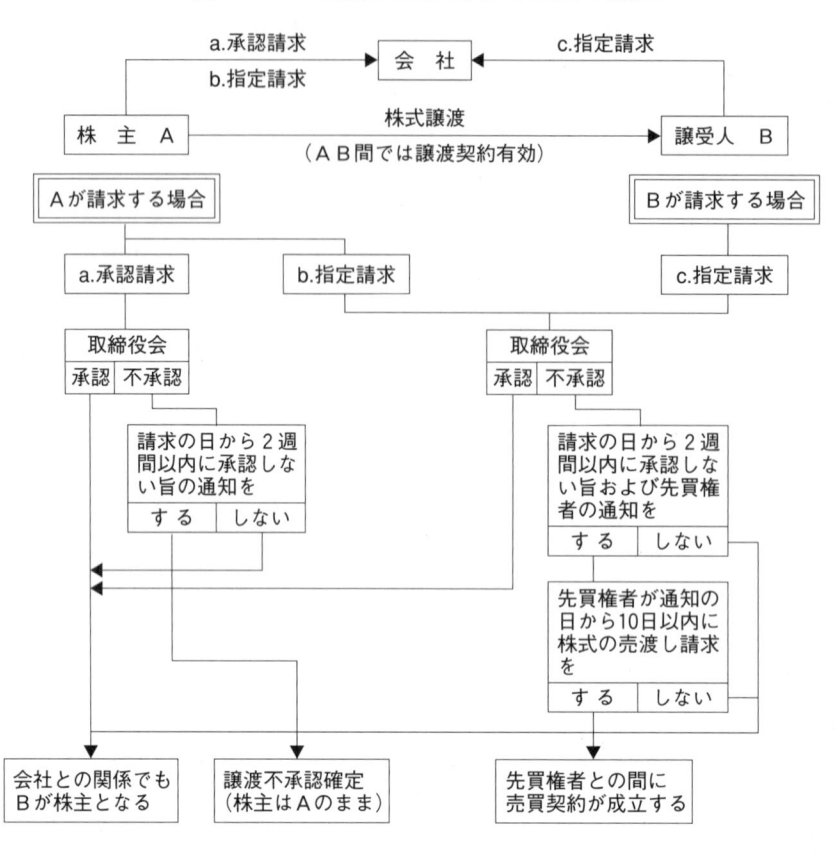

図V-16　閉鎖会社における株式の譲渡

```
         a.承認請求          ┌─会 社─┐    c.指定請求
         b.指定請求          │        │
    ┌──────────────────→    ←──────────────────┐
    │                                              │
 株主 A ──────株式譲渡──────→ 譲受人 B
          （AB間では譲渡契約有効）

 ┌ Aが請求する場合 ┐              ┌ Bが請求する場合 ┐

  a.承認請求   b.指定請求              c.指定請求
     │            │                        │
   取締役会     取締役会                 取締役会
  承認│不承認  承認│不承認              承認│不承認

            請求の日から2週              請求の日から2週
            間以内に承認しな              間以内に承認しな
            い旨の通知を                 い旨および先買権
                                        者の通知を
             する│しない                 する│しない

                                        先買権者が通知の
                                        日から10日以内に
                                        株式の売渡し請求
                                        を
                                         する│しない

  会社との関係でも   譲渡不承認確定      先買権者との間に
  Bが株主となる    （株主はAのまま）    売買契約が成立する
```

f　財産保全会社

ア　定義

　財産保全会社とは、税法上等のメリットを得る目的で、公開（予定）会社の株式をオーナー一族が直接的ではなく間接的に所有するために用いる会社をいいます。

イ　実施目的

　オーナーの安定株主比率の維持・事業承継の手段として利用されます。

ウ　メリット

①安定株主対策

　株式保有者の分散を防止できます。

②相続税法上株式の財産評価を下げる

　相続税法上、財産保全会社の株式評価については、純資産価額の計算上その保有する上場株式の含み益部分の42％分の控除をすることができます。つまり、公開（予定）株式に

ついては、「その財産保全会社の設立時」から「相続等発生時」までに生じた含み益部分ついては、42％の評価減額をすることができます。

エ　デメリット

① 　公開後オーナーが死亡した場合、相続税の資金面を考えると、直接所有の公開会社株式と違い、間接所有の財産保全会社株式の換金性は低いといえます。

② 　財産保全会社は、その所有する資産のほとんどが公開（予定）会社の株式であるため、相続税法の財産評価基本通達上は株式保有特定会社に該当します。通常、株式評価は純資産価額よりも類似業種比準価額の方が低いのが一般的ですが、株式保有特定会社については純資産価額で相続財産を評価しなければならないことになります。そのため、類似業種比準価額による評価減のメリットを受けることは難しいと思われます。

オ　資本政策上の留意事項

① 　間接所有の財産保全会社株式の換金性は低いといえることから、財産保全会社に公開（予定）会社の株式を何株持たせるかについては、オーナー一族の全財産とのバランスを考えて判断することが重要です。

②設立時期

　財産保全会社の設立方法には、オーナー等からの公開（予定）会社株式の譲渡や現物出資、そして公開（予定）会社からの第三者割当増資・新株予約権付社債の割当などの方法が考えられます。いずれにせよ、公開（予定）会社はその企業評価が右肩上がりであるため、株価の低い比較的早い時期に、財産保全会社を設立することが必要と考えられます。

　なお、参考までに、平成16年に公開した会社の財産保全会社の持株比率（平均値）では、マザーズ16.7％、ヘラクレス12.7％、ジャスダック21.4％となっています。

g　株式分割

ア　定義

　株式分割とは、すでに発行されている株式を分割して、株式数を増加させることです。既存株主に平等に無償で行うため、分割後も持株比率・純資産額とも変動はありません。

イ　実施目的

①流動性の確保

　株式公開時点での株価を投資家にとって割安感のある株価とするため、いい換えれば、公開時点での１株あたり指標を適切な水準とするために行います。

②審査基準に定める株式数・株主数確保

　資本政策の最終段階で発行済株式数を調整するために実施する場合が一般的です。

③安定株主対策

　公開前にオーナーの持株数を増やすことで、その後の第三者割当増資や公募増資の際に生じる持株比率の低下を抑えられます。

ウ　メリット
①既存株主への優遇措置
　公開前にオーナーの持株数を増やすことで、持株の譲渡や贈与など、株式の処分方法の選択肢が増え、資本政策に幅ができます。
②　発行法人の発行済株式数を増やし、公開時の株価の割高感を修正し、値上がり期待を高めるための公開直前発行済株式数の調整方法として実施されます。

エ　デメリット
株式価値の希薄化
　株式分割は株数が増加することであり、会社の利益が変わらなければ1株あたりの利益は低下することになります。

オ　資本政策上の留意点
配当負担
　株式数の増加は一般に配当金額の増加を招くため、株式分割後（株式公開後）の配当負担を考慮しておく必要があります。

カ　手続き上の留意点
①　取締役会を設置していない会社では株主総会の決議が必要ですが、取締役会設置会社では株主構成に変化が生じず既存株主の不利益とならないので、取締役会の決議で株式分割を決定することができます（新会社法183②）。
②　授権株式数を超える場合、株主総会の特別決議ではなく取締役会の決議をもって、分割の割合に応じて授権株式数を増加させる定款変更ができます（新会社法184②）。

＊　新会社法における株式分割において、単元株制度を導入している会社では旧商法と手続が異なりますので注意が必要です。

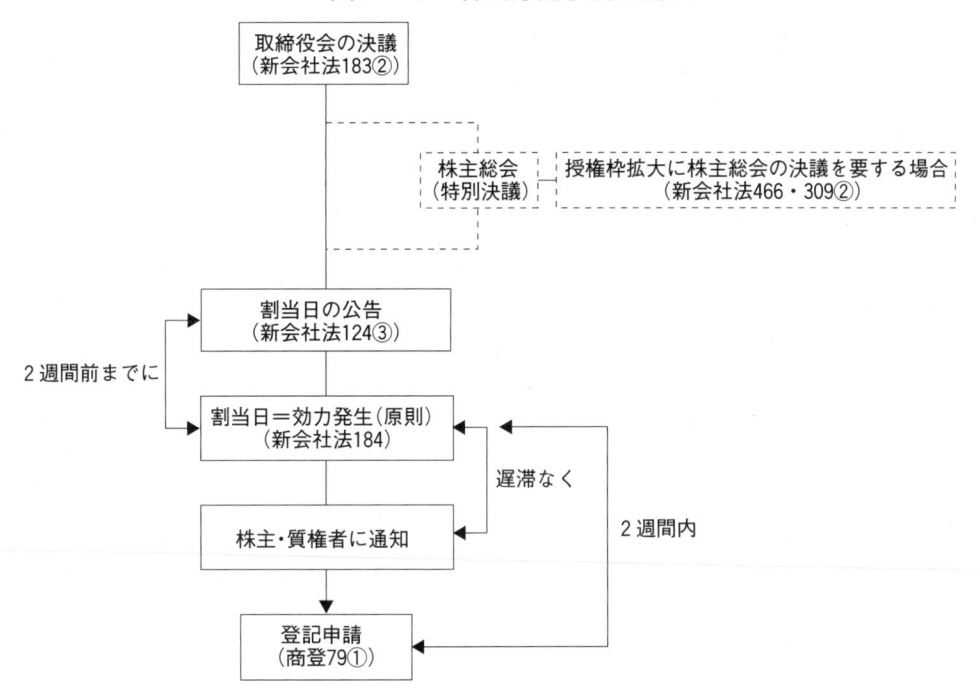

図Ⅴ-17 株式分割手続の流れ

```
取締役会の決議
（新会社法183②）
      │
      │········ 株主総会   授権枠拡大に株主総会の決議を要する場合
      │        （特別決議）  （新会社法466・309②）
      ↓
割当日の公告           ← 2週間前までに
（新会社法124③）
      ↓
割当日＝効力発生（原則） ← 遅滞なく
（新会社法184）
      ↓
株主・質権者に通知       ← 2週間内
      ↓
登記申請
（商登79①）
```

h　単元株制度

ア　定義

　単元株制度とは、会社が定款で一定の数の株式を1単元の株式とすることを定めた場合、その単元ごとに株主総会の議決権を与えることができる制度のことです（新会社法188）。例えば、会社が1,000株を1単元と定めた場合、2,300株を有する株主は2個の議決権を行使することができるわけです。この場合、1単元に満たない300株は議決権に影響を与えません。なお、新会社法（第188条第2項）では、その施行規則第34条において1単元の株式数は1,000株以上となっています。

イ　実施目的

①流動性の確保

　平成13年10月の改正旧商法で導入された単元株制度は、従来の単位株制度にあった1単位あたりの純資産額5万円以上という規制を撤廃し、各企業が自由に株式単位を決定することを可能にしました。これにより、株価の高い会社は、1単元の株式数を少なくし、株式の投資単位を引き下げ、売買を容易にすることが可能になりました。

②株主事務の合理化

　株価が低い企業にとっては、一定の株式を所有する株主のみに議決権を与えることで、株主管理費用を抑えることができるようになります。

ウ　手続き上の注意点

　このように、会社にとって単元株制度は便利な制度ですが、会社が自由に1単元とする株式の数を決めることができるとしたら、既存の株主にとっては自分の議決権を失うことになりかねません。

　そこで新会社法は、旧商法の単元株制度を引き継ぎ、1単元とする株式の数については株主総会の決議が必要な定款によって定めることとし、また、1単元とする株式の数を1,000と定めています（施行規則34）。

ⅰ　資本政策に用いられるその他の具体的手法

　ここでは、図Ⅴ-11に示す具体的手法以外で、資本政策実行上よく用いられる手法について解説しています。

ア　自己株式（金庫株）

①意義

　会社が自社の株式を買取り、手元に保有しているものを自己株式（金庫株）といい、従来は資本充実のため原則として禁止されていましたが、平成13年10月の改正旧商法により、自己株式が解禁となり、自己株式の取得は原則として自由になりました。

　この自己株式の解禁に伴い、自己株式を長期に保有することが違法ではなくなったばかりでなく、株式公開にあたっての資本政策に活用することが可能になりました。

②実施目的

　公開準備会社においての自己株式は、以下のような利用が考えられます。

・ストックオプションとしての活用

　新株予約権者が権利行使をしたときに、会社は新株発行によらず、保有する自己株式の譲渡で対応することができます。

・代用自己株式としての活用

　企業買収やグループ再編に伴う合併・株式交換・会社分割等に際して、新株の発行に変えて、保有する自己株式を割り当てることができます。

・放出株式としての活用

　株式公開時の売出しに利用できます。

・その他

　個人間の株式売買のタイミングの調整で一時的に保有することができます。また、増資等の代わりに自己株式を利用することによって、新株発行に伴う事務負担やコスト負担が軽減でき、かつ、既存株主の持株比率にも影響を与えることがありません。

③手続上の留意点

・　自己株式の有償取得は、定時株主総会または臨時株主総会の決議が必要です（新会社法156）。

- 自己株式の有償取得には、剰余金の配当等と同一の財源規制があります（新会社法461）。
- 特定の者から有償で自己株式を取得する場合は、株主総会の特別決議が必要です（新会社法309②二、156①）。
- 公開時に必要とされる発行済株式総数に保有自己株式分は含まれません。
- 公開直前期末に必要とされる純資産額の計算上、金庫株の取得相当額は控除されます。
- 公開時に多額（多量）の自己株式を保有し、公開後の売却等の処分を考えた場合、これは潜在株式の大量保有と同じことであり、将来の株価形成に大きく影響を与えるため、公開審査において慎重に取り扱われることが予想されます。
- 税務上、未公開会社の株主が、株式を売却し金庫株となる場合、個人株主であれば交付された金銭等の額のうち、資本等の金額を超える部分について「みなし配当課税」の適用を受けることとなり、法人株主であれば、受取配当金の益金不算入の適用を受けることとなります。

（5）株式評価の方法

株式の公開をする準備の過程で、株式の売買、贈与、増資等が行われ、公開時の公募増資や売出しにつながっていきます。この資本政策のための株価をどうするかは大変重要で、資本政策の採用に大きく影響を与えます。株価が高いと売買や贈与は税金を含めた負担が大変で、実施が困難となることがありますし、第三者割当も同様です。

また、株価が税務上適正でないと、経済的利益の授与者・供与者に課税が発生する可能性もあります。なお、株価が税務に与える影響については**（6）資本政策にかかわる税務**で見ていきます。

a　株価の規定

実際に取引が頻繁に行われている会社の株式であれば、取引価格が基準となって、実際の株価が決まるのが当然です。

しかし、非公開会社の株式は、ほとんど流通していませんので、時価といえる、第三者間の売買が多数ある状態ではありません。

そこで、まずは法律上株価をどのように規定しているかを見ていくことにしましょう。

図Ｖ-18　株価の規定

商法	当事者の合意株価 資産状態等を考慮（新会社法144③　譲渡制限の売買価格）
相続税法	財産評価基本通達（178～189）による評価額

法人税法	直接の条文なし　基本通達9-1-14および15 ① 6か月内の適正売買事例 ② 類似の他の会社の株価からの推定株価 ③ 直前純資産価格等を参酌した取引推定価格 ④ 財産評価基本通達の準用
所得税法	直接の規定なし　有利発行の一時所得課税の規定（所令84）、基本通達（23〜35共9） ① 6か月内の適正売買事例 ② 類似の他の会社の株価からの推定株価 ③ 直前純資産価格等を参酌した取引推定価格

　このように、新会社法、法人税法および所得税法はその性格上、実際に取引された価額あるいは当事者の合意した価額を前提とした構成をとっています。

　しかし、通常公開しようとしている会社は同族会社が多く、同族者間のみで合意したとしても、第三者や国税当局がその合意を当然のこととして認めるかというと、そんなことにはなりません。

　所得税法および法人税法はともに、株価について明確な条文規定をしておりません。しかし、法人税法は売買事例がなく、類似の他の会社の推定株価、直前期末の純資産等を参酌した推定株価の算定が困難であることを見越して、詳細な株価算定の規定を定めている相続税法の財産評価基本通達を準用しているため、法人税法の株価の考え方は、論理的には明確になっています。

　一方、所得税法は法人税法と同様の通達を用意していながら、財産評価基本通達の準用をしていません。法人と個人の取引等については、法人税法の株価の適用で、個人と個人の取引では、所得税以外に贈与税の適用があり、財産評価基本通達の考えを採用すればよいと考えれば、株価について詳細な規定がなくても十分であるともいえるでしょう。

　以上のことから、相続税法の財産評価基本通達が詳細な株価算出の規定を定めているため、その考えを基本として、次の項で挙げられている株価の算定方法を、ケースバイケースで斟酌し、公開のための資本政策の株価とすることとなります。

b　株価の種類

　株価の算定方法は、論理的にはさまざまな方式がありますが、通常資本政策に使用される算定式は、図Ⅴ-19の方式が中心となっており、場合によってはその平均ということになります。

　これらの評価方法は、日本公認会計士協会の「株式等鑑定評価マニュアル」に記載されている主要な株価評価の方法です。

各株価について、それぞれ特徴を持っていますので、会社の内容、取引相手の属性によってどの株価が適当であるかの選択をする必要があります。

図Ⅴ-19　株価算定式

（ア）純資産方式……企業のストックとしての純資産に着目して、企業の価値または株価等を評価する方式です。	
①簿価純資産法	１株あたりの価格＝簿価純資産価額÷発行済株式総数 　企業の適正な帳簿価額による純資産を発行済株式総数で除して算出します。企業に含み損が内在する場合は、実態と遊離した価格が算出されることになります。簿価純資産法は、評価会社に多額の含み損、含み益が内在しないことが採用の条件となります。
②時価純資産法	１）　法人税等控除方式 １株あたりの価格 ＝（時価純資産価額－含み益対応法人税等）÷発行済株式総数 ２）　法人税等非控除方式 １株あたりの価格＝　時価純資産価額÷発行済株式総数 　企業の資産を時価純資産で再評価し、負債は要弁済額で計上して求めた純資産で株価を求める方法です。法人税等を控除する方法と控除しない方法の２つがあります。
（イ）収益方式……企業のフローとしての収益または利益に着目して、企業の価値および株価等を評価する方式です。この方式によって算定された株価は企業の動的価値をあらわし、継続企業を評価する場合最も優れた方法です。その反面、評価額が将来収益に依存しており、その計算根拠が不確実となる欠点を持っています。	
③収益還元法	１株あたりの価格 ＝（将来の予想年間税引後利益÷資本還元率）÷発行済株式総数 　元本と果実の関係から投資利益を果実とみて、元本である企業資本を評価する方法を収益還元法といいます。予想収益は、現在および過去の経営成績を分析し、これに将来の経営環境、経営方針その他の要素を加味して算出します。

④DCF法	1株あたりの価格 ＝将来の予想DCF（ディスカウントキャッシュフロー）の合計額 ÷発行済株式総数 　企業が将来獲得するであろうキャッシュフローを資本還元率で現在価値に還元して算出します。 　将来の予想ディスカウントキャッシュフローの合計額は、各年度のキャッシュフローを年度別に複利現価率で割り引いて合計したものです。
（ウ）配当方式……企業の利益のフローとしての配当に着目して、企業の価値および株価を評価する方式です。	
⑤配当還元法	1株あたりの価格 ＝（将来の年間予想配当÷資本還元率）÷発行済株式総数 　果実である配当から擬制資本である株式投資額を評価する方法です。
⑥ゴードンモデル法	1株あたりの価格 ＝1株あたり配当金÷（資本還元率－投資利益率×内部留保率） 投資利益率…内部留保金とそれらが稼ぐ税引後利益との割合をいい、通常自己資本利益率を使用します。 内部留保率…税引後利益のうち留保される部分の比率をいいます。 　配当還元法をさらに発展させた方法で、企業が獲得した利益のうち、配当に回されなかった内部留保額は、再投資によって将来の利益を生み、配当の増加を期待できるものとして、それを加味して株価を評価する方法です。
（エ）比準方式……評価対象会社と、業種、規模等が類似する公開会社（類似会社）または同じ業種の公開会社の平均と比較して、会社の株価を評価する方式です。	
⑦類似会社比準法	類似会社には、原則として、評価会社と事業内容、企業規模、収益の状況などで比較的類似するとみられる複数の会社を選定します。公開会社等大規模の会社との比較であるため、評価する会社が大規模でなければ類似性に乏しく適用できません。また、会社の規模、事業の内容などが類似していることが必要です。
⑧類似業種比準法（国税庁類似業種比準法）	市場性を持つ株式の価格をモデルに見立てて類似標本会社と評価会社のそれぞれ1株あたりの配当金額、年利益金額、簿価純資産額を対比させて評価する方法です。

⑨取引事例法	過去に実際の取引事例がある場合、当該価格をもとにして株価を算出する方法です。売買事例が比較的直近であり、その間に経営・業績等の大きな変化がなく、取引量も同程度であることなどの条件が必要となります。
(オ) 併用方式……評価対象会社と、業種・規模等が類似する公開会社（類似会社）または同じ業種の公開会社の平均と比較して、会社の株価を評価する方式です。評価対象会社の純資産（ストック）および収益（フロー）に着目して、ストックとフローの価格を単純または加重平均して算出します。 　1株あたりの価格＝ストック価格×n＋フロー価格×（1－n） 　　　　　　　　株主の立場により次の2通りの計算式が考えられます。	
①経営支配の可能な株主の所有する株式価格	1株あたりの価格 ＝1株あたり時価純資産価格×n＋1株あたり収益還元価格×（1－n） 　原則として、過半数を所有する株主は経営を支配することにより、残余財産分配請求権、分配可能利益等処分権を行使することができますから、当該株式価格は、ストックの側面である時価純資産法と、フローの側面である収益還元法の両者を加味して求めます。
②経営支配とは関係がない株主の所有する株式価格	1株あたりの価格 ＝1株あたり時価純資産価格×n＋1株あたり配当還元価格×（1－n） 　原則として、少数株主は経営支配と関係がないですが、残余財産分配請求権、配当請求権を持っているから当該株式価格は、ストックの側面である時価純資産法と、フローの側面である配当還元法の両者を加味して求めます。

c 評価方法の選択

　評価方法の選択にあたっては、評価の目的および条件に基づき、過去の売買事例、対象会社の規模、経営権の移動の有無、売手・買手の同族グループへの帰属状況および既往の株式所有状況等の諸状況を勘案して行います。
・　過去に売買事例がある場合でその価格に客観性が認められる場合は評価額として採用します。
・　対象会社の規模が大きく、公開会社に準ずる場合は、比準方式が採用されます。
・　事業継続性の低い会社は純資産方式のウエイトが高いが、事業の立地条件がよかったり、従業員や事業所の数などの事業規模が大きく、事業継続性の高い会社は収益方式の

ウエイトが高くなります。
- 経営権の移動を伴う場合は、純資産方式、収益方式および両者の方式を加重平均する併用方式が採用されます。経営権の移動を伴わない場合で特に売買株数が少ない場合には、配当方式のウエイトが高くなります。
- 売手・買手の一方または双方が同族グループへ帰属している場合は、原則として売買株数が少なくても、支配権の移動があるものとみなして、純資産方式と収益方式が考慮されます。

d　ベンチャー企業の評価

未公開のベンチャー企業の株価評価は、財務データによる株価評価と財務データ以外の要素による株価評価を総合して評価額を算定します。

ア　ベンチャー企業の特殊性と株価評価

ベンチャー企業の特徴は、研究開発により作り出した技術力、アイデア等の事業化により将来成長する潜在性があり、将来の収益性の拡大を期待して株式が購入されることです。その成長性は、経営者の人間性であり、技術力であり、そのほか諸々の要因が有機的に作用して生みだされるものです。

従来の株価評価の手法はどちらかというと、財務データを中心に行うものであり、ベンチャー企業の株価評価に適用した場合、財務データに表れていない側面を反映しないおそれがあります。

このため、企業の定量的データに、定性的データを加えた評価方法をとることが適切と考えられます。財務データによる株価評価と財務データ以外の要素による株価評価を総合して評価額を決めます。ベンチャー企業の特殊性を考慮して、財務データ以外の要素の評価によりウエイトを置いたものとします。

イ　株価の算定方法

株価を次の式により計算します。

> 株価＝財務データによる評価額×n＋財務データ以外の要素による評価額（1−n）

（nは評価対象会社により決めます）

①財務データに基づく評価額

ここでいう財務データとは、決算書より得られるデータおよび決算書作成のための基礎となっているデータよりも、より全般的な定量的データを含むものと考えます。

株価評価の方法には各種ありますが、ベンチャー企業の特徴、株式購入者および株式売買の形態を考慮して純資産方式と収益方式を組み合わせた併用方式が適していると考えられます。

株式購入者は、危険分散のため比較的少数の株式を購入するものと考えられます。その

意味では、株式購入者は少数株主になり、選択する株価評価方法は配当還元法となります。売却時も同時に配当還元法となり、将来の株価の値上がり益を期待して購入する株主の意図に反し不合理な結果となります。

また、株主の株式所有状況によって売買価格を異にすることは、取引を混乱させるため採用できません。株式購入者は、ベンチャー企業が将来収益性拡大により企業価値が増大して株式の価値が増加することを期待しているため、純資産方式と収益方式を組み合わせた併用方式をとり、収益方式にウエイトを置いたものとします。

・純資産方式

純資産方式には、簿価純資産法と時価純資産法があります。設立間もない企業にとっては、両者の結果は大差ないかもしれませんが、含み資産が多額になっている場合は、時価純資産法を採用すべきです。

・収益方式

収益方式を適用する場合の予想収益は、ベンチャー企業の経営者より業界の動向、経営方針および中期経営計画などを聴取して検討します。予想収益は定期的に見直し、株価計算に反映させます。収益方式には、予想利益を使う方法と予想キャッシュ・フローを使う方法がありますが、状況に応じて選択します。

②財務データ以外の要素

株価評価に影響すると考えられる財務データ以外の要素としては次のものが挙げられます。

- 企業の全般的状況
- 経営環境の動向
- 業界・同業他社の動向
- 今後の技術革新
- 経営者自身
- 技術力
- 特許・ノウハウ
- マーケットシェア、得意先
- 人材
- 研究開発
- その他

③財務データ以外の要素の評価

財務データ以外の要素の評価額の計算は、それぞれの分野の専門家である経営コンサルタント・技術士・弁理士・弁護士などが行います。評価結果は、金額的に表現され株価に反映させることになります。評価方法は各要素ごとに評価項目を設け、チェックリストの形式で点数をつけて、点数により金額評価します。

④株価の見直し
　ベンチャー企業を取り巻く環境の変化、技術の革新性等は時間の経過に伴って上記の株価形成要因に影響を与えて、株価が変動することになります。企業の株価形成要因とそれに影響を与える環境について理解を深めるとともに、環境等の変化に応じて株価の見直しが必要となります。

ウ　株価の計算例（出典：「TAX&LAW 資金計画・資金調達・資本政策」第一法規）
　計算例を設けて、株価評価を行ってみます。
　A社は、設立数年後のベンチャー企業です。1株あたりの発行価額が50,000円の株式を200株発行して、資本金は1,000万円です。
　株価を次の計算式により求めます。

株価＝財務データによる評価額×n＋財務データ以外の要素による評価額×（1－n）

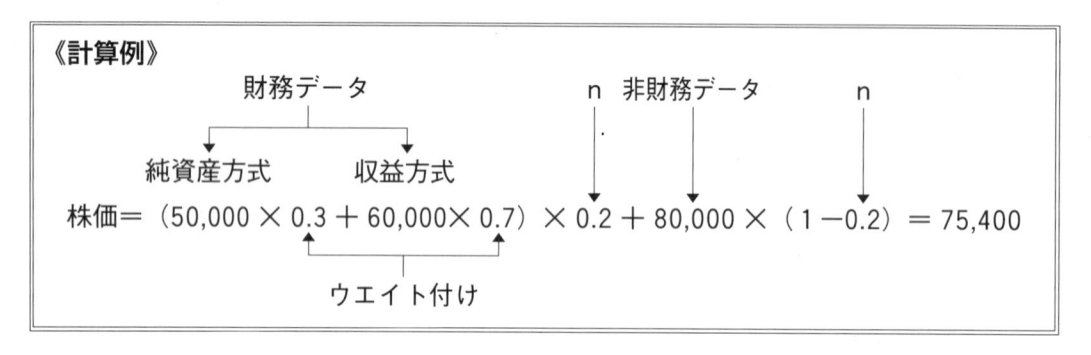

《計算例》

株価＝（50,000×0.3＋60,000×0.7）×0.2＋80,000×（1－0.2）＝75,400

（財務データ：純資産方式・収益方式、ウエイト付け、n：非財務データ、n）

①財務データによる評価
　純資産方式と収益方式の併用方式により行います。純資産方式は、最近の財務諸表をもとにして計算します。収益方式は、将来の約5年程度の中期利益計画をもとにして予想した利益を資本還元率により還元して1株あたりの価格を求めます。
　純資産方式と収益方式のウエイト付けは収益方式によりウエイトを置いたものとしますが、どの程度のウエイトとするかは各企業の諸状況により判断して決めます。

②非財務データによる評価
　非財務データによる評価は、企業についての評価項目ごとに作成してある評価リストの各ポイントごとに評点を書き込み、評点を合計することにより項目ごとの1株あたりの価格が計算されます。
　例えば、次頁の例のように評点が集計されて、各項目ごとに1株あたりの価格が計算されます。これらがトータルされて比財務データによる評価額が決められます。

項目	1株あたり評価額
企業の全般的状況	5,000円
経営者自身	22,000
技術力	35,400
人材	8,000
研究開発	6,400
その他	3,200
合計	80,000

③ n値

　財務データと非財務データのウエイト付けは、ベンチャー企業の特徴から財務データに表れていない要因が大きいものと考えて、非財務データによるウエイトを置いたものとなっていますが、ウエイトの程度は、各企業の状況に応じて決めます。

エ　上場等の際の株価評価

① 2つの株価算定方法

　株式の上場の場合の株価の算定方法は、株式公開までに取引される株式の株価算定方法と、株式公開時における株価算定方法に大別されます。

　前者は、株式公開を前提とした資本計画において採用される株価算定方法で、後者は新規株式公開申請会社が公開に際して公募・売出しを行う場合の競争入札にて決定される株価算定方法です。

・株式公開を前提とした資本計画において採用される株価算定の方法

　資本計画における公開時株価は、利益計画に基づくEPS（1株あたり利益）とPER（株価収益率）によって算定するのが一般的です。計算は「EPS×PER」によって行いますが、EPSは計画的に、あるいは政策的に決定します。

　　EPS＝税引後当期純利益÷発行済株式数

　PERは新規公開会社の平均的なPERを採用すれば株価計算は簡単で、種々の株価形成要因を総合的に盛り込んだ実績値であるので、実務でよく用いられます。

・株式公開時における株価算定方法

　株式公開時には予め公開株式の一部を入札に付するものとされています。入札価格は、まず仮定入札価格を算出し、その85％をもって最低入札価格とします。仮定入札価格は、類似会社比準方式により、幹事証券会社と申請会社が協議をして算出します。

$$\text{類似会社比準価格} = \text{類似会社価格} \times 1/2 \times \left[\frac{\text{新規上場申請者の1株あたり純利益額}}{\text{類似会社1株あたり純利益額}} + \frac{\text{新規上場申請者の1株あたり純資産額}}{\text{類似会社の1株あたり純資産額}} \right]$$

②需要積上げ（ブックビルディング）方式

　証券会社が機関投資家や個人から、公開会社の総合的分析を踏まえ決定された公開の仮条件に基づき「何円で何株買う意向があるか」と需要を積み上げながら事前に調査し、新規公開企業の公開価格（売買開始直前に実施する公募増資や売出し株の価格）を決めます。欧米の株式市場では一般的な手法で、入札よりも市場実勢を価格に反映させやすいといわれています。

　この方式は平成9年9月より導入されています。

（6）資本政策にかかわる税務

　「資本政策」では、シェア操作のための増資や株式移動（譲渡や贈与）が行われます。この増資や、株式移動が行われますと、時価との差額について、譲渡益や受贈益が生じ、これらに対する課税が発生する場合があります。そこで、実務では価格が不適切であるとして課税関係が起きないような価格で増資や株式譲渡を行うこととなります。

　ここでは、ケースごとにどのような課税関係が生じるかを見ていきます。実際に譲渡・贈与・増資等のスキームを組まれる場合には、税理士と相談し、申告漏れ等を防ぐよう充分留意する必要があります。

a　公開前の増資に関する課税関係

ア　株主割当増資

　株主割当増資の場合には、どんな価格であっても課税関係は生じません。

　有利な発行価額で新株を払込により取得した場合には、払込期日の時価と払込金額との差額が経済的利益として課税されます（法令119①二、所令84）が、株主の地位に基づいて取得した場合は除かれているからです。

　これは、株主割当増資はすべての株主に平等に行われるので、株主持分の移転がないことによります。つまり、1株あたりの価値は下落しますが、所有株式全体の価値は変わらない（価値の下落がすべての株主に平等に発生する）からです。

イ　第三者割当増資

　第三者割当増資は通常時価で行われます。時価未満で行われると、増資後の株主持分に変化が生じ、割当を受けなかった旧株主の株式の価値が下落して損害を被ることとなるからです。逆に、時価以上で行うと、旧株主の価値が上昇することになります。

①有利発行の場合

　このことから、有利発行の場合は、払込期日の時価と払込金額との差額が経済的利益として払込を行った株主に対して課税されます。具体的には、法人株主については受贈益、個人株主については原則一時所得、給与等または退職手当等の代わりであるときは給与所得または退職所得（所基通23～35共－6）が発生することになります。また、同族間で行われた場合には、贈与税課税が生じることもあります。

　課税されるのは、税法上払込金額が有利な発行価額であるときと定められていますが、有利な発行価額とは「その株式の時価と発行価額との差額がその株式の時価のおおむね10％相当額以上である場合」と規定されています（所基通23～35共－7）。

　なお、この場合の時価とは、法人株主の場合は、法人税法上の時価となり、個人株主の場合は、相続税法上の評価額となります。

　また、旧株主については、第三者割当増資が行われた時点で所有株式の価値が下落することになりますが、これについては、将来の譲渡時に譲渡価額が下落し、その際に譲渡益が減少すると考えられるので、譲渡時に課税関係完結、増資時は課税関係不追及ということになります。

　新会社法では、特に有利な発行価額で第三者割当増資を行う場合には特別決議が必要とされています（新会社法199③）。旧商法では時価と発行価額との差額が10％から15％以内であれば「特に有利な発行価額」にあたらないといわれていますが、明文規定は新会社法でもないことに留意しましょう。

②不利発行の場合

　不利な発行価額（時価を超える価額）で第三者割当増資が行われた場合において、その会社が同族会社であるときは、贈与税課税の問題が生じます（相法9、相基通9－2）。これは、旧株主の所有株式の価値が上昇することになり、利益を受けたことになるからです。なぜ、同族会社についてのみ規定されているのかというと、同族会社の行為または計算の否認の規定を前提としていると考えられます。また、法人株主については、寄付金課税の可能性があります。

　なお、第三者割当増資を行った株式発行法人については、増資は資本等取引に該当しますので、課税問題は発生しません（法法22）。

b　公開前の株式譲渡に関する税務

ア　株価の算定

　株式の取引については、税法上時価によることが原則とされています。しかし、上場株式と違い、市場における時価のない未公開株式については、取引が頻繁に行われることは少なく、客観的な時価が存在しません。そこで、**(5) 株式評価の方法**で述べたいくつかの株価の算定方法が定められており、その個々の評価方法により評価した株価、または、

その個々の評価方法を折衷勘案し、評価した株価をもって、取引を行うこととなります。

なお、未公開株式の譲渡の場合には、妥当とされる株価で譲渡された場合、株式の譲渡側では譲渡益課税がなされ、譲受側には課税は発生しません。

イ 未公開株式を低額譲渡した場合の課税関係

これらの方法により算定した株価より低い価額で譲渡した場合には、次のような課税上の弊害が生じる可能性があります。

①個人から個人への低額譲渡

・売手側（個人）

実際の譲渡価額で譲渡したものとして課税されます。

・買手側（個人）

相続税評価額未満で購入した場合、購入価額と評価額との差額に対し贈与税が課税されます。個人間の譲渡の場合、相続税評価額を譲渡価額とすれば、課税関係は生じません。

②個人から法人への低額譲渡

・売手側（個人）

所得税法上の時価の2分の1未満の譲渡の場合、取引価額ではなく、所得税法上の時価で譲渡されたとみなされ、譲渡益に対して所得税が課税されます（みなし譲渡）。ただし、所得税法上の時価の2分の1以上で譲渡しても、同族会社の行為または計算の否認の規定に該当する場合、みなし譲渡とされます。

・買手側（法人）

法人税法上の時価より低い価額で譲り受けた場合、株式の取得価額を時価とし、時価との差額を受贈益として課税されます。売り手側がみなし譲渡課税を受けると、二重課税となってしまいます。

③法人から個人への低額譲渡

・売手側（法人）

法人税法上の時価より低い価額で譲渡した場合、譲受人が外部者ならば寄付金、役員ならば役員賞与とみなされ、時価との差額が課税対象となります。なお、譲受人が従業員であれば給与となり損金となるため、譲渡益がでる場合、相殺されて課税されないことになります。

・買手側（個人）

外部者の場合、一時所得として課税されます。また、役員・従業員の場合、時価との差額が給与所得として課税されます。

④法人から法人への低額譲渡

・売手側（法人）

法人税法上の時価より低い価額で譲渡した場合、譲渡益および寄付金とみなされ、時価

との差額が課税対象となります。

・買手側（個人）

法人税法上の時価より低い価額で譲り受けた場合、株式の取得価額を時価とし、時価との差額は受贈益となり課税されます。

図V－20　低額譲渡した場合の課税関係

譲渡形式	売手	買手
個人→個人	実際の譲渡価額で課税	贈与税課税
個人→法人	みなし譲渡課税の適用あり	受贈益を益金算入
法人→個人	時価と対価の差額が課税対象	一時所得または給与所得として課税
法人→法人	時価と対価の差額が寄付金課税	受贈益を益金算入

なお、株式の株式の譲渡益課税の原則について述べますと、法人の場合には譲渡益は益金となります。

個人の場合は、申告分離課税により譲渡益に対し、20％（住民税5％を含む）の税率にて課税されますが、株式公開後は、平成15年1月1日から平成19年12月31日の間の売却であれば、譲渡益に対して10％（住民税3％を含む）の税率で課税されます。個人の株式譲渡益課税については、改正等により複雑になっていますので、詳細は、図V－5を参考にしてください。

c　その他の資本政策にかかわる税務上

資本政策実行の過程では、前述のような増資・譲渡以外にも税務上留意を要する点がいくつかあります。最後に、ベンチャー企業の資本政策上、おさえておきたい税務のポイントについて列挙します。

ア　みなし配当

税務上、未公開会社の株主が、株式を売却し金庫株となる場合、個人株主であれば交付された金銭等の額のうち、資本金等の金額を超える部分についてみなし配当課税の適用を受けることとなり、法人株主であれば、受取配当金の益金不算入の適用を受けることとなります。

イ　税制適格ストックオプション

①ストックオプションの原則的課税

ストックオプションとは、予め定められた権利行使価額で所定数の株式を会社から取得することができる権利をいいます。したがって、付与を受けた権利者は会社の株価が権利行使価額よりも高くなっている時点で権利行使をすると、時価よりも安く株式を取得することができます。さらにその株式を売却することによって売却益を得ることも可能となり

ます。税制上は、付与を受けた時点では課税されませんが、権利を行使した時点で、行使時の時価が権利行使価額を上回っている部分について給与所得課税がなされます。また、当該株式を売却した時点で、譲渡価額と権利行使時の時価との差額部分について譲渡所得として課税されることとなります。

②税制適格ストックオプション（措法29の2）

　上記の原則的課税に対し、税務上の適格要件を満たしているストックオプションの場合には特例措置が適用され、権利行使時の課税は繰延べられ、株式売却時に売却価額と権利行使価額との差額に対して譲渡所得として課税されることとなります。

③税制適格要件
- 特例対象者は、発行会社または当該会社と一定の資本関係にある子会社等の取締役または使用人である個人およびその相続人で一定の個人（一定の大口株主を除く）
- 新株予約権は、新会社法第239条第2項第2号（新株予約権の有利発行）の決議に基づき無償で発行されたものに限られる
- 新株予約権にかかる契約において、以下に掲げる要件が定められていること
- 新株予約権の権利行使は、権利付与決議の日後2年を経過した日から10年を経過する日までの間に行われなければならないこと
- 年間の権利行使価額の合計額が1,200万円を超えないこと
- 権利行使価額は新株予約権にかかる契約を締結した時の株式時価以上とすること
- 当該新株予約権については、譲渡をしてはならないこと
- 新株予約権の行使にかかる新株の発行または株式の移転が、新会社法第239条第2項第2号に定める事項に反しないで行われていること
- 発行会社と証券業者または金融機関との間で一定の管理等信託契約を締結し、当該契約に従い、一定の保管の委託または管理等信託がされること

　なお、税制適格ストックオプションを付与する会社は、当該ストックオプションを付与した取締役等の氏名および住所、権利行使価額、付与された取締役等が死亡した場合にストックオプションが相続される相続人の有無、その他所定の事項を記載した調書（特定新株予約権等の付与に関する調書）を、当該ストックオプションを付与した日の属する年の翌年1月31日までに、本店所在地の所轄税務署長に提出しなければならないとされています（措法29の2⑥）。

ウ　エンジェル税制

①エンジェル税制の概要

　エンジェル税制とは、外部から投資を受けて事業活動を行うことが必要かつ適切な一定の要件を満たすベンチャー企業（特定中小会社）に投資する個人投資家について、投資時点、売却時点でそれぞれ適用することができる課税の特例のことをいいます。この税制の趣旨は、個人投資家の投資リスクを軽減し、ベンチャー企業に対する直接金融による資金

供給を円滑にし、新産業の創出・発展を図る趣旨で制定されました。

具体的には、次の3つの課税の特例から成り立っています。

- 特定中小会社が発行した株式の取得に要した金額をその年分の株式の譲渡益から控除することができる特例
- 上場等の日において所有期間が3年を超える特定中小会社が発行した株式を上場等の日から3年以内に譲渡したとき、その譲渡益を2分の1として課税する特例
- 投資損失を損失発生の翌年以後の3年間、繰越控除できる特例

②対象となる会社

対象となる会社の要件の概要は次のとおりです。

- 創業期（設立から10年未満）の中小企業者であること
- 新たな事業を実施するための研究開発費や、市場開拓費などを売上高の一定割合以上支出している会社であること
- 大規模会社の子会社でないこと
- 外部からの投資を6分の1以上取り入れている会社であること（平成15年3月31日以前に取得した株式については3分の1以上）
- 未登録・未上場の株式会社であること

なお、投資先企業が、経済産業局等へ申請し、中小企業の創造的事業活動の促進に関する臨時措置法第7条の2に規定する特定中小企業者に該当する旨の確認書を受けていなければ、エンジェル税制の適用は受けられません。

③対象となる投資家

この特例の適用対象となる個人投資家の要件は以下のとおりです（措法37の13①、措令25の12①、措規18の15②～④）。

- 投資先企業の事業主やその親族でないこと
- 投資契約を締結していること
- 払込により、対象となるベンチャー企業の株式を取得していること＊

＊ 払込により、対象となるベンチャー企業の株式を取得していることとは、払込による投資の場合のみの適用のため、設立当初からの出資や第三者割当の払込増資による取得でなければならず、株式譲渡による取得は、適用の対象外となります。また、会社設立時に個人投資家も出資する場合、個人投資家はその時点で会社発起人と株式投資契約を結ぶ必要があります。

④確認書の申請手続き

個人投資家がエンジェル税制を受けるためには、投資先企業がこれらの要件を満たすことについて、経済産業局等により発行される確認書が必要となります。

払込の日後、投資を受けた企業は遅滞なく確認書の申請手続きを行って交付を受け、その交付を受けた確認書を個人投資家に保管しておいてもらう必要があります。

損失発生時にこの確認書が必要になります。

3 資本政策のケーススタディ

　ここでは、公開企業を参考とした資本政策の実例をとりあげながら、実際に資本政策を策定してみます。なお、各ケーススタディの資本政策の例は、添付CD－ROMの資料編Ⅰをご覧ください。
　資本政策には、「必要資金の調達計画」という観点と、「望ましい株主構成の構築計画」という2つの重要な役割があります。この基本的な役割を念頭に、6つの目的の優先順位をはかり、どのタイミングで、誰に、どのような施策を実行するか、シミュレーションを行い、フォーマットに落とし込んでいきます。

【資本政策の6つの目的】
　① 事業資金の調達
　② 安定株主対策
　③ 株式公開基準の充足
　④ 創業者利潤の確保
　⑤ 事業承継対策
　⑥ 役員・従業員へのインセンティブプラン

　実際の公開企業の資本政策を見てみると、企業成長の足がかりとなったターニングポイントを発見できます。その前後に、どれだけの施策が実施できるか、また、その余裕が企業にあるのかが、安定株主対策等の目的の実現にかかってくるように思えます。
　なお、採り上げた資本政策の例（1）から（3）については、公開企業の資料を参考にして作成したものです。ただし、公開企業の資本政策そのものではありませんので、ご留意願います。

（1）ケーススタディ①～システム開発会社　A社の資本政策の例

　まずは、開発型の企業の例です。研究開発型の企業は、開発が先行するので、収益が計上できるようになるまで、どのように開発資金を確保するかが課題となります。このため、資金調達ニーズが強く、資本政策の目的も資金調達の優先順位が高くなります。
　A社の場合、株式公開前に個人株主から2億円、事業会社とベンチャーキャピタル（以下VC）から2度にわたり8億円と、合計10億円の資金調達を行っています。

a　個人株主からの資金調達

　A社の特徴は、設立第1期で、個人株主から広く浅く資金を調達していることです。これだけの協力者を得られるというのも、すばらしいことです。VCから資金調達をする準

備としての意味もあったでしょうが、これだけの株主人数になると、株主名簿の管理や株主総会の手続きだけでも大変だっただろうと思われます。

中心となる大株主がいない場合、会社経営の機動性という面で、不安定要因になりかねません。そこで、その後、株式譲渡による株主の整理が行われています。

b　VCからの資金調達

A社のターニングポイントは、第2期目のVCを中心とした1株50万円の第三者割当増資です。ここで、4億円の資金調達に成功しています。10倍もの株価が形成され、開発資金の確保につながりましたが、A社の株主の集約といった課題には、高い株価は支障になったのかもしれません。

c　中心的な株主グループの形成と株主整理

A社では、資金調達は個人株主層をベースにVC中心で行ってきました。このためVCの持株比率が高く、株式も分散して中心的な株主グループがいません。公開後の望ましい株主構成を考えた場合、分散した個人株主層とは別に、安定株主となる株主グループの形成が課題となります。

第1の対策は、従業員持株会の設立です。会社設立時に従業員に引き受けてもらった株式を「従業員持株会」に移行します。第2期の株価の上昇期にストックオプションといったインセンティブプラン等は採用しませんでしたが、設立当初からの従業員に対しては、財産形成の機会を設けています。

第2の対策は、個人投資家から株式を買い取ってもらう相手を探し、株式を集約させることです。当初は、VCがその役割を担いましたが、事業提携関係にあるHグループの企業が買い取ることとなりました。

d　株式公開

直前期で1株あたり利益が1万円となったので、公開前に、流動性を確保するため、株式分割を行っております。利益水準がこれより低いと、株式分割による発行済株式数の増加は、株価形成にマイナスなので、実施できないかもしれません。

公開時の株主構成は、準安定株主グループが形成でき、設立当初からの個人株主層もいるので、協力的な布陣はとれているものと思われます。VCの持株比率が高いことは、今後の株価形成の懸念材料です。

(2) ケーススタディ②〜小売業　B社の資本政策の例

スポンサーがいる企業の資本政策の例です。事業モデルが完成されていれば、あとは、出店計画資金をいかに調達できるかが課題となりますが、スポンサー企業の潤沢な資金を

活用して、出店の加速化に成功しています。

a　営業の譲受け

　休眠していた有限会社を増資して、スポンサー企業から営業を譲受け、事業を開始しています。出店資金の調達がカギとなるのですが、設立1期目で親会社を中心に12億円の資金調達を実施しているという、なんともうらやましい企業です。

b　スポンサー企業の交代

　第2期でスポンサー企業が交代しています。B社は、新しいスポンサー企業から6.6億円の増資を受け、出店を加速化しています。

　B社は小売店なので、商品の仕入先等の取引先が多数存在します。関係強化のために、旧スポンサー企業が所有していた株式を、取引先に買取ってもらっています。

　この期は、利益も黒字化し、株式公開も視野に入っているので、3倍の株価で株式譲渡がなされています。旧スポンサー企業も、ある程度、満足のいく投資利益を確保することができたのではないかと思われます。

c　スポンサー企業を対象とする新株予約権の発行とストックオプション

　第4期になると、新しいスポンサー企業には、新株予約権が発行されています。スポンサー企業の交代時のインセンティブだったかもしれません。

　この頃、B社は、直営店とFC店で300店舗の出店を達成しています。店長に対するインセンティブプランとして、ストックオプションが実施されています。

d　株式公開

　流動性の確保のために、公開前に、株式分割が行われています。売上、利益計画も順調なので、高い株価が形成されています。

　株主構成は、株式公開前に20億円近く資金調達を行っていながら、親会社と創業者関係の持株比率は7割を維持しています。取引先や直営店・FC店の店長にも株式を持ってもらい、より強固な株主構成となっております。

（3）ケーススタディ③〜情報通信業　C社の資本政策の例

　A社、B社ともに、オーナー経営者型企業の資本政策と、傾向が異なっておりましたので、次は、創業者の利潤確保と、創業者中心の安定株主対策を行っている資本政策の例を見ていきます。

a　創業メンバーの持株比率の維持

　C社は、取締役3名が創業当時からのメンバーです。設立当初、7,000万円の資金調達を実施していますが、創業メンバーで関連する企業を含めて7割の持株比率を維持しています。設立当時、創業者は、関連する企業も含め、資金的に余裕があったのか、設立当初、7,000万円の資金調達を実施しており、創業メンバーで7割の持株比率を維持しています。

　また、商法改正前は、創業者の持株比率の維持対策として、ワラント債が頻繁に活用されておりましたが、このワラント債の恩恵も受けています。

　最後に、C社にとって、ターニングポイントとなる1株40万円、50万円の増資が完了した後に、1株を10株にする株式分割を実施しています。

　株式分割は、株価を引き下げ、流動性を確保する手段ですが、結果として、株式分割前に株主となった者の持株比率の維持に貢献しています。

b　事業提携先との関係強化

　C社は、株式公開前に5億円弱の資金調達を行っていますが、第三者割当増資は、業務提携先を中心に引き受けてもらっています。VCの比率も低く、業務提携先との事業展開が期待される株主構成となっています。

c　インセンティブ・プラン

　C社は、従業員持株会は設立していませんが、ワラント債を2回、ストックオプションを4回と、役員や従業員に対するインセンティブプランをこまめに実施しています。従業員の中には、創業メンバーもおり、C社のキーマンにもなっているので、このような者に優先して、オプションが発行されています。

　増資後に実施されていることが多く、増資による第三者価格を参考に行使価格を決定しているものと思われます。

d　事業承継対策

　C社の創業者は、設立時の株価が低い頃に、財産保全会社を設立して、C社へ出資させています。財産保全会社は、未上場株式の税務上の評価方法を利用した、次世代への財産承継に対する節税対策です。留意すべき点は、財産保全会社は、C社と取引関係がないこと、財産保全会社に保有させる株式数は、多くてもオーナー所有株式数の3分の1程度にすることなどです。

　これは、財産保全会社が保有している株式を売却した場合、売却益は法人税課税されて、課税後利益を株主に配当するときに、株主課税が行われるという二重課税の問題があるからです。

売却する予定がない株式を、財産保全会社に移行するという考え方が無難です。

e 株式公開

創業メンバーの公開時の持株比率は44％を確保し、事業提携先等を含めると7割以上の持株比率となり、安定株主対策は万全です。公開時には10億円の資金調達ができ、所有株式の売出しで、創業者らは創業利潤を一部確保することもできます。事業承継やインセンティブプランにも配慮された資本政策です。

ただし、事業計画が予定どおりではないようで、直前期の1株あたり当期利益は108円です。1株を10株にした株式分割が、株式の需給バランスを崩しているおそれがあります。

株式分割は手続きも簡略化され、大量分割が可能となりましたが、1株あたり指標を引き下げるので、分割に見合った利益を上げていかないと、その後の株価形成に影響が出そうです。

（4）ケーススタディ④〜情報処理業　D社の場合の策定例

a 前提条件

甲社は、システム関係のエンジニアをかかえる開発会社です。乙社は甲社が開発を終えたソフトウェアの販売会社です。甲社と乙社は、創業者は異なりますが、設立当初から苦楽をともにしており、一体の企業といっても過言ではありません。取引先から見ると、甲社と乙社の関係が、実質一体といえども別々の創業者、会社であるので、わかりにくいようです。

ソフトウェアについては、最近、かなりの引き合いがあり、手ごたえを感じています。ここで、組織的な販売体制をとれれば、ユーザー数が急速に伸びる可能性を十分に予想できます。

そこで、甲社と乙社は合併してD社となり、企業の形を明確にし、合併後に営業戦略のための資金調達を行う予定です。

申請基準決算期を4年後の（X＋4）年7月期とし、（X＋4）年冬頃に株式公開をしたいと考えています。今後、このソフトウェアのターゲット業種の拠点は、中国に移っていくことが避けられないので、公開により調達した資金は中国マーケットの開拓に活用したいと考えています。

b 資本政策策定にあたっての基本方針

ア　必要資金の調達

公開前には、（X）年秋に1億円、（X＋2）年に2億円を調達し、株式公開時には最低でも5億円の調達を計画しています。

イ　公開価格と予想PER

同業種のパッケージシステムの開発、販売を手がけるE社が、この夏、株式公開を果たしたときのデータは以下のとおりです。

　　上場前株式数…13,700株、公募株数…2,000株、売出株数…1,800株
　　公募価格…250,000円、公募時時価総額…34億円

PERを手堅く見積もり、資本政策策定上の自社の予想PERは20倍とし、公開価格は25万円と想定しました。

ウ　合併の条件

甲社と乙社は、同程度の会社規模なので、合併比率は1対1を想定しております。乙社が存続会社となり、合併後の会社D社では、甲社の株式1株につき乙社の株式1株を付与します。

エ　公開時の株主構成

創業メンバーで、持株比率50％を確保したいと思っていますが、資金調達が優先されるため、創業メンバーにエンジェル、協力事業会社を含めて50％を確保することを目標とします。

なお、甲社の創業者Aと、乙社の創業者Bとは、同程度の持株比率でありたいと思っています。

可能な限り、事業展開との関係で、株主には、事業会社（例えば、商社）を中心に勧誘していく予定です。

オ　インセンティブプラン

創業メンバーでもあるキーマンに関しては、新株予約権を早い時期に付与したいと考えております。また、営業に関しては、販売代理店制度を設ける予定なので、販売代理店に対するインセンティブプランを考えておきたいと思っています。

c　資本政策の策定プロセス

ア　現状分析

まず、甲社と乙社の現状の株主を、シミュレーションシートに落とし込みます。

利益計画と資金計画もシートに記載し、必要資金額の確認を行います。

イ　合併準備

合併後の新会社D社の株主構成を固めます。

合併前に、株主の整理と人員採用資金を確保するために、次の事項を行うこととしておりますので、これらの施策をシートに落とし込みます。創業メンバー間の持株比率調整のための株式の譲渡は、株価が低い段階で実施しておくことが、ポイントです。

甲社…甲社の創業者Aは、甲社に対する貸付債権500万円を現物出資する。

株価が低い現段階で、創業者Ａと創業者Ｂとの持株比率を、ＡからＢへの株式譲渡を通じて、同程度に調整する。
　　　キーマンとなる創業メンバーに、創業者Ａの持株を贈与する。
　　乙社…創業者、キーマンとで第三者割当増資を実施し、資本金を500万円増強する。
　　　甲社所有の乙社株式は、相談役に譲渡することとする。

ウ　ゴールの設定

　公開時の時価総額と発行済株式数を想定します。公開時の時価総額は、当期純利益にPERを乗じて求めます。時価総額を想定した公募価格で除すると、発行済株式数の水準がわかります。

(算式)
　156,880千円(直前期の当期純利益)×20(想定公開時PER)＝3,137,600千円(想定時価総額)
　3,137,600千円÷250,000円(公開時の想定公募価格)＝12,550株(想定発行済株式数)

エ　個別スキームの落とし込み

①第１回目の増資

　（Ｘ）年10月の資金需要は、１億円です。合併比率の決定に際して評価してもらった株価は、１株20万円ですので、500株の発行となります。
　合併後のＤ社にとって、この株価がスタートになるので、この株価の決定はとても重要です。

②株式分割

　株式の流動性を高めるために、１株を４株に分割します。

③創業メンバーのインセンティブ・プラン

　株式分割により、株価は５万円と想定されるので、ストックオプションを創業メンバーに付与します。各創業メンバーの持株比率は、増資後、３分の１を下回っていますので、税制適格ストックオプションとすることが可能です。税制適格条件を満たした新株予約権を発行します。
　創業メンバーに対する新株予約権は、公開前に行使することを想定していますので、行使時の株価形成指標はもちろんのこと、創業者が行使時に必要とする資金額も確認し、無理のない発行数を考えます。

④第２回目の増資

　（Ｘ＋２）年10月の資金需要は、２億円です。株価を20万円として、1,000株を発行します。２年をかけて、分割前の株価に戻すことを目標とします。

⑤社員、代理店へのインセンティブプラン

　この２年間に入社した社員や販売代理店に対するストックオプションを実施します。行使価格は、想定株価から10％割り引いた180,000円とします。

⑥第３回目の増資

公開直前の資金需要に備えるために、増資の計画を追加します。
⑦新株予約権の行使
　創業メンバーは、直前期に新株予約権を行使します。
オ　基本方針との確認
　シミュレーションシートに一通りの施策を記載し、自社の基本方針がどこまで、実現されているか確認します。
①発行済株式のバランス
　直前期の発行済株式数は6,400株と、想定した株式数より少ない水準です。利益計画から1株あたりの当期純利益を求め、想定PERを乗じて公募価格を予想すると、当初の予定よりかなり株価が高くなります。そこで、公開申請期に、1株を2株に株式分割を行い、株式数を調整します。
②公開時の持株比率
　公開時の株主構成ですが、創業メンバーで50％という目標には到達していません。資金調達が優先的な課題なので、資金調達額の変更は考えておりません。新株予約権の数を増やすという考え方もありますが、インセンティブとしての新株予約権を、持株比率調整に利用するのは、避けたいと思います。
　そこで、50％の範囲を広げて、創業メンバーに協力事業会社やエンジェルといった支援者を含めて考え、これらの者にどの程度、株式を引き受けてもらえれば目標に達するかを算出することとしました。シミュレーションによると、第1回目の増資の際に、支援者に170株（3,400万円）を引き受けてもらえれば、資金調達をしながら、持株比率の目標に達することがわかりました。
　心当たりの支援者は何人かおり、この金額ならば調達可能と判断しました。
③上場審査基準の充足
　公開後は、中国マーケットを視野に入れているので、大証ヘラクレス市場を考えていますが、公開基準を満たしているか、確認します。
④その他
　公開時の売り出しで、創業者A、Bは公開前に支出した資金の回収を図れるようにします。
　創業者Aは、合併前の株式整理の段階で、財産保全会社を設立して、所有株式の一部を移行します。

　このようにして策定したのが、D社の資本政策の例です。

Ⅵ 申請書類の作成のポイント

1 上場申請のための有価証券報告書

　上場申請時の提出書類のうち、引受審査上も重要なものとして、上場申請のための有価証券報告書があります。

　上場申請のための有価証券報告書の作成にあたってのポイントは、企業戦略と整合する事業セグメントの区分です。

　区分の方法により、同じ企業であっても異なった印象になります。事業セグメントは企業戦略と密接に関係します。収益力・成長性のある事業が明確になるように事業セグメントを区分し作成することが必要です。

　以下に、作成にあたり項目ごとに担当となる部署および準備資料等を記載しました。また、作成の便宜のため、整合性チェックリストを記載しました。

(1) 作成手順

目次		戦略度	担当	準備資料等	備考
第一部	企業情報				
第1	企業の概況				
1	主要な経営指標等の推移		経理	（連結・単体）決算財務諸表（連結・単体）キャッシュフロー計算書 従業員数、発行済株式数の推移	過去5年分
2	沿革		総務	沿革、社史、社歴書	提出会社を中心とする企業集団の沿革
3	事業の内容	S	総務	事業内容説明資料 事業系統図	事業の種類別セグメントと関連づけて記載
4	関係会社の状況		総務	関係会社に関して、名称、所在地、資本金、主な事業内容、議決権の所有割合、関係内容	

5	従業員の状況		総務	最近日現在の連結および単体の従業員数	事業の種類別セグメントに関連づけて記載
第2	事業の状況				
1	業績等の概要	S	総務 経営企画室	連結または単体の業績の概況（セグメント別） キャッシュフロー計算書	直近事業年度分を前年同期と比較して分析的に記載
2	生産、受注および販売の状況	S	経理	連結または単体の受注、生産、仕入、販売の種類別セグメント情報	直近事業年度分を前年同期と比較して分析的に記載
3	対処すべき課題		総務 経営企画室	グループまたは提出会社の現状認識、対処すべき当面の課題、方針、具体的な取組状況	最近日現在における事業上および財務上の対処すべき課題について、その内容、対処方法を記載
4	事業等のリスク		経営企画室	グループまたは単体の事業にかかるリスクに関する説明資料	特定会社への依存度、特許関係、技術援助契約等経営上のリスクと考えられるものを記載
5	経営上の重要な契約等		総務	グループまたは提出会社の重要な契約の内容、契約書等	営業譲渡、技術援助、特定の相手への依存度を大きくする契約、重要な資産の処分等
6	研究開発活動		総務	グループまたは提出会社の最近会計年度等の、研究開発の状況	事業の種類別セグメントに関連づけて、研究の目的、主要な課題研究成果、研究体制等を記載

	7	財政状態および経営成績の分析	S	経理 経営企画室	グループまたは提出会社の直近期の財政状態および経営成績に関する分析資料	
第3		設備の状況				
	1	設備投資等の概要		総務	グループまたは提出会社の最近会計年度等における設備投資の概要	セグメントに関連づけて目的、内容および投資金額を記載
	2	主要な設備の状況		総務	提出会社、国内子会社、国外子会社に分けて、各事業所ごとの右記内容	事業所名、所在地、セグメントの名称、設備の内容、資産の面積、帳簿価額、従業員数等を記載
	3	設備の新設、除却等の計画		総務 経営企画室	重要な設備の新設、拡充、改修、除却、売却等の計画がある場合には、その内容（事業所名、所在地、設備の内容、投資予定金額および資金調達方法等）を記載	事業の種類別セグメントに関連づけて記載
第4		提出会社の状況				
	1	株式等の状況				
		(1)株式の総数等		総務	提出日現在の定款、株式台帳等	発行する株式および発行済株式の種類、数
		(2)新株予約権等の状況		総務	新株予約権または新株予約権付社債等の明細、取締役会議事録等	直近事業年度末および提出日現在について記載
		(3)発行済株式総数、資本金等の推移		総務	発行済株式総数、資本金および資本準備金の増減に関する資料	最近5年間について記載し、新株の発行、株式分割、資本準備金の組入れ等の場合には、その明細

	(4)所有者別状況		総務	株主名簿、株式統計表	最近日または直近事業年度末現在の、所有者属性区分別の株主数、所有株式数、所有割合
	(5)議決権の状況		総務	株主名簿、株式台帳、自己株式関係資料等	最近日における、議決権の状況 発行済株式数、単元未満株式数、自己株式数
	(6)ストックオプション制度の内容		総務	ストックオプション制度の内容、取締役会議事録等	提出日現在を記載
2	自己株式の取得等の状況		総務	株主総会招集通知、議事録、自己株式関係資料等	定時株主総会決議による自己株式の買受等の状況および資本減少に係る自己株式の買受等の状況
3	配当政策		総務	配当に関する方針等	利益配分の基本方針、最近事業年度の配当決定にあたっての考え方および内部留保資金の使途について記載
4	株価の推移		総務	株式を公開している場合は、最近5年間および6か月の最高・最低株価	非公開の場合は、その旨
5	役員の状況		総務	役員名簿、役員経歴書	入社年月日、役員就任直前の役職名、役員就任後の主要職歴、他の主要な会社の代表取締役に就任している場合の当該役職名、所有株式数、中途入社の場合における前職を記載

	6	コーポレートガバナンスの状況		総務	○企業の内部統治に関する考え方 ○取締役会、監査役会、その他の重要会議の構成、開催頻度 ○役員報酬 ○監査法人との契約内容、報酬	企業の内部統治の内容を記載
第5		経理の状況				
		連結財務諸表および財務諸表の作成方法について		経理	作成にかかる準拠規則	
		監査証明について		経理	監査法人名、監査対象期間	
	1 2	連結財務諸表等 財務諸表等		経理	連結および単体の ○貸借対照表、損益計算書、利益剰余金（利益処分）計算書、キャッシュフロー計算書 ○重要な会計方針 ○注記事項	○直近2年分 ○主な注記事項 リース取引、有価証券、デリバティブ、退職給付、税効果、事業の種類別および所在地別セグメント情報、関連当事者との取引状況、1株あたり情報、重要な後発事象、継続企業の前提に関する注記、追加情報、会計処理方法の変更、表示方法の変更
					○附属明細表	○連結の附属明細表 社債、借入金 ○単体の附属明細表 有価証券、有形

						固定資産、社債、借入金、資本金、引当金
					○直近事業年度の主な資産および負債の内容	○現金および預金 ○受取手形 ○売掛金 ○製品、原材料、仕掛品、貯蔵品 ○関係会社短期貸付金 ○関係会社株式等 ○支払手形 ○買掛金 ○短期借入金 ○長期借入金 ○その他の資産負債科目で、資産総額の5/100を超える科目
	第6	提出会社の株式事務の概要		総務	代行機関との契約書、「株式取扱規程」	名義書換代理人の名称、事務取扱場所、名義書換手数料、公告掲載新聞名等、提出日現在の内容を記載
第二部		提出会社の保証会社等の記載 （該当事項なし）				
第三部		特別情報				
		提出会社および連動子会社の最近の財務諸表		経理	最近5事業年度の貸借対照表、損益計算書、キャッシュフロー計算書、利益処分計算書（第二部に記載した期を除く）会計方針、注記事項	実際上、第二部に準じて、5期前～3期前の財務諸表を記載することになる
第四部		株式公開情報				

第1	特別利害関係者等の株式等の移動状況		総務	株式等の移動状況の明細（特別利害関係者等の、住所、氏名、移動株式数、移動価格、移動理由等）	最近事業年度の末日の2年前の日から届出書提出日までの間において、特別利害関係者等が提出会社の発行する株式、新株予約権または新株予約権付社債の譲渡または譲受けを行った場合について記載
第2	第三者割当等の概況				
1	第三者割当等による株式等の発行の内容		総務	第三者割当等による株式等の発行の内容（新株予約権の付与を含む）	
2	取得者の概況		総務	上記による株式取得者の概況	
3	取得者の株式等の移動状況		総務		
第3	株主の状況		総務	株主名簿	提出日現在の株主について、住所、所有株式数、所有割合、特別利害関係者や従業員等であること等（所有株式数および割合には、新株予約権の行使により発行される株式数をも記載）

（2）整合性チェックリスト

記載例： 2-4-1（1）➡第二部　第4　1（1）

目次項目		重要な整合性		参考程度の整合性	
		目次番号	タイトル	目次番号	タイトル
第一部	企業情報				
第1	企業の概況				
1	主要な経営指標等の推移	1-5-1 1-5-2 1-1-5	連結財務諸表等 財務諸表等 従業員の状況		
		1-2-1 3	業績等の概要 特別情報		
2	沿革	1-2 1-3	事業の状況 設備の状況		
3	事業の内容	1-2-3	関係会社の状況		
4	関係会社の状況	1-2-4 1-5-1	事業の内容 連結財務諸表等		
5	従業員の状況	1-3-1	設備投資等の概要		
第2	事業の状況				
1	業績等の概要	1-1-1 1-5-1 1-2-2	主要な経営指標等の推移 連結財務諸表等 生産、受注および販売の状況	1-2-3 1-1-3	対処すべき課題 事業の内容
2	生産、受注および販売の状況	1-2-1 1-5-1	業績等の概要 連結財務諸表等	1-2-4	事業等のリスク
3	対処すべき課題	1-2-1 1-3	業績等の概要 設備の状況	1-1-3 1-4-3	事業の内容 配当政策
4	事業等のリスク	1-2-5 1-5-1 1-2-2 1-4-1(2) 1-4-1(6)	経営上の重要な契約等 連結財務諸表等 生産、受注および販売の状況 新株予約権等の状況 ストックオプション制度の内容	1-1-3 1-2-3	事業の内容 対処すべき課題
5	経営上の重要な契約等	1-1-3 1-5-1 1-2-2	事業の内容 連結財務諸表等 生産、受注および販売の状況	1-2-4	事業等のリスク
6	研究開発活動	1-5-1	連結財務諸表等	1-1-3	事業の内容
7	財政状態および経営成績の分析	1-2-1 1-3-1	業績等の概要 設備投資等の概要	1-2-3	対処すべき課題
第3	設備の状況				

	1	設備投資等の概要	1-5-1	連結財務諸表等	1-2-7	財政状態および経営成績の分析	
	2	主要な設備の状況	1-5-1 1-1-5	連結財務諸表等 従業員の状況			
	3	設備の新設、除却等の計画	1-2-3	対処すべき課題	1-2-1	業務等の概要	
第4		提出会社の状況					
	1	株式等の状況					
		(1)株式の総数等	1-5-1 1-5-2	連結財務諸表等 財務諸表等			
		(2)新株予約権等の状況	4-2 4-3	第三者割当等の概況 株主の状況	1-2-4	事業等のリスク	
		(3)発行済株式総数、資本金等の推移	1-1-1 1-5-1 1-5-2 4-3	主要な経営指標等の推移 連結財務諸表等 財務諸表等 株主の状況	4-2	第三者割当等の概況	
		(4)所有者別状況	4-3 1-4-1(5)	株主の状況 議決権の状況			
		(5)議決権の状況	1-4-1(3) 1-4-1(4) 1-4-2	発行済株式総数、資本金等の推移 所有者別状況 自己株式の取得等の状況			
		(6)ストックオプション制度の内容	4-2 4-3	第三者割当等の概況 株主の状況	1-2-4	事業等のリスク	
	2	自己株式の取得等の状況	4-3 1-4-1(5)	株主の状況 議決権の状況			
	3	配当政策			1-2-3	対処すべき課題	
	4	株価の推移					
	5	役員の状況	1-5-1 4-3	連結財務諸表等 株主の状況	4	株式公開情報	
	6	コーポレートガバナンスの状況	1-4-5	役員の状況	1-2-4	関係会社の状況	
第5		経理の状況					
	1	連結財務諸表等	1-1-1 1-2-1	主要な経営指標等の推移 業績等の概要			
	2	財務諸表等	1-1-1	主要な経営指標等の推移	1-2-1	業績等の概要	
第6		提出会社の株式事務の概要					
第二部		提出会社の保証会社等の記載 (該当事項なし)					
第三部		特別情報					

	提出会社および連動子会社の最近の財務諸表	1-1-1	主要な経営指標等の推移				
第四部	株式公開情報						
第1	特別利害関係者等の株式等の移動状況	1-1-1	株主の状況				
第2	第三者割当等の概況						
1	第三者割当等による株式等の発行の内容	1-4-1	株式等の状況				
2	取得者の概況	4-3	株主の状況				
3	取得者の株式等の移動状況	4-3	株主の状況				
第3	株主の状況	1-1-1	主要な経営指標等の推移	4-1	特別利害関係者等の株式等の移動状況		
		1-4-1	株式等の状況				
		1-4-5	役員の状況	4-2	第三者割当等の概況		

2 上場申請のための確認資料

　上場申請のための有価証券報告書とともに、「確認資料」の提出も要請されています。この確認資料とは、上場申請のための有価証券報告書の記載を補完することを目的とし、会社の経営理念および企業戦略、翌会計年度の利益計画などを記載するものです。

　確認資料の作成にあたってのポイントは、上場申請のための有価証券報告書と整合した内容であることです。特に、翌会計年度の利益計画が過年度の実績に照らし、実現可能で信頼性の高いことが求められます。

　以下に、作成にあたり項目ごとに担当となる部署および準備資料等を記載しました。また、作成の便宜のため、上場申請のための有価証券報告書および確認資料の他の項目との整合性チェックリストを記載しました。

(1) 作成手順

目　次		戦略度	担当	準備資料等	備　考
I	会社の概況				
1	会社の経営理念および企業戦略				
	(1)会社の経営理念		総務	社是、社訓、社内憲章、会社案内	

	(2)企業戦略および事業展開	S	経営企画室	事業計画書、経営計画書、経営戦略会議等の資料、企業戦略に対する社長インタビュー記事	
	(3)上場申請にあたっての理由		経営企画室	上場に対する社長方針、社内報	
2	役員等の状況				
	(1)役員間の親族関係		総務	親族関係調査表	
	(2)他の会社、団体等から移籍した役員		総務	人事に関する社内通達文書	
	(3)役員の兼務状況		総務	役員名簿、役員履歴書	
	(4)企業の推進者		総務	創業者・企業の推進者の職務経歴書	
3	コーポレートガバナンスの概況				
	(1)企業統治に関する取組状況および考え方		総務	組織図、取締役会議事録、企業の内部統治に関する考え方	
	(2)会社法上の機関およびその他意思決定機関の特徴		総務	取締役会議事録	
	(3)企業統治の意思決定のしくみ		総務	取締役会規程、職務権限規程、各種会議資料、稟議書	
	(4)内部監査機能		総務	内部監査規程、内部監査計画・報告書	
	(5)監査役の活動状況		総務	取締役会議事録・監査役会議事録、監査役（会）の監査計画書	
	(6)その他社内のチェック機能		総務	取締役会議事録、各委員会等の資料	
	(7)今後のコーポレートガバナンスの強化、充実のために検討していること		総務		

4	関連当事者との取引状況		経理	取締役会議事録、関連当事者一覧表	
5	インサイダー取引防止策		総務	内部情報管理規程	
6	適時開示体制の整備および運用状況		経理 経営企画室		
7	株主還元策に関する基本方針		経営企画室		
8	ＩＲに関する取組み		経営企画室		
II	事業の概況				
1	業界の動向				
	(1)業界に関する法的規制、行政指導、その他の規制	S	経営企画室	同業他社の有価証券報告書等	
	(2)業界の動向および今後の見通し	S	経営企画室	業界団体等の機関紙、業界専門新聞等、政府・民間調査機関の統計資料およびレポート、同業他社の有価証券報告書	
	(3)業界に占める地位、シェア	S	経営企画室	同上	
2	事業の内容				
	(1)業績変動の要因	S	経営企画室	取締役会議事録、営業会議用資料	
	(2)技術、資本、販売等の系列または提携等	S	経営企画室	資本・業務提携等に関する契約書、取締役会議事録	
	(3)共同開発、特許所有者との契約等重要な契約の内容等	S	経営企画室	取締役会議事録、共同開発等に関する契約書、特許権使用許諾に関する契約書	
	(4)特許権、実用新案権等工業所有権の所有状況	S	経営企画室	工業所有権の申請書類、特許公報	
3	事業内容の変更等	S	経営企画室	取締役会議事録、経営会議等議事録、中期経営計画書、稟議書	
III	経理の状況				

1	販売先一覧表		経理	得意先別売上高明細、勘定科目明細表、手形管理台帳
	(1)販売先との間の決済条件、売上高の大幅な変動		経理	稟議書
	(2)決済期日が6か月を超える受取手形		経理	
	(3)計上日より6か月を超える売掛金		経理	得意先元帳
2	仕入先一覧表		経理	仕入先元帳、勘定科目明細表
	(1)採用している決済条件、仕入高の大幅な変動の状況			購買管理規程、取引先別決済条件一覧表
3	偶発債務一覧表			
	(1)債務保証		経理	附属明細書
	(2)偶発債務		経理	附属明細書
4	重要な後発事象		経理	取締役会議事録、稟議書
5	金融派生商品等の利用状況および管理状況		経理	社内管理規程、取締役会議事録
6	その他		経理	財務諸表、各種資産台帳、時価に関する情報
IV	利益計画			
1	利益計画			
	(1)直前連結会計年度の実績および翌連結会計年度の利益計画	S	経理 経営企画室	連結財務諸表、連結利益計画
	(2)直前事業年度の実績および翌事業年度の利益計画	S	経理 経営企画室	財務諸表、利益計画、営業報告書
V	その他			
1	係争、紛争事件		総務	稟議書、告発状
2	法令違反等の状況		総務	申告法人税に関する更正決定通知書、当局からの法令違反に関する通

			知書、行政指導に関する行政機関からの通知書	
3	重要な合併、分割、子会社化もしくは非子会社化、営業の譲渡又は譲受け等			
	(1)最近2事業年度の重要な合併		経営企画室	合併契約書、取締役会議事録、株主総会招集通知・議事録	
	(2)最近2事業年度の分割		経営企画室	分割計画書・分割契約書、取締役会議事録、株主総会招集通知・議事録	
	(3)最近2事業年度の子会社化もしくは非子会社化		経営企画室	株式交換契約書、株式売買契約書、取締役会議事録、株主総会招集通知・議事録	
	(4)最近2事業年度の重要な営業の譲渡または譲受け		経営企画室	営業譲渡契約書、取締役会議事録、株主総会招集通知・議事録	
	(5)直前事業年度の末日後の重要な合併、子会社化もしくは非子会社化、営業の譲渡または譲受け等		経営企画室	合併契約書、株式交換契約書、営業譲渡契約書、取締役会議事録、株主総会招集通知・議事録	
4	その他申請会社の対処すべき課題		経営企画室	取締役会議事録、株主総会議事録、対外発表資料、業界動向等についての新聞・雑誌の記事等	

【添付資料】　会社案内　組織図

（2）整合性チェックリスト

記載例：2-4-1(1) ➡ 上場申請のための有価証券報告書第二部　第4　1(1)
　　　　II-1-(2)　➡ 確認資料II　1(2)

目次項目		上場申請のための有価証券報告書との整合性		「ヘラクレス」確認資料との整合性	
		目次番号	タイトル	目次番号	タイトル
I	会社の概況				
1	会社の経営理念および企業戦略				
	(1)会社の経営理念				
	(2)企業戦略および事業展開	1-1-3 1-2-1 1-2-3	事業の内容 業績等の概要 対処すべき課題	II-1-(2) IV-1	業界の動向および今後の見通し 利益計画
	(3)上場申請にあたっての理由				
2	役員等の状況				
	(1)役員間の親族関係				
	(2)他の会社、団体等から移籍した役員	1-4-5	役員の状況		
	(3)役員の兼任状況	1-4-5	役員の状況		
	(4)企業の推進者				
3	コーポレートガバナンスの概況				
	(1)企業統治に関する取組状況および考え方	1-4-6	コーポレートガバナンスの状況		
	(2)商法上の機関およびその他意思決定機関の特徴	1-4-6	コーポレートガバナンスの状況		
	(3)企業統治の意思決定のしくみ				
	(4)内部監査機能	1-4-6	コーポレートガバナンスの状況		
	(5)監査役の活動状況	1-4-6	コーポレートガバナンスの状況		
	(6)その他社内のチェック機能				
	(7)今後のコーポレートガバナンスの強化、充実のために検討していること	1-4-6 1-2-3	コーポレートガバナンスの状況 対処すべき課題	I-3-(1)	企業統治に関する取組状況および考え方
4	関連当事者との取引状況				

5	インサイダー取引防止策				
6	適時開示体制の整備及び運用状況				
7	株主還元策に関する基本方針	1-4-3	配当政策		
8	ＩＲに関する取組み				
II	事業の概況				
1	業界の動向				
	(1)業界に関する法的規制、行政指導、その他の規制				
	(2)業界の動向および今後の見通し	1-2-3	対処すべき課題		
	(3)業界に占める地位、シェア	1-2-1	業績等の概況		
2	事業の内容				
	(1)業績変動の要因	1-5-2(1)②	損益計算書		
	(2)技術、資本、販売等の系列または提携等	1-2-5	経営上の重要な契約等		
	(3)共同開発、特許所有者との契約等重要な契約の内容等	1-2-4 1-2-5	事業等のリスク 研究開発活動		
	(4)特許権、実用新案権等工業所有権の所有状況	1-2-4 1-2-5	事業等のリスク 研究開発活動		
3	事業内容の変更等				
III	経理の状況				
1	販売先一覧表	1-2-2	生産、受注および販売の状況		
	(1)販売先との間の決済条件、売上高の大幅な変動				
	(2)決済期日が６か月を超える受取手形				
	(3)計上日より６か月を超える売掛金				
2	仕入先一覧表				
	(1)採用している決済条件、仕入高の大幅な変動の状況				

3	偶発債務一覧表				
	(2)債務保証	1-5-2(1)注記	財務諸表　注記		
	(3)偶発債務	1-5-2(1)注記	財務諸表　注記		
4	重要な後発事象	1-2-4	経営上の重要な契約等		
		1-5-2(1)注記	財務諸表　注記		
5	金融派生商品等の利用状況および管理状況	1-5-2(1)注記	財務諸表　注記		
6	その他				
IV	利益計画				
1	利益計画				
	(1)直前連結会計年度の実績および翌連結会計年度の利益計画	1-2-1 1-5-1(1)② 1-1-1	業績等の概況 連結損益計算書 主要な経営指標等の推移		
	(2)直前事業年度の実績および翌事業年度の利益計画	1-5-2(1)② 1-1-1 1-5-2(1)注記	損益計算書 主要な経営指標等の推移 損益計算書　注記		
V	その他				
1	係争、紛争事件	1-2-4	事業等のリスク		
2	法令違反等の状況				
3	重要な合併、分割、子会社化もしくは非子会社化、営業の譲渡または譲受け等				
	(1)最近2事業年度の重要な合併	1-2-1 1-1-4	業績等の概要 関係会社の状況		
	(2)最近2事業年度の分割	1-2-1 1-1-4	業績等の概要 関係会社の状況		
	(3)最近2事業年度の子会社化もしくは非子会社化	1-2-1 1-1-4	業績等の概要 関係会社の状況		
	(4)最近2事業年度の重要な営業の譲渡または譲受け	1-2-1 1-1-4	業績等の概要 関係会社の状況		
	(5)直前事業年度の末日後の重要な合併、分割子会社化もしくは非子会社化、営業の譲渡または譲受け等				
4	その他申請会社の対処すべき課題	1-2-3	対処すべき課題		

Ⅶ　想定質問とヒヤリング

1 想定質問の様式

　想定質問は以下のような形で行われますが、ヘラクレスの場合、主幹事証券会社主導の審査が行われる傾向にあり、その点からみますと、③の証券会社からベンチャー企業に対する質問が主な内容となり、①②を包括する形で質問がなされることになります。
　なお、証券取引所および証券会社の立場・責任の違いを踏まえた質問がなされることは、予め想定しておくべきでしょう。
① 　証券取引所から証券会社
② 　証券取引所からベンチャー企業
③ 　証券会社からベンチャー企業

（１）主幹事証券会社からの質問数および審査内容

　主幹事証券会社からの質問数および審査内容とヒヤリング内容はマザーズ等の場合と基本的に大差はなく、下記のとおりです。
　なお、主幹事証券会社（引受審査部）による質問から基本的な事項を中心に想定質問集としてまとめたものを添付CD-ROMに収録していますので参考にしてください。

① 　質問数
- 1回目100問程度、2回目50問程度
- 関連質問を含めると全部で200問程度

② 　審査内容
- 会社設立後の増資の経緯
- 取締役会議事録、（弁護士のチェックを含めた）主要な契約書、稟議書の内容チェック
- 事業拡大の経緯
- 会社業務の推進における社長への依存度
- 内部統制システムの構築
- 管理部門の内部牽制体制
- 内部監査（1年超の運用実績が必要）
- 業務フローチャートに基づく業務の流れの説明
- 月次決算の迅速化（翌月7日締め、10日役員会開催が目処）
- 四半期開示体制（45日以内に公認会計士によるレビューが行われる体制）
- 利益計画の妥当性
- リスク情報

③　ヒヤリング日数および内容

　1回目の質問時に1日×3回、2回目以降、1日×2～3回、うち1～2回は、役員・監査役へ職務内容、課題、ガバナンス、勤務状況を中心に、また、担当公認会計士には経理組織、会計処理、内部監査、監査役監査等に関し行われ、全体的には事業、組織、経理を内容としています。また、必要に応じ管理部門の責任者に対し、各自の業務分掌について個別聞き取りが行われます。

（2）証券取引所の質問数および審査内容

① 　質問数：約20～50問が文書による質問ですが、メールや電話にての照会が多々あります。
② 　審査内容は引受証券会社の引受審査と同じですが、問題点が絞り込まれます（申請時に提出した書類に基づき質問が行われます）。
　　・　成長性の裏付け
　　・　将来ビジョン
　　・　ガバナンス、管理体制
　　・　事業活動に伴う公益性
③ 　ヒヤリング日数
　　・　4日間程度ヒヤリングが行われることが多いようです。

　以上から、勘案しますと、ヘラクレス上場にせよマザーズ上場にせよ、「上場申請のための有価証券報告書（Ⅱの部）」がないとはいえ、ジャスダックと同様に実質的には質、量とも同じ内容の資料が必要であると認識しておいたほうがいいでしょう。

　公開準備作業のうち、この質問に対する回答書を作成するのに、2週間程度と短期間での作成を求められることが多く、スケジュールのタイトさと、回答内容の的確性等において、上場申請企業にとっては最も負担が重いものであるといわれています。

　上場のための審査項目について具体的な質問がなされますので、申請企業の事業内容等を熟知した上で、明確な表現で簡潔にコメントを記載しなければなりません。上場審査の回答には、申請時点におけるパブリックカンパニーとしての社会的責任を履行し得る事業基盤を形成しているか、内部管理体制および決算開示体制が整備されているかどうかを確認・評価されることを念頭に置き、その目的を達成できる体制が整っていることを証明するための手段であるということを十分認識して、文面を取りまとめる必要があります。

　とりわけ、バイオ、ITなど新たな技術、製品・サービスで従来にないビジネス展開をしている企業は、第三者にもその事業内容が理解できるように、平易で簡潔な回答をしなければなりませんので、ある程度、そういった業務に習熟した担当者が必要となるでしょう。

2 具体的事例・ポイント

　以下においては、最も詳細な回答が求められる証券会社からベンチャー企業への質問とその回答例ないし留意事項を簡単に列挙します。
　この内容に基づいて代表取締役や監査役に対するヒヤリングが行われることから、記載内容については十分、注意を払うことが必要です。

【質問事項】		
Ⅰ. 上場を申請した理由（目的、期待する効果）について、具体的に説明してください。		
【回　　答】 （ポイント） 　以下のキーワードを織り込んで、その企業の経営理念、経営方針とすり合わせて説明することが求められます。 　　・資金調達力の増大と資金調達方法の多様化 　　・ビジネス基盤の拡大とビジネスチャンスの増大 　　・財務体質の強化 　　・社会的信用力の増大と知名度の向上 　　・優秀な人材の確保 　　・役職員のモラルの向上 　　・社内管理体制の充実 　　・株式の資産価値の客観性と流通性の増大 （事例） 　上場による当社知名度のさらなる浸透を図り、市場のシェアを上げること、優秀な人材を確保することおよび資金調達手段の多様化を実現することを目的としております。また、上場にあたっては、他の上場企業に負けぬよう経営に注力し、企業基盤の充実を図る所存です。 　②株主尊重 　　　会社は、株主のものであることを念頭に置き、積極的な利益還元を行う所存です。 　③ディスクロージャーへの取組みについて 　　　タイムリーディスクロージャーを基本として、財務数値の開示はもちろんのこと、株主および投資家の方に必要と思われる情報を的確にかつ迅速に開示する所存です。		
添付資料の 有無	無	【資料名】

【質問事項】
Ⅱ．企業グループの概況について
  1．沿革について
   (1) 設立に至った経緯について

【回　　答】
(事例)
　若年層の女性が集まる渋谷という地域に、アンテナショップともいうべき第一号店を出店することで、当社製品の需要動向の調査と、ユーザーへの安心感を訴求し、さらに当社のビジネスプランの成否を判断するために出店を行い、同時に法人設立に至りました。
　その店舗が当初の想定以上の業績を上げたため、引き続き、ローコストオペレーションのためのノウハウ、人事管理の手法を確立するため、鋭意努力を重ね、2号店以降の出店を行っております。

添付資料の有無	無	【資料名】

【質問事項】
(6) 事業の概況
　主要なサービス提供のための開発・発売の経緯について、事業の種類別セグメントごとに目的を含めて年代順に表形式等により説明してください。

【回　　答】
(事例)
開発に至った経緯
　2002年9月頃、当社より取引先A社に対してブロードバンド時代の到来を踏まえ、新たなコンテンツ配信ビジネスの提案を実施しました。しかしながら、当時のA社からの回答としては、携帯電話の通信速度がW－CDMAの登場まで、既存の通信手段では、通信時間がかかり過ぎて実用化に対して踏み切れないというものでした。当社としては、より高速で配信できるデータ圧縮技術の開発を行い、以下のように開発・発売にまで至りました。

年　月	経　緯
2003年11月	調査、設計に着手
2004年6月	製品完成
2004年8月	試験および仕様変更を数度経て製品化に至る
2004年9月	A社との業務提携契約締結
2004年11月	A社を総発売元として製品販売開始

添付資料の有無	無	【資料名】

【質問事項】		
3．親会社等との関係について (4) 申請会社が、関係会社から債務保証その他の経済的支援を受けている場合には、その内容について説明してください。 (5) 親会社等との取引について以下の事項について説明してください。 　① 取引の具体的内容 　② 取引条件 　③ 取引条件の決定方法		
【回　　答】 (事例) (4) 非常勤監査役B氏より同氏が代表取締役を務める法人に対し、運転資金として貸付1,000万円があります。 　代表取締役C氏より同氏が取締役に就任している法人に対し、金融機関借入残高3,774千円（3月末時点における残高、以下同じ）およびリース残高5,666千円に対して債務保証を行っています。また、運転資金の不足に対し、C氏から同社に1,274千円を貸し付けています。 (5) 役員または大株主との間で、第三者を名目的・形式的に経由して取引しているものはありません。 　ただし、以下の取引は結果的に役員等が議決権の過半数を所有する会社に発注されました。 　［当　社］ →広告等の委託→ ［無関係な法人］ →印刷業務の外注→ ［監査役が代表取締役を務める法人］ 　当社は、新規事業関係の広告等を広告代理店である法人に委託しています。委託先法人は、価格・納期等の総合的判断から当社監査役が代表取締役を務める印刷会社を印刷の外注先として選定しましたが、これに関して、当社はまったく業者指定等を行っておらず、経由取引であるとは認識しておりません。		
添付資料の有無	無	【資料名】

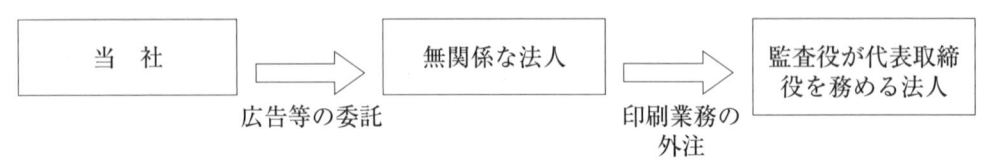

【質問事項】
4．労務の状況について
 (6) 貴社の人事戦略について、採用方針ならびに具体的な採用方法、人材教育および人員配置等の観点から説明してください。

【回答】
(事例)
　当社の社員採用は、入社時の適性検査において一定の能力を保持し、性格および健康状況が良好、当社ビジネス展開に必要な経験、知識を有していることを条件とし、各期の人員計画に基づいて必要な人数を採用しております。
　現在の人員採用計画は、営業＋5名、企画＋3名、技術＋5名、管理＋2名、事務職＋1名です。
　人材教育については、営業はOJTおよび、業界セミナー等への参加により、社員の研修・教育を実施しております。技術については、OJT、研修等により行っています。
　人員配置については、入社時の適正試験と人員採用計画、さらに本人の希望アンケートをとり、個別面接した上で配置を入社後3か月間の研修後に決定・人事発令を行っています。

添付資料の有無	無	【資料名】

【質問事項】
Ⅲ．事業の概況について
 1．業界について
 (1) 貴社の属する業界に対する法的規制の有無について説明してください。
　　さらに、法的に要請される業務上の手続について説明してください。

【回答】
(事例)
　事業に対する法的規制は、D事業に関してはココムに基づく輸出規制、E事業に関しては電気通信事業法です。
　業務上の手続きは、輸出管理規制の周知徹底（D事業）、検閲の禁止、秘密の保護、業務、電気通信設備および設備の接続等の遵守（E事業）です。

添付資料の有無	無	【資料名】

【質問事項】
　(3) 同業他社の状況について
　　最近3事業年度の業界に占める地位、シェアについて主な競合製商品・サービスならびに貴社の提供するサービス・商品の優位な点、劣位な点を説明してください。

【回　　答】
(事例)
　市場での地位、シェアについて
　市場シェアは、正確な統計がとられていませんが、○総研「'05ＩＴビジネス調査総覧」の統計予測に基づくと、最近3事業年度の当社製品の市場シェアは30％、40％、50％以上と順調に伸ばしていると想定されます。
　当社のサービス・製品については、以下の点が競合他社に対する優位性と考えています。
- スピード（理由）
- 安全性（理由）
- 柔軟性（理由）

劣位な点としては、柔軟に対応できるメニュー機能の豊富さを確保するため、特定機能に関してはコスト面で、安価にサービスを提供できない点にあります。

| 添付資料の有無 | 無 | 【資料名】 |

【質問事項】
2．事業の内容について
　(4) 貴社の研究開発活動について、下記事項をお教えください。
　　①担当部署、組織および管理体制
　　②現状における研究開発要員の人員および今後の方針
　　③研究開発費支出に対する基本方針（対売上高比率等）
　　④共同開発以外に貴社独自で研究開発活動を実施していれば、その内容

【回　　答】
(事例)
①次世代の製品に関する研究・開発は新規プロジェクト室で行っております。新規プロジェクト室は3名の社員で構成されており、新製品開発ということで、各部門との広範囲の協力が必要なため、技術部門からは独立した構成になっております。技術本部長が担当役員となっております。
②現在は3名ですが、来期に1名の新規採用、再来期に1名の新規採用を予定しております。
③研究予算といたしましては、そのほとんどがプロジェクト室の人件費であり、年度ごとに人数の計画策定およびそのレビューが全社の人員計画の一環として行われております。
④当社独自での研究開発項目としては以下のようなものがあります。
　・新通信制御システムを新規で開発を行っております。（2005年10月完成予定）

| 添付資料の有無 | 無 | 【資料名】 |

【質問事項】		
(5) 経営上の重要な契約等の状況について 　共同開発の内容について説明してください。 　　① 共同開発に至った経緯 　　② 共同開発のメリット 　　③ 共同開発にかかる契約の締結があれば、その内容（契約書の写しをご提示ください）		
【回　　答】 （事例） ①相手企業よりの申し出があり、担当者ベースで会合を開き双方のメリットが確認できたのに伴い、スタートしました。 ②幅広いノウハウ、製品開発力を取得することにより、他社にないユニークな製品を開発するためです。 ③添付資料をご参照ください。		
添付資料の 有無	有	【資料名】共同開発にかかる契約書

【質問事項】
(8) 生産の状況について
　① 外注を利用する基本方針について説明してください。
　② 外注管理について
　　a．外注先の選定方法
　　b．外注先に対する品質・技術管理、納期管理、情報管理等に対する方針
　　c．外注単価の決定方法および社内手続

【回　　答】
(事例)
① 外注を利用するのは、主に技術本部において顧客企業からの委託を受けて行う受託開発と自社の製品として販売する目的で開発を行う場合があります。
　各開発プロジェクトにおいては、責任者は必ず社員の中から適任者を選任します。また受託開発の場合、顧客対応においても必ず社員が責任者として業務を行います。
　受託開発のプロジェクトの場合、基本的には工数の半分以上（可能ならばすべて）を社員で行い、残りは外注を利用して開発を遂行するようにしています。自社の製品として販売もしくはその製品を利用して業務を行うものの場合、設計を含めて外注する場合があり、その場合には開発コストのほとんどが外注費用となることがあります。

②
a．弊社の関係者が何らかの形で業務を依頼したことのある企業を、過去の実績を重視しながら選定を行っております。外注先の会社の規模などについて基準は設けておりませんが、新規の取引開始時には、必要と判断した場合には、調査会社を通じた会社情報の入手を行った上で、社内で検討しております。
b．外注に際しては、課長以上の役職の社員が担当となり、各開発フェーズにおけるレビュー、検収などの作業を行います。
c．外注単価の基準額は以下のようになっています。
　　　マネージャー　　110万円／月
　　　スタッフ　　　　 60万円／月
この基準額を基に、プロジェクトごとの工数見積りをもって、発注額を決定します。単価は外注先のスキル、納期までの緊急度、過去の実績などで若干変化することがあります。
　社内手続きとしては、社内販売管理システムのフローに従い、営業からの見積り依頼→技術本部での仕様作成→外注先への見積り依頼→技術担当での検討→技術本部長の承認→工数見積書作成→営業本部での見積り作成→営業本部長の承認→顧客への見積り提出→受注→技術本部長の受注承認→技術本部から外注先への発注となります。

| 添付資料の有無 | 有 | 【資料名】外注委託契約書、請求書、注文書、外注管理規程 |

【質問事項】
3．経営管理体制について
　(2)　予算統制について
　　　中期利益計画および年度予算の具体的な立案方法、手続きを説明してください。

【回　　答】
(事例)
　中期利益計画・予算作成の立案方法、手続きをスケジュール順に説明しますと、以下のような表となります。

月　日	中期利益計画	年　度　予　算
4月13日	取締役社長に経営方針作成依頼	
4月20日	社長の作成した中期利益計画経営方針を財務部へ	
4月25日	財務部より各部門長に中期利益計画経営方針を配布	
4月28日	部門長より自部門計画を財務部に提出	
5月1日	財務部および各部門長との協議により計画案を作成	財務部において次期予算編成方針作成、取締役社長に提出
5月4日	計画案を取締役社長に提出	取締役社長の承認
5月10日		取締役会において次期予算編成方針の承認
5月10日	4月月次決算の把握	各部に次期予算編成方針配布、各部予算案作成を依頼
5月17日		財務部に各部予算案提出
5月18日		調整後の各部予算案を取締役社長が承認
5月21日		承認後の各部予算案を通知
5月23日		財務部において総合予算案を作成
5月25日		総合予算案を取締役社長が承認
5月29日	取締役会において承認	取締役会において総合予算案を承認
5月30日	各部へ配布	各部へ配布

添付資料の有無	有	【資料名】共同開発にかかる契約書

【質問事項】
(4) 内部監査について
　① 内部監査業務を担当する部門について、その内容（基本方針、部署名・担当人員、内部監査の手続き）を簡潔に記載してください。
　② 事業直前事業年度における内部監査の実施状況についてご説明ください。
　③ 申請事業年度における内部監査の計画についてご説明ください。

【回　　答】
（事例）
① これまでは、社員数が前事業年度開始時において30名と少なく、取締役社長が社内のほぼ全部門にわたって把握が可能な体制であったため、独立した部署を設けなくても内部監査の実効をあげることができると判断し、内部監査業務を担当する独立した部門を設けておりませんでした。
　しかしながら、今後は急激に社員数および部署の数が増えることから、管理部の内部監査担当（1名）が以下の手続で行います。
　　ⅰ）毎事業年度末までに、内部監査担当者は翌事業年度の年度内部監査計画書を作成し、社長の承認を得て、本計画書に従い内部監査実施計画書を作成し、これも社長の承認を得て内部監査を実施します。
　　ⅱ）監査は事前に被監査部門の部門長に実施明細を通知した上で実地に行うか書面にて行い、社長に結果を報告し承認を得ています。
　　ⅲ）内部監査担当者は、監査報告書の写しをもって被監査部門ならびに関連部門の部門長に結果を通知し、同報告書の改善勧告案に対する回答書の作成および提出を求め、改善措置の確認を行います。
② 前期は期末直前月に社員が急増し、2月に組織変更を行い部署も増えましたが、新組織体制の下では事務の流れが固まっておらず、担当者が多忙であったことなどにより、各営業部および経理部に対して以下の内部監査手続きしか実施できませんでした。
　　・管理部の納品・請求一覧表と各店舗での納品書・請求書のチェック
　　・月額支払い会員からの入会金の入金状況
　　・代理店契約の条件変更の妥当性
③ 変更後の新設部署に関しては、設置されてから前期末までの期間が短いため、当期に入ってから内部監査を実施する予定となっております。

添付資料の有無	有	【資料名】内部監査実施計画書、監査通知書、監査の概要、内部監査報告書、内部監査改善状況報告書等

【質問事項】
(5) コーポレートガバナンス等について

ヘラクレスでは決算短信を公表（事業年度末から2か月以内）する際に同時にコーポレートガバナンスの状況についての開示を求めています。

そこで、貴社の企業統治（コーポレートガバナンス）に関する取組状況および考え方について説明してください。

【回　　答】
(事例)

企業規模が小さく、社員数が39名と少ないこと、また事業所が東京都内近隣に固まっているため、シンプルな企業統治の体制により運営しております。

取締役会は少人数の取締役(5名)で構成することにより、迅速な意思決定を行っております。

また、代表取締役社長は、新製品の企画・経営方針など当社の進むべき方向を的確に定める役割を担っており、また社内の主要業務について業務執行を行っております。

このような理由により、商法上の機関としては株主総会、監査役会（監査役3名）、取締役会（取締役5名）があります。上記以外の意思決定機関として経営会議があります。これは不定期に取締役がメンバーとなって、経営上の課題につき討議する会議です。

企業統治の意思決定の仕組みについては、毎月一度の定時取締役会において取締役会の業務報告に関する状況報告が行われ、事業計画の策定は社長の作成した経営方針をもとに各部門長が作成した自部門計画を財務部との協議をもとに全社計画を作成し、取締役会の承認を受けて実行されます。その他不定期の経営会議において経営方針の討議が行われます。

新規事業等への進出など重要事項に関しては、定時取締役会ないし緊急を要する場合には経営会議または臨時取締役会にて討議され、必要な場合には株主総会での承認を経て実行されます。

添付資料の有無	有	【資料名】取締役会議事録

【質問事項】
(6) 監査役監査について

監査役の活動状況について説明してください。

【回　　答】
(事例)

当社の今後の事業規模の拡大と事業内容の多様化に備えて、監査機能の充実を図るため、実務経験豊富な常勤監査役1名と社外監査役である非常勤監査役を2名選任し（上場企業取締役経験者と弁護士、公認会計士）、当社の商品・サービスおよび社員、仕事の品質を監査し、不祥事の発生を未然に防止することにより、当社が社会的責任を果すことができるよう取締役および会計監査人から報告を受け、取締役会および株主総会にて積極的に意見を陳述すべく活動しております。

添付資料の有無	有	【資料名】取締役会議事録

【質問事項】
＊株主還元策に関する基本方針
　株主に関する還元策配当政策、株主優待策株式分割などについて、過去の状況および今後の貴社の基本方針を記載してください。

【回　　答】
（事例）
　株主に対する業績に応じた利益還元と、変化の激しい事業環境に備えるための経営基盤の強化を配当政策の基本方針としております。
　当面の方針としては、創業後間もないこともあり、財務基盤の充実による経営体質の強化を図り、当社の技術の有効活用に関する事業提携、M＆A、他企業への出資などによる積極的な事業展開を図るために、内部留保の充実を先行させて企業価値の将来的な増大を目標にしたいと考えております。

添付資料の有無	有	【資料名】取締役会議事録

【質問事項】
＊IR活動（Investor's Relations）に関する貴社の活動状況および今後の貴社の基本方針を記載してください。

【回　　答】
（事例）
　事業報告書、会社説明会、ホームページにおける発信を中心とし、積極的に自社情報の開示に取り組んで行く方針であります。

添付資料の有無	有	【資料名】取締役会議事録

【質問事項】
Ⅷ．その他について
　①　内部情報の管理体制およびインサイダー取引防止策について
　　　証券取引法第166条第1項に規定する「業務等に関する重要事実」等の管理体制および役職員のインサイダー取引防止策について具体的に説明してください。

【回　　答】
（事例）
　就業規則で業務上の機密となる事項の漏洩を禁止しており、さらに平成16年9月に内部情報管理規程を制定することにより実効性を高めようとしております。また具体的な対策としては監査役および内部監査を担当する管理部の内部監査担当が法令・諸規則の遵守状況について監査を行うとともに、管理本部に情報管理担当者を置き、社内重要情報の集中および管理を行うとともに情報管理に関する社内体制の強化を図っており、取締役会において役員にこれを周知徹底させ、職員に対しても周知徹底ならびに指導を行っております。

添付資料の有無	有	【資料名】就業規則、内部情報管理規程

【質問事項】 (2) 適時開示体制の整備および運用状況 　適時開示（タイムリーディスクロージャー）に関する社内体制（責任者、担当部署）の整備状況および運用状況について記載してください。	
【回　　答】 （事例） 　管理担当取締役の管理・指示のもと、管理本部に情報開示担当者を置き、社内重要情報の集中および管理を行うとともに、管理本部に属する財務部の把握した実績データと予実差異分析の結果報告をもとに、毎月の取締役会において月次決算の進行状況を報告し、また月中においても事業環境の変化により大幅な予算修正が必要と判断された場合は速やかに当該部門に対して業績見通しの提出を指示するとともに、臨時取締役会において検討を行い、業績見通しの修正が必要と判断された場合は速やかにその手続きをとる体制とする計画となっております。また、客観的に予実差異分析を行うため、数値基準を導入しております。	
添付資料の有無	有　【資料名】取締役会議事録

Ⅷ 「事業等のリスク」の具体的記載方法

1 「事業等のリスク」を記載することとなった背景

「わが国の中堅・中小企業に直接金融の道を開くべき」という論議が高まり、また投資者に対しても魅力ある投資物件の提供を通して、市場の活性化を図る観点から、最初に株式店頭市場の規制緩和が行われました。しかし、従来の開示内容では、投資者が有価証券に投資する際にリスクの存在を確認し判断できるかという問題がありました。そこで、店頭登録会社または店頭登録が承認された会社は、有価証券の募集または売出しを行う時に提出する有価証券届出書の「証券情報」に「リスク情報の開示」を記載するよう日本証券業協会が定めました。その際の記載に関するガイドラインは米国の事例を参考として作成されました。

その後、店頭登録会社のみでなく、証券取引所の上場会社にも適用され、さらに、平成15年4月の改正開示府令で、「証券情報」の「事業の概況等に関する特別記載事項」としてリスク情報を記載していたのを、企業内容を全般にわたって詳細に開示させている「企業情報」の重要な項目として「事業等のリスク」を記載することになり、その後有価証券報告書にも記載されることになりました。このような記載箇所とその内容の変化は、アメリカのエンロン事件をきっかけとした「上場企業会計改革および投資家保護法（Sarvanes-Oxley Act、通称：企業改革法）」の制定を始めとする国際動向を反映したものです。

2 リスクについての考え方

「事業等のリスク」で記載するリスクとは何か、明確に定義されたものはありませんが、証券取引法第1条に規定される目的において投資者保護が挙げられており、リスク情報開示の意味として、「事実を知らされないことによって被る損害からの保護」が根底にあると考えられます。具体的には、定時開示の有価証券報告書およびエクイティファイナンス時の有価証券届出書の提出日現在で経営者が判断した「リスク要因となり得る事業」若しくは「経営に関する事項のうち、そのリスクが発生すると業績に著しい影響を与える事項」とされています。

経営者は、リスクの可能性を認識し、発生の回避、発生した場合の対応について検討していることを開示し、投資者の投資判断に供しています。投資者においても、有価証券の発行会社に関する情報が適時・適切に開示されることによって、証券市場の信頼性が確保でき、その結果として、投資者の自己責任原則も貫徹されることになります。

3 「事業等のリスク」の開示

　平成15年3月にディスクロージャー制度関係の内閣府令および関連ガイドラインが改定され、同年の4月1日から施行・実施されています（平成16年3月期決算会社から適用）。
　この「事業等のリスク」の記載に関する改正は、有価証券届出書、発行登録書、発行登録追補書類など有価証券の募集・売出し時に作成する発行開示書類だけでなく、有価証券報告書という流通市場に向けた継続開示書類においても開示することが必要になったという点で、非常に重要な改正です。
　この「事業等のリスク」では、開示書類の記載要領においてリスク事項を例示していますが、千差万別の事業実態から生じるリスク要因の多様性に配慮し、定性的情報として画一的な記載でなく例示の範囲を越えてリスクを認識する記載を求めていますので、「記載上の注意」以外のガイドライン等は提示されていません。

4 「事業等のリスク」記載上の留意事項

（1）企業情報の一部としての事業等のリスク
　「リスク情報」が投資者の的確な投資判断に必要かつ有用な情報開示であるためには、投資者が知りたい内容、すなわち「その会社の『強み』は何か、『弱み』にはどのように対応しようとしているのか、市場拡大の『機会』はあるのか、その場合の『脅威』は何か」について、会社の外部環境・内部環境を分析した上で起こりうる事象とその影響を開示することが必要です。そして、これらを「一括」して「具体的」に、「わかりやすく」かつ「簡潔に」記載することが求められています。そのためには、できるだけ平易な言葉を選び、簡潔な文章で、かつ内容が抽象的にならないよう実務的な対応が求められています。また、リスク項目ごとに箇条書きにして、リスクの所在を一読して理解しやすいようにするのがいいでしょう。
　加えて、会社にとって有利な要因についても記載しておく必要があるでしょう。それは、会社にとってその優位性がなくなったときに不利な要因になることがあるからです。
　そして、「事業等のリスク」の記載は投資者の観点から行うことが最も重要なことでしょう。

（2）将来情報の開示
　新技術に基づく画期的な新製品の販売見通しなど将来に関する情報を記載することができるようになりましたが、記載した場合には提出日現在で判断したものである旨を記載す

る必要があります。

（3）発行開示と継続開示の相違

　発行開示書類（有価証券届出書等）には引受証券会社にも連帯賠償責任が生じるため、実務上作成時には主幹事証券会社とその顧問弁護士との打ち合わせを行います。一方、有価証券報告書については開示会社の自主的判断に任されていますが、不実記載の対象になりますから、積極的な開示姿勢が望まれます。

5 「事業等のリスク」の具体的内容

　「事業等のリスク」の記載内容は、平成17年11月改正の「企業内容等の開示に関する内閣府令」（第二号様式　記載上の注意（32-2））によると以下のものが挙げられています。
① 　財政状態、経営成績およびキャッシュフローの状況の異常な変動
② 　特定の取引先・製品・技術等への依存
③ 　特有の法的規制・取引慣行・経営方針
④ 　重要な訴訟事件等の発生
⑤ 　役員・大株主・関係会社等に関する重要事項
⑥ 　投資者の判断に重要な影響を及ぼす可能性のある事項

　また、大阪証券取引所がヘラクレス市場参加者に対して、米国のリスク開示事例を加味して、「事業の概況等に関する特別記載事項」（いわゆるリスク情報）の一例として以下のものを挙げています。
・　創業後間もない、歴史が浅いこと
・　利益がマイナスであること
・　業績・将来性が一部の人物に依存していること
・　増資・追加資金の必要性があること
・　特許・技術・所有権・著作権に関する情報
・　四半期の業績の著しい変動
・　新製品の開発に関する情報
・　製品・サービスが一分野に集中していること
・　事業の拡大、縮小に関するリスク
・　法的、行政または業界の自主規制
・　為替変動リスク
・　特定の取引先への依存
・　訴訟問題

- 税法の変更に伴う影響
- 製造量の限界、在庫リスク、ディフォルトリスク
- 一般の経済要因による影響
- 金利への感応度
- 配当政策
- ワラント等ストックオプションの行使による希薄化
- 公募資金の使途

さらに、東京証券取引所の新興企業向け証券市場であるマザーズ市場においても、「上場申請のための有価証券報告書（Ⅰの部）」のリスク情報にかかわる実例として以下のものが挙げられています。
- 社歴が浅いなど、事業運営に安定性が無い場合、その内容
- 現在利益を計上していない若しくは累積損失を抱えている場合、その内容
- 今後の事業計画上での利益計上または累積損失解消の方策
- 競合等により収益が圧迫される可能性が高い場合、その状況
- 特定の人物または特定の技能等を有する人材に事業活動を依存している場合、その内容
- 新製品または新技術の事業化・商品化に長期間要する場合、その内容
- 将来性が不明確である特定の製品・技術等に依存している場合、その内容
- 取引の継続性が不透明な取引先に依存する場合、その内容
- 事業展開にあたって特有の法的規制または自主規制等がある場合
- 重要な訴訟事件等が発生している場合、その内容
- 業界環境が激変する可能性がある場合、その内容
- 特別利害関係者と取引がある場合、その内容
- 大株主による申請会社の経営への関与の状況
- ストックオプションの行使など、株式の希薄化にかかる影響
- 今後の事業展開について
- 利益還元に関する方針について
- 資金使途について

6 具体的記載方法

（1）頭書の記載

以下の事項は、開示に伴う会社の責任の範囲を明確にするため頭書として記載します。
- 事業その他に関するリスクについて、投資家の判断に重要な影響を及ぼす可能性があ

ると考えられる主な事項を記載します。
・ 必ずしもリスク要因に該当しない事項についても、投資家の投資判断上、重要であると考えられる事項については、投資家に対する積極的な情報開示の観点から積極的に開示している旨を記載します。
・ これらのリスク発生の可能性を認識した上で、発生の回避および発生した場合の対応に努める方針である旨を記載します。
・ 将来に関する事項を記載する場合には、有価証券報告書の提出日現在において判断したものであることを記載します。

（２）事業内容・企業集団の状況・業界の動向等

①事業内容

投資者がリスク情報を理解する上で必要な会社の事業内容や特徴などを記載しますが、他社に事例のない特殊なビジネススキームの場合や事業が成長業種でない場合に記載されています。

②業界動向

事業内容を理解するための前提として、現在会社の属する業界が、再編、業界規制の撤廃に伴う新規参入等により経営環境が急激に変化する可能性があり、会社の業績に影響を与える可能性がある場合に記載します。

③社歴が浅いこと

設立して間もないため、事業そのものがまだ本格的な軌道に乗っていない場合、会社の信用が低く会社の事業運営に支障をきたす可能性が高いと考えられる場合などに会社設立の経緯・沿革とともに記載します。

④競合の状況および新規参入の可能性

会社を取り巻く業界の状況およびその中における会社の位置づけ、また、現在あるいは今後、競合会社の参入がどの程度想定され、会社の収益にどのような影響を与えるかなどを記載します。

⑤今後の事業展開

今後新たな事業を行う場合、あるいは現在行っている事業の中で重点的に行う事業、拡大を予定している事業がある場合などに記載します。また、それに伴い事業リスク、訴訟リスク等が発生する可能性がある場合なども記載します。

⑥知的財産権

特許権を始めとした知的財産権が申請会社の経営に与える影響を記載します。

（3）財政状態・経営成績およびキャッシュフローの状況の異常な変動

①為替変動

為替変動が申請会社の業績等に与える影響を記載します。

②赤字・債務超過

直前期が赤字や債務超過である場合に、黒字化・累積損失解消の見込みを記載します。

③四半期業績

事業や商品の特殊性から、売上げや利益が恒常的に季節変動があることを記載します。

④在庫リスク・デフォルトリスク

特殊な素材等の制約による製造量・販売量の限界、在庫リスク、デフォルトリスクなどを記載します。

⑤金利変動

借入金依存の状況（偶発債務を含む）が金額、比率ともに高いような場合、金利上昇時の業績に与える影響について記載します。

⑥国際商品市況

会社が扱う原材料や商品の国際商品市況が当社の経営成績等に影響を与える場合を記載します。

⑦資金調達できない影響

資金調達の必要性があるにもかかわらず、今後、証券市場が低迷し、金融情勢も悪化し、計画どおりに調達できない場合に事業に与える影響を記載します。

⑧取引先等に対する債務保証

取引先等に債務保証をしている場合に会社の経営成績や財政状態に与える影響を記載します。

⑨資産の含み損

　資産の含み損は、今後評価損・売却損として実現する可能性がある場合に記載します。

（4）特定の取引先・製品・技術等への依存

①特定の取引先

　仕入・販売等において、ある特定の相手先に依存しており、継続的な取引が困難になる可能性がある場合、あるいは代替先をみつけることが困難であるような場合などに記載します。依存度がどの程度なら記載するかの判断基準としては、過去の事例から見ておよそ10パーセント以上の相手先が記載対象となります。

②特定の製品・サービス（ライフサイクルが短い）

　製品・サービスが一製品・一分野に集中している場合や、ライフサイクルが短い場合に記載します。

③特定の技術

　技術革新への対応を恒常的に行わないと製品が陳腐化したり、顧客ニーズに対応できなくなるなど事業に影響を及ぼすことを記載します。

④開発期間の長期化

　新製品、新技術を開発する場合等において、新事業の事業化または商品化に長時間を要することが予想され、研究開発費が長期にわたって計上される場合、あるいは新工場の建設による全面稼動に数年を要する場合等に記載します。

⑤新製品開発

　新製品開発が会社に与える影響を記載します。

（5）特有の経営方針・取引慣行・法的規制

①利益還元方針としての配当政策

　株主に対する利益還元については上場会社の重要な責務との観点から、利益配分の基本方針、配当決定にあたっての考え方および内部留保金の使途等を具体的に記載します。当面配当を行わない場合であっても、今後の方針について記載します。

②将来性が不明確な特定製品・技術への依存

会社がすでに特定の製品を販売し、あるいは開発した技術に基づき事業を行っていたが、特許権等を有していないために新規参入が予想される場合、あるいは申請会社が当該製品を他社とのライセンス契約により販売している場合に、契約を巡る今後の動向次第によっては会社の業績に影響を与える可能性がある場合などに記載します。

また、会社が、ある一つの製品のみに依存しているような場合、業界環境の変化あるいは仕入先との契約の変更等によって安定した供給ができず、会社の業績に影響を与える可能性がある場合などにも記載する必要があるでしょう。

③経営上の重要な契約

経営に重要な影響を及ぼすフランチャイズ契約やロイヤルティの支払いがある場合に記載します。

④アウトソーシングへの依存

管理業務の多くをアウトソーシングしている場合、委託先のミス、事故、倒産、情報漏洩などが業務に与える影響を記載します。

⑤特有の取引慣行

業界特有の取引条件（決済条件や返品制度、リベート制度など）が会社の経営に与える影響について記載します。記載にあたっては、各社の実情に応じ類似会社の事例を参考にしてください。

⑥法的規制

会社の事業運営上法規制の適用を受ける場合、あるいは今後何らかの法規制が考えられるような場合、また、今後の法改正により会社の業績に影響を与える可能性がある場合などに記載します。それ以外に、個人情報の取扱いや食品会社の場合は食の安全性に対する取組みなどを記載してもよいでしょう。

（6）重要な訴訟事件等の発生

①重要な訴訟事件が発生している場合

会社の業績に重要な影響を与える訴訟事件が発生している場合のほか、ある会社の特許権が成立しており、その会社の訴えにより会社の事業運営に影響を与える可能性がある場合などに記載します。

規制機関の調査の対象となっている場合などにも記載する必要があるでしょう。

②訴訟事件が発生する可能性（製造物責任を含む）

　現在は何ら訴訟事件は発生していなくとも、今後の業界環境の変化などにより訴訟を受ける可能性がある場合などに記載します。

（7）役員・大株主・関係会社等に関する重要事項

①特定人物への依存

　ベンチャー企業は役員や従業員数が少なく、経営あるいは特定の技能を特定の人物に依存している場合が多いことから、仮にその人材が流出した場合、代替要員の確保が困難で、会社の業績に影響を与える可能性がある場合などに記載します。

②特別利害関係者との取引

　会社の役員等の特別利害関係者*が会社の債務を保証しているような場合や、その金額、解消の時期等によって会社の事業運営に影響を与える可能性がある場合などに記載します。

* ①役員、その配偶者および2親等以内の血族（以下、「役員等」という）、②役員等により議決権の過半数が保有されている会社、③関係会社およびその役員をいいます。

③ストックオプションの行使など株式の希薄化にかかる影響

　ストックオプションを発行しており、これらの行使による1株あたりの利益の減少等による株式の希薄化および株式市場における短期的な需給バランスの変動の発生により、株価形成に影響を与える場合などに記載します。

　同様に、転換社債型新株予約権付社債を発行している場合も、社債権者が株式への転換権を行使することで、株式市場への影響があると考えられるので、記載する必要があります。

④大株主による経営への関与の状況

　大株主の経営への関与の状況が、今後の会社の事業展開上何らかの影響を及ぼす可能性がある場合等に記載します。

　大株主に事業運営上依存しており、何らかの事由により当該大株主との取引が継続できなくなる可能性、あるいは業績に影響を与える可能性がある場合などが考えられます。

（8）その他

①調達資金の使途

　上場に際してのエクイティファイナンスで得られる資金の使途を具体的に明記した上

で、投資家の投資判断に必要な情報を提供します。具体的には、設備資金、運転資金、借入金の返済、有価証券の取得、関係会社に対する出資または融資、事業の買収などを記載します。

②重要な提携

会社の事業活動や業績に重要な影響を及ぼす提携等の内容を具体的に記載します。

③小規模組織である影響

小規模組織であることから、内部管理体制が組織よりも人に大きく依存しているため、今後の企業成長に影響を及ぼす可能性があるときに記載します。

④人材の確保

人材が不足しており、採用が十分に行えない場合に事業の妨げになる可能性があるときに記載します。

⑤ロックアップについて

上場直後に相当数の会社株式が売却された場合には、株式の需給関係が崩れ株価の下落を引き起こし、場合によっては当該会社の株式に対する投資家の評価を低下させ、ひいては会社の企業価値の低下を招く懸念があります。このような事態を未然に防ぐため、ベンチャーキャピタル等が一定期間株式を売却しないことを証券会社との間で約束している場合に記載します。

また、オーバーアロットメントによる売出しがある場合はその旨の記載をすべきでしょう。

* 上記の項目のうち、ヘラクレス市場などの新興市場に上場する会社で該当することが多いと思われるのは以下の項目です。
  (2)③社歴が浅いこと
  (7)①特定人物への依存
  (8)③小規模組織である影響

2004年3月期以降2005年6月までに提出されたヘラクレス市場・マザーズ市場に上場している会社の有価証券報告書において、上記の項目について記載状況をキーワードごとに集計したところ以下のようになっています。

	ヘラクレス	マザーズ
＜事業内容、企業集団の状況、業界の動向等＞		
（a）事業内容	36	50
（b）業界動向	12	9
（c）社歴	7	19
（d）競合	104	120
新規参入	40	57
（e）事業展開	94	135
（f）知的財産	48	68
＜財政状態・経営成績およびキャッシュフローの状況の異常な変動＞		
（a）為替	36	37
（b）赤字	10	5
債務超過	5	3
（c）四半期	18	20
季節変動・季節的変動	9	15
（d）在庫リスク	5	3
デフォルトリスク	0	1
（e）金利変動・金利の変動	2	5
有利子負債	14	17
（f）国際商品市況	0	0
（g）資金調達	29	34
（h）（取引先等に対する）債務保証	1	2
（i）含み損	1	0
＜特定の取引先・製品・技術等への依存＞		
（a）特定の取引先	20	7
特定の販売先	6	12
特定の仕入先	6	6
（b）特定の製品	6	1
特定の商品	2	0
特定のサービス	0	2
（c）特定の技術	2	1
（d）開発期間の長期化	2	2
（e）新製品開発	9	8
＜特有の経営方針・取引慣行・法的規制＞		
（a）配当政策	7	34
（b）将来性	13	22
（c）重要な契約	15	19
（d）アウトソーシング	20	18
（e）取引慣行	4	5

	返品	2	6
	欠陥	24	18
	バグ	13	17
(f)	法的規制	77	84
<重要な訴訟事件等の発生>			
(a)	重要な訴訟	5	0
(b)	訴訟の可能性	3	6
	製造物責任	4	16
<役員・大株主・関係会社等に関する重要事項>			
(a)	特定人物への依存	8	16
	取締役への依存	2	5
	代表者への依存	10	9
(b)	関連当事者	12	25
(c)	株式価値＆希薄化	46	51
	ストックオプション	48	63
	新株予約権	44	62
(d)	大株主＆関与	3	0
<その他>			
(a)	資金の使途	1	6
(b)	提携	59	74
(c)	小規模組織	23	55
(d)	人材の確保	68	84
(e)	ロックアップ	2	6
	オーバーアロットメント	0	3

　なお、「事業等のリスク」の記載が義務づけられた2004年3月期以降の有価証券報告書で記載された事例を添付のCD-ROMに掲載していますので参考にしてください。事例はできるだけヘラクレス市場かマザーズ市場に上場している会社を選びましたが、参考になると思われるものについては、それ以外の市場に上場している会社も掲載しました。

Ⅸ　最近の実務上の問題と解決策について

公開準備の過程においては、多くの想定外の問題に直面し、その取扱いをどのようにすべきか困惑するような事柄が多々発生します。そうした各種の問題の中から、特に実務的な立場からみて戸惑うような、最近取り沙汰されている重要な論点を、ここでは取り上げることにします。

　初めに、最近の情報開示における問題を取り上げます。公開をめざす企業としてはいずれもあってはならないことですが、粉飾決算の問題あるいは不実記載の問題が目立って増えています。そこでこうした問題の特徴と防止策に関して、ポイントを解説します。

　次に、数年前に急浮上してきた、名義株や実質株主の問題を取り上げます。実務的には微妙な問題を含んでいますが、公開においては必ずクリアしておかなければならない問題ですので、その要点を押さえます。

　その次は、関連当事者との取引をめぐる問題です。範囲が広く、かつ詳細にわたるもので、その上類似の概念が錯綜するところでもありますので、取引の意義と具体的な対処の方法に関して、要点を解説します。

　さらに、反社会的勢力との問題に関してそのポイントに触れ、そして最後に、知的財産を取り巻く最近の問題点に関して解説します。

1　最近の情報開示における問題

　この数年間、西武鉄道や伊豆箱根鉄道などによる有価証券報告書等の不実記載や、カネボウやアソシエント・テクノロジーなどによる粉飾決算の疑いなど、会社情報の開示が適切に行われず投資家の信頼を損なうような事例が次々に判明しています。

　米国においては、2001年以降のエンロン社やワールドコム社における大規模な不正や粉飾決算の問題を契機に、世界一厳しいといわれていた米国においてなぜそうした不祥事や粉飾決算が生じたのか、徹底的な原因調査がなされました。その結果、事件を生んだ背景には、関係する当事者が期待される基本的な役割を果たしていなかったという事実があることが明らかにされたのです。そこで、資本市場の信頼を支えている制度について、そのほとんどを改革すべきであるとの判断の下、大車輪で制定されたのが、企業改革法（Sarbanes-Oxley Act、以下SOX法）*といわれる画期的な仕組みでした。

　資本市場の国際化を背景に、日本でもこうしたSOX法に触発されて2002年以降、経営の透明性を促す商法の改正（最終的に新会社法へ）や有価証券報告書開示の強化などが矢継ぎ早に導入されています。SOX法の求める厳しい企業改革の内容に対しては、「極端すぎる」などといった及び腰の受け止め方が根強いようでしたが、2004年以降、冒頭に記したような不実記載や粉飾決算が続発するにつれ、わが国の資本市場の信頼を確保するために、もはや一刻の猶予もなく根本的な改革をすべしとの機運が一気に強まり、具体的な対

応が時間を置かず次々と実施されるに至ったのです。

　ここでは、株式公開企業として求められる情報開示の取扱いに関する認識を深めていただく観点から、最近の不実記載や粉飾決算のケースを取り上げ、その問題点を紹介することにします。

　なお公開企業における情報開示の重要性からすると、不実記載や粉飾決算あるいは不祥事などといった発生の形態ごとに考えるのではなく、それらを情報開示の問題として統一的に捉えることによって、問題点の把握と対処の仕方に関して基本的な認識を深めることが重要ですので、以下では公開企業として求められる情報開示の内容について触れ、その上で不実記載や粉飾決算などの個別の論点に立ち入ることにします。

＊企業改革法（SOX法）の概要
・米企業改革法セクション404およびRegulation SKにより、SEC（米国証券取引委員会）登録会社は、年次報告書に、財務報告のための適切な内部統制の構築・維持の責任を明らかにし、当該内部統制の有効性の評価結果を記載した内部統制報告書を含めなければならない。
・SEC登録会社は、経営者による内部統制の有効性の評価を合理的にサポートするための文書を含む証拠を維持しなければならない。
・当該会社の監査人は、内部統制報告書における有効性評価について監査を実施しなければならない（SEC登録企業は2004年11月15日以降の決算期から、SECに登録している日本企業は2005年7月1日以降の決算期から適用）。

（1）公開企業に求められる情報開示

　投資家に対して適時に適切な情報開示を行うことは、公開企業としての存在意義にもかかわる極めて重要な問題です。そのため、公開審査においては、投資家保護の観点から、健全な企業経営が行われているか、企業内容等の開示が適時・適切に行われる状況にあるかについて、株式公開の申請企業に対して重点的に審査が行われます。

　そこでまず、この点について、ヘラクレスの場合にはどのように取り扱われているか、その概要を紹介します。

a　ヘラクレスが予定する情報開示

　ヘラクレスが求める企業経営における情報開示について、まずその構造を明らかにしておきましょう。

ア　上場審査項目にみる情報開示

　ヘラクレスは、上場審査項目の一つに、「企業内容等の開示の適正性」を掲げ、企業内容等の開示を適正に行うことができる状況にあるか否かについて審査をするとしています（ヘラクレス特例9二）。

　なお、申請会社は、上場申請にあたり提出する書類の記載内容がすべて真実である旨の誓約書、上場申請のための有価証券報告書・半期報告書に不実の記載がない旨、ないと認識するに至った理由が必要になります。ヘラクレスの審査はこれを踏まえて進められます。

イ　開示の適正性の審査

　この開示の適正性審査においては、企業内容等の開示を適正に行うことができる状況にあることを求めていますので、具体的には5つの基準に適合するかどうかについて審査が行われます。

　ここでいう開示の適正性の審査の5つの基準とは、次のとおりです。
- 企業内容の記載について
- 会計組織の整備・運用状況について
- 企業グループの実態の開示について
- 会社情報の管理・開示体制について
- 四半期財務・業績の概況の開示体制について

b　開示の適正性の審査の5つの基準

　では、こうした5つの基準の内容について、もう少し立ち入って個別に検討を進めることにしましょう。

ア　内容の記載に関する審査基準

　「企業内容の記載について」に関する審査基準とは、具体的には次の内容をさします。

◆内容の記載に関する審査基準

> 「上場申請書類のうち企業内容の開示に係るものが法令等に準じて作成されており、かつ、申請会社及びその企業グループの業種・業態の状況を踏まえ、投資者の投資判断上有用な事項が分かりやすく記載されていること」（ヘラクレス上場マニュアル2005、97頁）

　このように、「内容の記載に関する審査基準」を示した上で、さらに踏み込んで、次の2点が主な審査内容として公表されています。

　その一つは、開示資料等の根拠法等への準拠性です。これは、上場申請のための有価証券報告書だけでなく事業報告・計算書類*をはじめとした株主の議決権行使や投資者の投資判断に不可欠な開示資料等が証券取引法等に基づき作成されているかどうか、また、同業他社の開示資料との比較（分析・調査）が容易に行えるか、審査において確認されますが、その目的は、法令の定めた形式的な要件の充足にあります。

*　新会社法では、施行規則117条〜128条、会社計算規則89条〜145条において記載内容が定められている。なお、2006年3月決算会社は旧商法で作成も可。

　二つ目は、投資判断上の有用な事項の記載の有無です。　次の例示に示すように「有用な事項」については、申請会社の事業及び経営活動の実態をあまねく示し、かつ、わかりやすく記載されているかどうか、審査において確認されます。ここでは、法令の制定趣旨

に従って実質的な要件が問われますから、事業展開や業績に影響を与える内容を漏れなく正確に記載する必要があります。

なお、投資者の投資判断上の有用な事項の例示として、以下が掲げられています。
・　財政状態・経営成績・資金収支の状況にかかる分析および説明
・　関係会社の状況
・　研究開発活動の状況
・　大株主の状況
・　役員・従業員の状況
・　配当政策
・　公募増資の資金使途
・　リスク情報

また、リスク情報に関しては、さらに詳細に次の6つの事例を示しています。
・　事業年度の短さ
・　累積欠損または事業損失の発生の状況
・　特定の役員への経営の依存
・　他社との事業の競合状況
・　市場や技術の不確実性
・　特定の者からの事業運営上の支援の状況等

イ　会計組織の整備・運用状況に関する審査基準

　2番目の基準である「会計組織の整備・運用状況について」は、次のような審査基準であることが示されています。

◆会計組織の整備・運用状況に関する審査基準

> 「申請会社及びその資本下位会社等の会計組織が、採用する会計処理の基準等に照らして、適切に整備・運用されている状況にあること」（同、98頁）

　このように会計組織の整備・内容の記載に関する審査基準を示した上で、さらにヘラクレスは、次の2点が主な審査内容であることを公表しています。

　一つ目は、経理規定等の会計基準への準拠性であります。

　会計処理の指針や経理業務の手続きを定めた経理規程等に関する社内諸規定が、申請会社の企業規模、事業実態に対応しており、経営状況を正確に表示できるかどうか、また、企業会計原則等の一般に公正妥当と認められた会計基準に従っているかどうかについて確認されます。

　また、会社が採用している会計処理が業界特有の会計慣行に従っている場合、その合理性について監査法人の見解が必要となります。

　二つ目は、日常の会計処理業務の運用であります。日常の会計処理業務が、フローチャ

ートと実際に使用した伝票類（写し）に基づき社内諸規定に沿って、適切に運用されているかどうか確認されますが、ヘラクレスでは、主に、監査法人などの見解を考慮して判断されています。

ウ　企業グループの開示に関する審査基準

　3番目の基準である「企業グループの実態の開示について」に関する審査基準とは、次に掲げる内容であるとされています。

◆企業グループの開示に関する審査基準

> 「申請会社及びその資本下位会社等が、その特別利害関係者、人的関係会社若しくは資本的関係会社その他の特定の者との間の取引行為又は資本下位会社等の株式の所有割合の調整等により申請会社の企業グループの実態の開示を歪めていないこと」
> （同、98頁）

　こうした「企業グループの開示に関する審査基準」に関しては、次の2点が主な審査内容であるとされています。

　一つ目は、開示資料等の根拠法令への準拠性であります。ここの基準では、法令に従って企業グループ全体が開示されているかどうかが問題となります。例えば、申請会社とその企業グループが出資関係を調整し連結財務諸表の対象外とするような行為を行いますと、連結財務諸表上の売上、利益等を適正に表示しないこととなるため、投資者の投資判断を誤らせ適切とはいえません。したがって、他の出資者の出資理由の合理性として、資本下位会社等に対する出資比率が100％でない場合は、他の出資者の存在理由が経済的合理性（業務提携等）を有しているかについて確認されます。これは、他の出資者が出資経緯や取引状況から見て存在することに合理的な理由がないため、恣意的に出資構成を歪めていることになります。したがって、本来連結の対象とすべき資本下位会社等を選択または除外する結果となりますから、申請会社の企業グループの状況が適切に開示されているとはいえません。そうした場合には、出資構成を改善するよう求めることもあるとしています。

　二つ目は、申請会社とその企業グループが営業、資金、設備等の賃貸等の取引行為により企業内容の実態を歪めていないかどうかが確認されます。特に、特別利害関係者等、特定の者との間の取引行為については、取引の経緯、取引の必要性、取引条件の妥当性等その行為に合理的な理由があるかどうかについて、審査されます。最近の審査では、合理的な理由があっても、恣意性が入り易い、一般株主の利益が損なわれるとの理由から取引の解消が求められています。なお、新会社法では、ガバナンスが機能していることが前提になっていますから、一層の検討を要する事項です。

エ　会社情報の管理・開示体制に関する審査基準

　4番目の基準である「会社情報の管理・開示体制について」に関する審査基準とは、次

に掲げる内容であるとしています。

◆会社情報の管理・開示体制に関する審査基準

> 「申請会社が、会社情報の管理に係る社内規程に基づき経営に重大な影響を与える事実等の会社情報を管理し、当該会社情報を適時・適切に開示することができる状況にあること」（同、99頁）

こうした「会社情報の管理・開示体制に関する審査基準」に関しては、主な審査内容として次の2つが掲げられています。

一つ目は、会社情報の管理体制の整備状況であります。会社情報はその適切な開示により市場の信頼性を維持すると同時に投資者の投資判断における重要な材料を提供することになります。よって、経営に重要な影響を与える事項が発生し、若しくは事項を決議した時はその情報処理について一元管理が行える組織的対応、すなわち正式な開示に至るまでの一連の作業・手続きが所定の規則に基づき社外に漏洩なく速やかに行える体制が整備されているかどうか確認されます。

この点に関連して、申請会社、特に経営陣の開示制度に対する理解度、監査法人・主幹事証券会社などによる指導への対応状況から確認するとしています。

なお、開示制度には、有価証券報告書、半期報告書等の定時開示と経営に重要な影響を与える工場火災、品質不良品の大量発生、大口取引先の倒産等からなる発生事項と増資、株式分割、合併、決算等の決定事項からなる適時開示から構成されていますが、ここでは適時開示に重点が置かれています。

二つ目は、インサイダー取引行為の未然防止体制の整備状況です。役員、従業員にその関係者（親族、取引先等）がその職務や地位を通して知り得た経営上の重要な情報をプレス発表前に自社株や取引先等の上場株式を売買し、発表後の株価変動を利用して不当に利益を得たり損失を免れたりする行為、いわゆる証券取引法により禁止されているインサイダー取引であります。このインサイダー取引行為は、過去の摘発事例から見ると、①経営者が故意に行うケース。例えば、製品化見込みのない技術の公表や業務支援を装った架空増資（通常、第三者割当増資）の公表を行い、株価が高騰した段階で第三者割当増資を有利な発行価格で実行したり、あるいは、与えられた新株予約権を資金の払込みなしで発行させ、その株式を売却するケースがあります。②未公開情報に偶然に接し行うケース。この場合、情報の発生部署は情報の漏洩について直接責任を負う立場にありますので比較的守秘義務が守られますが、他の部署では、重要な情報と認識しないまま通常の業務処理の中で漏洩するケースです。取引先あるいは製品に問題があるのかわからないまま販売若しくは生産・出荷停止の連絡などを利用して株式売買を行うケースとがあります。

これらのケースを見ていると、インサイダー取引には、ガバナンスの確立を踏まえた社内における未然防止の手立てが必要になります。そのためには、内部情報を知り得る範囲

の特定、役員および従業員等による自社および取引先等の株式売買の事前チェック、定期的な研修による周知徹底等の未然防止体制が整備されているかどうか確認されます。

オ　四半期財務・業績の概況の開示体制に関する審査基準

　5番目の基準である「四半期財務・業績の概況の開示体制について」に関する審査基準とは、次に掲げる内容であるとしています。

◆四半期財務・業績の概況の開示体制に関する審査基準

> 「申請会社が、四半期における財務・業績の概況を、適時・適切に開示できる状況にあること」（同、99頁）

　この「四半期財務・業績の概況の開示体制に関する審査基準」に関しては、主な審査内容として次の事項が掲げられています。

　一つ目は、四半期の開示体制の整備状況であります。四半期開示は、近年の経営環境を巡る急速な変化に応じ上場会社のすべてに義務づける方向にありますが、ヘラクレスでは、企業内容の情報に関する提供機会を増やすことで市場の透明性を高め、投資者の信頼を得る観点から、事業若しくは経営基盤の形成が脆弱な成長企業の上場会社に対して、中間・本決算の発表に加え、「四半期における財務・業績等の概況を記載した書類」の開示を求めています。この四半期ごとの財務・業績等の概況についての開示は、月次決算制度の運用状況を踏まえた適時適切に行える体制が整備されているかどうかが確認されます。

　二つ目は、四半期における業績等の概況を開示する際に、米国の開示制度であるMD&A*を参考とした「財政状態および経営成績に関する分析・評価等について」をあわせて開示することを求めています。この開示は、経営者自ら業績、課題等について説明していることから「経営者の経営方針等を知るための基礎となる情報であり、投資判断において重要な位置を占めるべきもの」（経済産業省：平成14年4月「企業経営と財務報告に関する研究会報告書」）とされています。ヘラクレスの上場会社の事例では、米国のIOSCOの開示基準に倣うことなく経営成績の進捗状況に関する定性的情報、財政状態の変動状況に関する定性的情報、業績予想に関する定性的情報として記載開示されています。しかしながら、情報開示の重要性を踏まえ、これに対応できる開示体制を整えておく必要があります。

* 　MD&A (Management's Discussion and Analysis of Financial Condition and Results of Operations) ＝経営者による財務状態および経営成績の検討と分析のこと。IOSCO基準では、ⅰ）業績、ⅱ）企業の流動性・資金源、ⅲ）研究開発・特許・ライセンス等、ⅳ）傾向について、財務諸表を用い、セグメントごとに記載することになっています。

（2）粉飾決算の問題

　いわゆる粉飾決算とは、企業の経営成績と財政状態を意図的に歪曲する行為です。すで

に述べたように、投資家に対して適時に適切な情報開示を行うことは、公開企業としての存在意義にもかかわる極めて重要な問題ですから、企業内容等の開示が適時適切に行われる状況にあるかどうか、粉飾行為を防止できる仕組みが構築されているか、公開準備期間中に経理担当者の交替、監査法人の変更、主幹事証券会社の交替が会計処理を原因としていないかなどについて、株式公開の申請企業に対して重点的に審査が行われるところです。

公開企業として求められる情報開示のあり方からすると、粉飾決算は絶対に行ってはならないものであるにもかかわらず、こうしたことが近時において相も変わらず続発するのは、それを誘引する背景があるからです。

a　粉飾決算の手法

粉飾決算の背景を理解していただくために、まず粉飾決算の主な手法を整理しておきましょう。

ア　収益の異常な計上

収益を前倒して計上する、あるいは問題のある収益を計上するなどが代表的な手法です。いずれにしろ、収益を計上する基準である実現主義の原則に反していることが特徴です。

イ　虚偽の収益の計上

根拠のない収益を計上するものです。やはり実現主義に反するものです。

ウ　費用の繰延べまたは前倒計上

費用の繰延べとは、すでに発生済みである費用を、将来に繰り延べようとするものです。これに対して、費用の前倒計上とは、将来の費用を不適正な処理によって当期に前倒して計上するものです。いずれも、費用を計上する基準である発生主義の原則に反していることが特徴です。

エ　負債の非計上または減額

負債に関して、これを網羅的には計上しないものです。いわゆる簿外の負債とするものです。

オ　資産の過大計上または過少計上

資産に関して、本来計上すべき金額に比して、不適正な処理によって過大に計上したり逆に過少に計上したりするものです。

b　最近の事例

メディア・リンクス社（以下、メディア社）における粉飾決算の問題は、IT業界における情報開示に関して深刻な問題を提起するものでもありました。同社は、複数のIT企業の間で製品を転売した上で最終的に同社が買い取っていたとされます。こうした取引に介在した各企業は、製品価格の1％程度を手数料として獲得しており、こうしたことが重なるにつれ、さらに見かけ上の売上が膨らんでいったようです。

メディア社がこうした粉飾に手を染めた背景には、同社の上場を維持するという命題がありました。そのために損を覚悟で仮装した売上を計上していたのです。しかし、こうしたことを、監査を担当した公認会計士や監査法人が見逃していたのはなぜでしょうか。例えば、メディア社の転売取引は資金の移動を伴ってはいますが、実在商品やサービスの裏付けのない文字どおり架空の取引です。そうした架空の取引に関する管理や監査については、外部の会社と共謀して行った場合なかなか発見しにくい面があり、実在する会社である仕入先の正規の納品書や請求書が証憑（しょうひょう）としてつけられていればプロといえども見逃してしまう可能性が高いといえなくもありません。

　このように粉飾決算には、取引の問題、会計処理の問題、管理体制や監査の問題などが複雑にからみ合っているのです。

　そこで、メディア社の証取法監査を巡る社会的影響を重視した日本公認会計士協会では、IT業界全体の調査に乗り出すこととしました。架空売上の問題にとどまらず売上計上基準等IT業界特有の会計基準等を改めて見直し、また監査の手法等も見直され、「ソフトウェア取引の収益の会計処理に関する実務上の取扱い」（企業会計基準委員会）が平成18年3月に公表されています。

　また、粉飾は、事業活動に伴う取引を利用して行うメディア社のケースから、ライブドアのような企業買収に伴う新株発行、その新株を投資組合を通して売却、その売却益を利用して企業グループの売上等に付け替えるなど、証券市場の仕組みを巧みに利用したケースへと複雑多様化しています。今後、株式公開を目指される経営者としては、ガバナンスの強化と経営の透明化に努力されることが望まれます。

（3）不実記載の問題

　公開会社の情報開示においては、粉飾決算だけではなく、いわゆる不実記載の問題も重要です。

a　最近の不実記載問題と対応

　有価証券報告書に代表される開示資料に関して、不実な記載が表面化するケースが平成16年に相次ぎました。証券取引法上のディスクロージャーをめぐる不適正な事例が続く事態に、金融庁はこのままではディスクロージャー制度に対する信頼を揺るがしかねないとの認識を固めるに至り、従来では考えられないほどのスピードで徹底した対応を取りまとめて公表しています。

ア　金融庁による緊急の対応の第一弾

　不実記載が問題となった直後の平成16年11月16日にディスクロージャー制度に対する信頼性の確保に向けて　金融庁は第一弾の対応策を取りまとめ、公表しました。

　「ディスクロージャー制度の信頼性確保に向けた対応について」と称する緊急対応策は

次の4つの柱からなっています。

①有価証券報告書等の審査体制の充実・強化

　有価証券報告書等に対する審査体制に関しては、具体的には以下の内容です。
- 有価証券報告書等の虚偽記載等にかかる検査・報告徴求権限を日本版SECといわれる証券取引等監視委員会へ移行
- 開示義務違反等に係る情報収集のためのディスクロージャー・ホットライン*の開設
- EDINETの機能充実、特にXBRL化に向けた動きを加速
- 全開示企業に対する株主の状況等についての開示内容の自主的な点検の要請

* 金融庁が設けた情報開示のホットラインとは次のとおりである

平成16年11月16日
金　融　庁

ディスクロージャー・ホットラインの設置について

　証券取引法上の開示義務違反等に係る情報収集を行うため、金融庁では、本日、ディスクロージャー・ホットラインを設け、一般の方から情報の受付を開始することとしました。

　情報をお持ちの方は、下記注意事項をご確認の上、メール、ファックス、郵送によりご連絡ください。

（注意事項）
(1) 情報提供にあたっては、匿名でもかまいません。
(2) 情報の内容は、開示会社名、義務違反が疑われる開示書類名、義務違反の内容等、出来る限り具体的に記述してください。
(3) 受け付けた情報に関する照会や個別の事案に関する相談等には応じることはできませんので、予めご承知おきください。

eメール：disclosure-hotline@fsa.go.jp
ファックス：03-3506-6156
郵　　送：〒100-8967　東京都千代田区霞ヶ関3-1-1中央合同庁舎4号館金融庁総務企画局　市場課企業開示参事官室　ディスクロージャー・ホットライン宛

---

②公認会計士等に対する監督等の充実・強化
- 有価証券報告書等で監査体制や監査継続年数についての開示を検討
- 公認会計士監査審査会で、個人会計士の監査や一監査人の長期間継続についてモニタ

リングを実施し、品質管理レビューの実施を公認会計士協会に要請
③開示制度の整備
開示制度に関するポイントは次のとおりです。
- 財務報告にかかる内部統制の有効性に関する経営者の評価・公認会計士等による監査のあり方
- 継続開示義務違反に対する課徴金制度のあり方
- コーポレートガバナンスにかかる開示の充実のあり方
- 親会社情報の開示の充実のあり方

④市場開設者に対する要請
東証など取引所に対する要請は以下の点です。
- 会社情報の適時適切な開示の確保等に向け、上場規則の見直しなどを講じる

イ　金融庁による緊急の対応の第二弾
　金融審議会は、最近の不適正な事例等を踏まえて開示の充実が図られる必要があるとの判断から、金融分科会第一部会報告を平成16年12月24日に公表し、その内容に即して同日付で金融庁から同旨の緊急の対応第2弾が公表されました。
　その概要を以下に記します。
- 内部統制の有効性に関する経営者の評価と公認会計士等による監査のあり方
- 継続開示義務違反に対する課徴金制度のあり方
- コーポレートガバナンスにかかる開示の充実のあり方

　これらに関連して関係府令の改正を行い、平成17年3月期の有価証券報告書から以下の開示を求める
- 内部監査等の状況として、内部監査および監査役・監査委員会の監査の手続の概要ならびに内部監査・監査役・監査委員会の監査および会計監査の相互連携の概要
- 社外取締役および社外監査役と会社との人的関係、資本的関係または取引関係その他の利害関係の概要
- 会計監査の状況

　新会社法におけるコーポレートガバナンスの開示は、大会社に対し2006年5月1日施行後の最初の取締役会で「内部統制システムの構築に関する基本方針」を決議し、その実行状況を事業報告に記載することを要求しています（新会社法362⑤、施行規則100）。このように新会社法でもガバナンスの強化が図られておりますので、大会社だけでなく取締役会制度を導入した未公開会社も避けて通れない経営者の義務となっています（新会社法362④六）。

◆親会社が継続開示会社でない場合の親会社情報の開示の充実のあり方
　早急に関係府令の改正を行い、親会社が継続開示会社でない場合には、継続開示会社である子会社の有価証券報告書において、平成17年3月期から、親会社にかかる以下の情報

の開示を求める
- 株式の所有者別状況および大株主の状況
- 役員の状況
- 新会社法に基づく貸借対照表、損益計算書、事業報告書および附属明細書

ウ　東京・大阪両証券取引所による上場制度の見直し

　東京・大阪両証券取引所においても、会社情報等に対する信頼向上のために急遽、上場制度の見直しをすることとしました。
　その内容を以下に掲げます。

①開示書類等の信頼向上のために
- 上場会社の誠実な業務遂行に関する基本理念を新設する
- 適時適切な情報開示に関する宣誓を上場会社に求める

　上場会社は、会社情報の投資者への適時適切な情報提供等について真摯な姿勢で臨む旨を宣誓することとなります。具体的適用については、代表取締役等が異動したとき、または前回の宣誓から5年間経過した場合などに宣誓書を提出することを求めることになりました。

◆有価証券報告書等の適正性に関する確認書を求める

　上場会社に対して「有価証券報告書等（有価証券報告書および半期報告書）の記載内容の適正性に関する確認書」の提出を求めることになりました。この確認書は、有価証券報告書等の提出者の代表者が、その提出時点において、当該有価証券報告書等の内容に不実の記載がないと認識している旨を記載した書面です。当該確認書を提出したにもかかわらず、有価証券報告書等に虚偽記載が認められた場合には、虚偽記載にかかる上場廃止基準の対象となります。

◆公認会計士等

　上場会社の財務諸表等の監査証明を行う者が監査法人でない場合は、2人以上の公認会計士による監査証明が求められます。なお、監査法人もしくは2人以上の公認会計士による監査報告書または中間監査報告書を添付した有価証券報告書または半期報告書が内閣総理大臣等に提出されなかった場合は上場廃止の対象となります。

②親会社等の会社情報の適時開示ルール等の見直し

　平成7年以前に上場した会社については、親会社等の会社情報の適時開示は任意とされていましたが、すべての上場会社にこれが求められることとなりました。また、従来、マザーズ上場会社については、持株比率が50%超の親会社のみが開示義務対象でしたが、市場第一部・第二部上場会社と同様、持株比率が50%以下の親会社および当該マザーズ上場会社を関連会社とする会社の情報についても開示が求められることとなりました。ただし、㈱東京証券取引所が以下の両要件を満たすと認める場合には、開示対象から除かれます。（市場第一部、第二部、マザーズ共通）

- 親会社等との事業上の関連が希薄であること
- 上場会社が親会社等の情報を把握することが困難であること

なお、親会社等を有する上場会社は、決算内容の開示を行う際に、親会社等との関係にかかる情報を開示することとなります。

③少数特定者持株数にかかる基準

少数特定者持株数にかかる上場審査基準、一部指定基準および上場廃止基準における基準の緩和措置が廃止されることとなります。これにより、少数特定者持株数にかかる基準の具体的水準は以下のとおりとなります。

上場審査基準：上場の時までに上場株式数の75％以下の見込み
一部指定基準：直前事業年度の末日等において上場株式数の70％以下
上場廃止基準：上場株式数の75％を超えている場合において1年以内に75％以下
　　　　　　　とならない場合

④財務諸表等の虚偽記載にかかる基準の見直し

財務諸表等（財務諸表・連結財務諸表・中間財務諸表および中間連結財務諸表）の虚偽記載にかかる上場廃止基準については、従来は財務諸表等に「虚偽記載*」を行った場合のみを対象としていましたが、見直しにより、有価証券報告書等のうち財務諸表等以外の部分に虚偽記載を行った場合にも上場廃止の対象となります。

*「虚偽記載」とは、有価証券報告書等について以下の事項が生じた場合をいいます。
・内閣総理大臣から訂正命令を受けた場合
・内閣総理大臣等もしくは証券取引等監視委員会により告発が行われた場合
・訂正報告書等を提出した場合であって、訂正内容が重要である場合

⑤株式事務代行機関の設置

株式事務を代行機関に委託することは、昭和40年以降に上場した会社（銀行は47年以降）から適用されていますが、それ以前に上場した会社（信託銀行等は除く）にも求め、速やかに当該委託をしないこととした場合には、上場廃止となります。なお、株式事務代行機関の設置には定款変更が必要となるため、所要の経過措置が設けられます。

⑥コーポレートガバナンスの充実に向けた啓蒙活動

上場会社のコーポレートガバナンスの充実に向け、㈱東京証券取引所が上記制度改正を実施するほか、コーポレートガバナンスに関する講演・セミナー等を通じた啓蒙活動に努めることとなります。

b　不実記載の傾向

金融庁としては異例の要請となった、全開示企業に対する開示内容の自主的な点検の結果は、次のような内容であると報告されています。

ア　対象と点検内容

全開示企業（4,543社）が対象です。要請した内容は、株主の状況等の開示内容の自主的点検です。

イ　回答状況

金融庁がまとめた回答状況（12月22日現在）は次のとおりです。
- 訂正の必要がない旨の回答をした会社は3,873社
- 訂正報告書を提出した会社は525社
- 訂正報告書の提出も訂正の必要がない旨の回答も行っていない会社は145社

訂正報告書が不提出・不回答の145社（全体の3％）に対しては、各財務局を通じて点検状況の照会を行い、その上で、ディスクロージャー・ホットラインに寄せられた情報等を参考に、必要に応じて報告を求めることや立入検査等を実施することになるとして、金融庁は引き続き全上場企業のチェックを進める並々ならぬ決意を表明しています。

ウ　途中経過にみる傾向

この開示内容の自主点検から、開示状況に関する傾向を推し量ることができます。本書執筆時点で、再点検した上で1か月以内に報告することとの要請に応えた報告が入手できたので、これを基に傾向を把握することにします。

①訂正は1か月間で350社超

金融庁は西武鉄道問題を受けて、平成16年11月16日に上場企業と有価証券報告書提出企業の合計約4,500社に対して、再点検した上で1か月以内に報告するよう要請していましたが、1か月間で有価証券報告書を訂正した企業が、350社を超えたとの驚くべき状況であったようです。

②株主関連の訂正が5割

有価証券報告書のうちでは、今回の西武鉄道などと同様に「株主の状況」の項目などの株主に関連した記載内容の訂正が、約5割に達したということです。なお株主関連では、株主の保有比率を訂正した企業が多いということです。

③旧ＵＦＪ銀行関係が1割

旧ＵＦＪ銀行が株主となっている企業に、同行名義の株の一部をグループ企業が保有しているケースがあったとのことです。旧ＵＦＪグループに絡む訂正は、37社に達しており、これは訂正全体の1割にあたります。

④比率等の訂正が2割

所有者別の株数や比率を訂正した企業も73社ありました。財務諸表に桁数のズレや計算ミスなどといった単純な間違いをみつけて訂正した例も多いようで、訂正全体の2割を超える割合です。

c 最近の事例から判明すること

上場制度が大幅に改正され、新興市場等の整備によって成長性のあるベンチャー企業等にも株式公開の道が開かれたのは、バブル崩壊後でした。

それまでは、上場制度は主に大規模株式会社を対象にしていましたから、現在でも上場会社の構成は、比較的スタッフ機能に余裕がある大規模会社が大勢を占めています。ところが今回の緊急点検の結果をみると、余裕のあるはずの大規模会社においてすら、すでに開示した内容の訂正をせざるを得ない状況であったことが判明したのです。

こうした事態を招来した要因として、以下のものが挙げられます。

①経営管理スタッフの脆弱さ

企業はとかく利益を生む部門には人材を投入しても、それを支える間接部門への目配りはおろそかになりがちです。最近の新規上場の大半を占める中規模・小規模な会社の場合、一層その傾向が顕著に現れるといえます。適時適切に会社情報を開示できる能力を獲得することに大いに不安があると案じられるところです。四半期開示や減損会計、結合会計などといった会計制度の精緻化などに対応するためには、経営管理面における人材の育成と、内部統制システムに代表されるしくみを整備・運用することが欠かせません。

②内部統制システムの整備・運用への意識の低さ

新会社法では、内部統制システムの確保が取締役の責務とされました。これに伴い、「内部統制とは、企業がその業務を適正かつ効果的に遂行するために、社内に構築され、運用される体制及びプロセスのことである」という認識が、最新の受けとめ方となりました（経産省「リスク管理・内部統制に関する研究会」報告書より）。

その目的は、コンプライアンス（法令遵守）の確保、財務報告の信頼性の確保および業務の効率化にあるとされています。ところが、内部統制システムはまだまだ整備・運用されていないのが実態であり、新会社法の施行にあわせて早急に取り組まなければならない課題となっています。全上場企業のうち、上記のような内部統制システムが問題なく整備・運用されているのは1割にも満たないとの指摘も監査サイドからなされているほどです。

ここで見逃せないのが経営者の動機の問題です。この問題への対処は、非常に微妙で慎重さを求められるのですが、たとえそうした問題であろうとも公開企業であれば、経営者の不正が介在しないようなシステムを設計し、かつ運用する必要があります。

そこで以下では、不正の問題に関して触れておくことにします。

d 不正

不正に関連して、類似の概念として「誤謬（ごびゅう）」があります。通常は、ひとくくりに表現されることが多いのですが、発生のしかたはまったく異なるものです。

すなわち、誤謬は不注意や外的要因によって発生するものですが、不正は人間の意思によって発生するものです。したがって不正は、関わる人間の意思に基づいて行われるものですから、必ずそこには動機が存在するといえるのです。

動機は人の内面に属するものですから、外部から正確に把握することは至難の業です。しかし、動機が形成される状況に着目すると、ある程度は客観的に不正の発生メカニズムを捉えることができるはずなのです。

ア 不正の兆候と３つの視点

すなわち、不正行為を働く人の資質面と不正行為に駆り立てるプレッシャー面、実際に不正に手を染めさせる環境面、この３つの視点から不正行為の兆候を掴まえることができるわけです。不正行為を働く人の資質面とは、倫理観や誠実性などに関するものです。不正行為に駆り立てるプレッシャー面とは、業績や目標や業務が達成できないことなどに関するものです。実際に不正に手を染めさせる環境面とは、不正を容易にする環境のことなどに関するものです。

つまり、日ごろ誠実性に欠ける行動をとりがちなタイプで、そのうえ自己目標を達成しなければならないというプレッシャーが猛烈に圧しかかっている状況がある、といってもそれだけで不正行為を働くことになるわけではありません。そうした状況に加えて、同僚の多くも何らかの不正を働いていて発見するしくみもないなどといった環境面が伴ってしまうと、不正が発生するおそれが生ずるのです。

①経営者の不正

経営者が不正を働く兆候は、大きな決断をする前であっても誰にも相談しようとしないとか、脅迫的な言辞を弄して人事管理をする傾向があるなどといったような、かなり経験則的ないい方がされることがありますが、その典型的なケースを掲げると次のようになります。

- 投機にのめり込む、借入が異常に多額である
- 腹心の部下を中心に密室的な経営をする
- 家庭が不安定である
- 大言壮語する癖がある
- 実行力のない人間である
- 面談した印象が事前の評判とまったく違う
- 脱税等の経済犯罪歴がある
- 過去に粉飾をした経歴がある

②プレッシャーの問題

不正行為の兆候についての次の視点は、不正行為を駆り立てるプレッシャーに関する問題です。典型的なケースを以下に掲げます。

- 経済全体の停滞

- 市場の縮小
- 競争の激化
- ライバルの登場
- 売上・マーケットシェアの大幅減
- 財務上の安定性の欠如
- 過度の期待
- 社内派閥間の抗争
- 非現実的な目標設定
- 経営者主導の新規事業等の立上げ
- 過度な業績連動報酬制度の導入
- 強い横並び意識
- 金融機関等への無理な約束
- 株式公開後、投資家による株価の低迷、業績の悪化の指摘

③環境の問題

　不正行為の兆候についての最後の視点は、実際に不正に手を染めさせる環境面の問題です。その典型的なケースを以下に掲げます。

- 経営者などの会計や税務に関する知識の欠如
- 会社と個人の混同
- 悪しき前例
- 会社至上主義
- 取締役・監査役が機能していない
- 内部統制が存在しないか脆弱
- 社内の信頼関係が薄れモラルも低下

イ　不正の発生状況

　適当なわが国のデータがないので、参考まで米国の不正発生の状況を見てみましょう。米国の公認不正調査官協会の統計によると、5～10％の収益が不正により失われており、高額の不正は財務関係の従業員により行われていて、不正の71％は支払関連であり、またほとんどの不正は内部統制の不整備・機能低下から発生しているそうです。

◆不正の摘発状況

　前述の統計によると、注目すべきは不正の発見率で、発生した不正のうち10％しか発見できていないとのことです。さらに、発見された不正のうち、不正摘発調査で発見されるのは20％強、すなわち不正発生のうちわずか2％しか不正摘発調査で発見できないのが実態なのです。

ウ　不正行為を防止する方法

　公開を希望する会社を前提にすると、そうした会社は企業規模特有の制約条件がありま

すが、これに加えて不正行為を摘発するしくみにコストと経営資源を投入するという方法を採用することには合理性がなく、実効性もあまり期待できません。

そうであれば、事後的な摘発ではない方法、つまり、そもそも不正が発生しにくい環境の導入あるいは不正の兆候を認識して早期発見と対策を講ずることができる仕組みを導入することが、現実的で効果的な選択肢であると考えられます。

①不正が発生しにくい環境

ここでいう不正が発生しにくい仕組みとは、不正に手を染めにくい環境を積極的に作り上げることです。それは以下に掲げるように極めて基本的なことなのですが、多くの企業では単なるスローガンに堕しているものでもあります。
- 経営理念・経営目標・経営戦略など経営の基本的な枠組みが共有されている
- 経営者の志が高く、かつ率先垂範型である
- 倫理観・モラルを最優先する風土があたり前となっている

②不正を発見し対策ができるしくみ

不正の兆候を早期に発見し、対策を立てるようにしくむためには、自社の不正の可能性を知ることがまず必要です。すなわち、不正行為を引き起こす人に関する傾向と、不正行為に駆り立てるプレッシャーに関する傾向を把握して、対策を講じておくことです。

2 実質株主の確定の問題

西武鉄道が上場廃止となったのは、2004年の12月17日、事件が明るみに出てからわずか2か月後のことです。倒産したわけではないのに上場が廃止されるのは、極めて異例のことでした。その背景に見え隠れするのは、名義株式を通じた企業支配の問題です。

公開を志向する企業の中には、企業設立時点に募集設立の形態を採りたいがために名義上の株主の存在を要したなど、さまざまな経緯により名義株が存在する場合が少なくないようです。しかし、引受審査などの時点までにはこうした名義株を解消し、実質株主を確定し、かつ株券についても株主との関連を明確にしておくことが欠かせません。

そこで以下では、西武鉄道の事例をもとに名義株と実質株主の確定の問題についてどのように対応すべきかを紹介することにします。

（1）西武鉄道のケース

事件は、有価証券報告書の47年間にわたる虚偽記載が明るみに出たことから始まりました。その後も続々と新たな問題が表面化し、ついに東京証券取引所は、①虚偽記載を行い、その影響が重大と認める、②公益・投資者保護のために上場廃止が適当と認める、との2点を挙げて、西武鉄道の上場廃止を決定したのです。不適切な情報開示が理由となった上場廃止は、極めて異例なことです。

a　大株主に関する情報

　西武鉄道が虚偽記載をしていたのは、有価証券報告書でした。企業にとって最も重要な情報開示の書類である有価証券報告書の、「大株主の状況」において欺いたのです。

　大株主とは役員や上位10人の株主を指すのですが、こうした大株主はあまり株を手放すことがないと考えられます。したがって、その比率が高すぎると、逆に流通が期待される残りの株が少なくなり、公正な株価の形成が困難になると考えられています。そこで上場のルールとして、大株主の比率があまりに高い場合には、上場廃止とすることになっているのです。

　東証では、大株主の比率は80％以下にすることが必要で、もしこれを上回ったまま猶予期間1年間を過ぎると、上場廃止となります。ところが、西武鉄道は平成16年3月期に90％近い大株主比率だったのに、有価証券報告書では64％と偽りの記載をしていたのです。しかもこうした虚偽は、およそ半世紀前の昭和32年にすでに行われていたという悪質なものでした。

b　名義だけの株主と株式持ち合い

　大株主の保有する株式を少なく見せかけるマジックは、西武鉄道自身の調査報告によると、同社がコクド管理株と称し、退職社員等の名義を利用して株主数を増やす名義株の悪用でした。この調査報告は西武鉄道のホームページ上で公開されていますので、ご参照ください。

(http://www.seibu-group.co.jp/railways/kouhou/kessan/2004/041112-2.pdf)

c　大株主比率だけではない深刻な問題

　長年にわたり株式事務を扱ってきた西武鉄道の専務が、昨年3月の総会屋への利益供与事件で逮捕された後に、株式関係を精査して名義株の存在と虚偽の情報開示を発見したと同社は報告しています。

　その時点で適切な処置をすればまだよかったのですが、上場廃止を避けるため、名義株のことを何も知らない外部の取引先などへ売却することを画策したのです。

　昨年9月末までにおよそ70社に売却して、大株主の比率を50％ほどに下げたところで、何事もなかったように大量保有報告書と呼ばれる開示資料を提出しました。

　この他にも、名義上の株主に利益を配当すると称して、実際にはコクドへ配当金を回したり、取締役会を少なくとも7年間開かず、取締役会議事録などを虚偽記載し続けたりと、嘘に嘘を重ねてきたようです。

　こうした一連の行為は、有価証券報告書への虚偽記載に加えて、重要事実を公表する前の株の売却ですからインサイダー取引にあたり、証券取引法に違反するものです。もちろ

ん、旧商法に違反するものであることは間違いありません。また事実を説明せずに株を売却したことは、詐欺罪に抵触する可能性もあると指摘されています。

（2）株式公開と株主問題
　西武鉄道のケースは、公開企業における株式・株主の問題としては、異例のものであるとの見方も一部にはあるようです。

a　特殊なケースではない
　たしかに、名義書換代理人を置かずに自社内だけで株式事務を行っていたことや公認会計士の監査に際して不正を行ったことなどによって、西武鉄道は極めて長期にわたって深刻な問題を隠蔽してきました。しかしその後も、名義株の問題を悪用した不正な情報開示は、日本テレビなどでも行われていたことが明らかになっています。

b　日本テレビのケース
　日本テレビ放送網も先般、過去5年分の有価証券報告書を訂正したと発表しました。同社株を6.4％保有（平成16年3月末時点）する渡辺恒雄・読売新聞グループ本社会長名義の株式が、実際には、筆頭株主である読売新聞グループ本社の実質保有株であったとする内容です。
　他の読売グループ2社も合わせると、読売新聞側の実質保有比率は8.5％から17％に上昇することになったのです。

c　取引所の対応
　そこで、こうしたことを深刻に受け止めた金融庁や東京証券取引所は以下のように開示制度や上場制度の見直しに着手しています。
①開示書類等の信頼性向上
　今回の一連の事件が生じた大きな要因として、経営者の投資家に対する誠実さの欠如と適時適切な情報開示についての理解欠落が挙げられ、この点にかかわる内容を上場規則に定めることになりました。
②適時適切な情報開示に関する宣誓
　投資者への会社情報の適時適切な情報開示について真摯な姿勢で臨む旨を、上場会社に宣誓させることになりました。
③有価証券報告書などの適正性に関する確認書
　有価証券報告書等の記載内容の適正性に関する確認書を東証に提出させ、これを公衆縦覧に供することになりました。
④公認会計士等

2人以上の公認会計士・監査法人による監査証明を義務づけることになりました。
⑤財務諸表等の虚偽記載にかかる基準の見直し

　従来の虚偽記載にかかる上場廃止基準は、財務諸表等を対象とするものでしたが、これを改めて、法定開示書類に虚偽記載を行った場合も上場廃止の対象とすることになりました。

(3) 名義株の問題と実質株主の確定

　このように取引所等による、既存の上場会社に対する厳しい処置が打ち出され、その影響は、上場を申請する会社の審査等に及んでいますし、株式公開が現実のものになって来ると、株の所有を巡り訴訟に発展するケースもありますので、株の売買や増資では慎重に対応する必要があります。

　したがって、従来以上に名義株と実質株主の確定の問題について、明確にする必要が出てきます。

a　実質株主問題のポイント

ポイントは次の3点に集約されます。
- 株式の公開に際しては、現在の実質株主を確認し、名義株主を実質株主に変更する必要がある。
- 名義株の名義変更や株主割当増資に際しては、贈与税等の問題も絡んでくるので、注意が必要である。
- 不在株主に関しても同様である。

b　株主名簿と株券台帳

　実質株主に変更すると同時に、株主名簿と株券台帳に関しても変更しておく必要があります。定款の記載・登記簿の記載等に照らして齟齬のないように進めなければなりません。

c　株券の処理

　株券自体についても、名義書換等の内容と整合することが欠かせません。さらに、紛失株券等の存在の有無を確認することと、それへの対応も重要です。

d　新会社法と株券

　新会社法(第214条)では、原則として株券を発行しないとされましたが、旧商法で設立され、定款で株券を発行しない旨を定めていない会社は、株券を発行する旨の定めがあるとされています(整備法76③)。この改正は、上場会社の株券の売買決済が株券保管振替制度*を利用して行われている現状に配慮したものとされています。また、「株式等の取引に

係る決済の合理化を図るための社債等の振替に関する法律」(平成16年3月改正)で平成21年6月までの一定の日に株券が一斉に電子化(ペーパーレス)されることになっており、この電子化が実現すれば、株主と証券保管振替機構をつなぐ証券会社のチェックで名義株の問題も解決されると思われます。

＊ 株券保管振替制度とは、株主が保有株券を証券会社等を通じて証券保管振替機構に預託し、その株券の株式を証券会社等の口座名で一括管理される制度です。この一斉電子化により、証券保管振替機構の証券会社等の口座に電子的方法で管理する方法に一元化され、株券は無効となります。

3 関連当事者間取引をめぐる諸問題

企業間取引は、基本的には個々の企業間で進められるものです。こうした取引は、独立した対等な立場で行われますが、これに比べて特定の企業集団の内部的な取引には、一般の取引と異なり、時には反競争的な条件の下で、あるいは排他的な状況の下で行われる傾向があることは否めません。しかもこうした企業グループ内の取引は、一般の取引と渾然一体となって集約されて財務諸表に掲記されます。

そこで、このような企業集団内の取引の状況を、利害関係者に情報提供する手段として開示するのが、関連当事者間取引です。従前は監査の対象外でしたが、平成12年3月期の決算から、連結財務諸表または個別財務諸表に対する注記事項として開示することが義務づけられ、監査の対象となっています。

しかし、関連当事者間の取引は、その対象となる範囲がかなり複雑で広範囲にわたるものであり、またオーナー企業などにとっては積極的に開示することをためらう傾向にもなりがちですので、公開準備の中では十分に取引内容を検討して、該当することとなる取引を把握し、必要な場合には妥当な取引内容に変更することや、あるいは整理することを含めて対応する必要があります。その上で開示する内容に関しても検討を加えておく必要があるのです。

(1) 関連当事者の範囲

a　財務諸表等規則の定める関連当事者の範囲

関連当事者にどのような者が該当するかについては、開示をする場合の準拠すべき財務諸表等規則および連結財務諸表規則において次のように定められています。

【財務諸表等規則第 8 条第16項】
この規則において「関連当事者」とは、次に掲げる者をいう。
一　財務諸表提出会社の親会社
二　財務諸表提出会社の子会社
三　財務諸表提出会社と同一の親会社をもつ会社等
四　財務諸表提出会社のその他の関係会社（財務諸表提出会社が他の会社の関連会社である場合における当該他の会社をいう。以下この号において同じ。）並びに当該その他の関係会社の親会社及び子会社
五　財務諸表提出会社の関連会社及び当該関連会社の子会社
六　財務諸表提出会社の主要株主（法第163条第 1 項に規定する主要株主をいう。以下同じ。）及びその近親者（二親等内の親族をいう。以下この号において同じ。）
七　財務諸表提出会社の役員（法第21条第 1 項第 1 号（法第27条において準用する場合を含む。）に規定する役員をいう。）及びその近親者
八　前二号に掲げる者が議決権の過半数を自己の計算において所有している会社等及び当該会社等の子会社

【連結財務諸表規則第 2 条】
七　関連当事者　財務諸表等規則第 8 条第16項に規定する者をいう。

b　監査委員会報告に定める範囲

また開示に関する監査上の扱いを定めた日本公認会計士協会の監査委員会報告第62号「関連当事者との取引に係る情報の開示に関する監査上の取扱い」（平成15年 9 月 2 日最終修正）においては、個人・会社等の別、支配・被支配の別、影響力の度合や関連当事者グループ内の位置づけにおける類似性などを分類基準にして、次のように 4 つのグループに分けられています。

①親会社および法人主要株主等

提出会社の上位に位置する会社等がこのグループに含まれます。具体的には、属性に着目して次の 3 つが該当します。
・　提出会社の親会社
　　（提出会社の親会社が該当することはもちろん、当該親会社の親会社も含まれます）
・　提出会社のその他の関係会社およびその親会社
　　（ここでいう「その他の関係会社」とは、提出会社が他の会社の関連会社である場合における当該他の会社をいいます）
・　提出会社の主要株主（会社等）

（主要株主（会社等）とは、提出会社の総株主の議決権の10%以上の議決権を実質的に保有している株主（会社等）を指します）

②役員および個人主要株主等

　提出会社の役員および個人主要株主等がこのグループに含まれます。具体的には、属性に着目して次の4つが該当します。

- 提出会社の主要株主（個人）およびその近親者
  （近親者とは、二親等内の親族をいいます。主要株主や役員本人だけでなく二親等内の親族およびそれらの者が所有する会社等にまで範囲を広げてその間の取引の内容や金額を開示させるものですが、近親者は家族関係に基づいて個人の主要株主と相互に影響しあう立場にあると考えられ、したがって個人の主要株主と一体とみなすことにより関連当事者に含め、開示させようとするものです）
- 提出会社の役員およびその近親者
  （役員とは、提出会社の取締役、監査役またはこれらに準ずる者を指します。ここでいう準ずる者とは、相談役や顧問、その他これに類する者でその会社内における地位、職務等からみて取締役、監査役と同様に実質的に経営に従事していると認められる者をいいます）
- 提出会社の主要株主（個人）およびその近親者が議決権の過半数を自己の計算において所有している会社（いわゆる姉妹会社）等並びに当該会社等の子会社
- 提出会社の役員およびその近親者が議決権の過半数を自己の計算において所有している会社（いわゆる姉妹会社）等ならびに当該会社等の子会社

③子会社等

　提出会社の下位に位置する会社等がこのグループに含まれます。具体的には、属性に着目して次の2つを指します。

- 提出会社の子会社
  （子会社だけではなく、いわゆる孫会社も含まれます）
- 提出会社の関連会社および当該関連会社の子会社
  （関連会社に留まらず、関連会社の子会社も含まれます）

④兄弟会社等

　提出会社の上位に位置する会社等の子会社がこのグループに含まれます。具体的には、属性に着目して次の3つが該当します。

- 提出会社と同一の親会社を持つ会社等（提出会社の親会社の子会社）
  （ここでいう「同一の親会社をもつ会社」とは、いわゆる兄弟会社のことを意味するものです）
- 提出会社のその他の関係会社の子会社（いわゆる姉妹会社のこと）
- 提出会社の主要株主（会社等）が議決権の過半数を自己の計算において所有している

会社（いわゆる姉妹会社）等および当該会社等の子会社

こうした関連当事者の範囲に関する規定を整理して示せば、次のように図示することができます。なお、これらの関連当事者の取引は証取法監査の対象になりますので、取引関係の証憑は他の取引と区別し管理しておく必要があります。

図Ⅸ－1　関連当事者の範囲

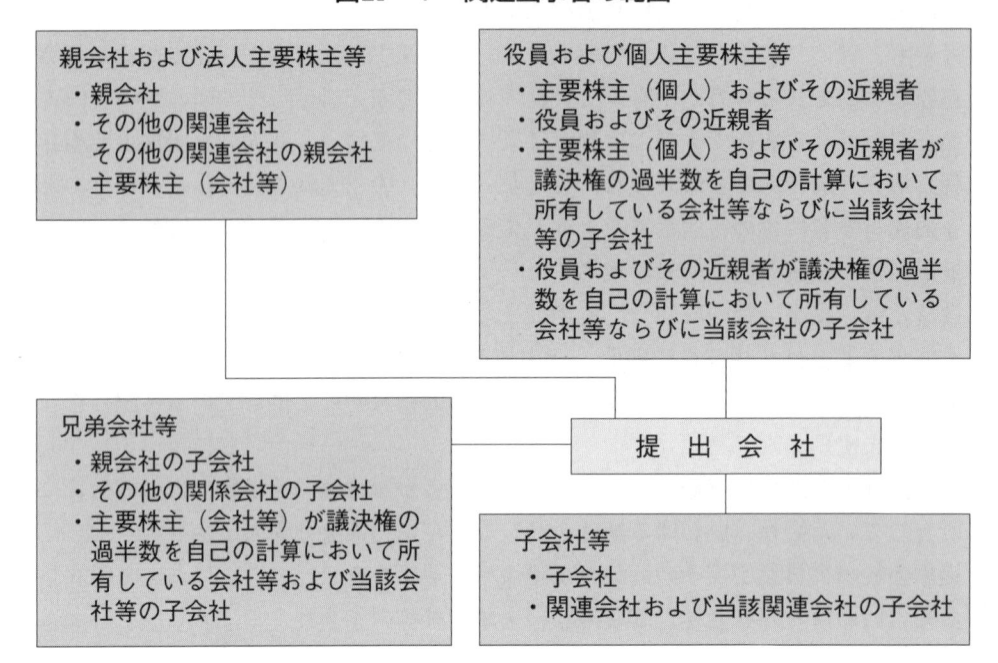

```
┌─────────────────────────┐  ┌──────────────────────────────┐
│ 親会社および法人主要株主等     │  │ 役員および個人主要株主等         │
│ ・親会社                  │  │ ・主要株主（個人）およびその近親者  │
│ ・その他の関連会社           │  │ ・役員およびその近親者           │
│   その他の関連会社の親会社   │  │ ・主要株主（個人）およびその近親者が │
│ ・主要株主（会社等）         │  │   議決権の過半数を自己の計算において │
│                         │  │   所有している会社等ならびに当該会社 │
│                         │  │   等の子会社                   │
│                         │  │ ・役員およびその近親者が議決権の過半 │
│                         │  │   数を自己の計算において所有している │
│                         │  │   会社等ならびに当該会社の子会社   │
└─────────────────────────┘  └──────────────────────────────┘
         │                              │
┌─────────────────────────┐            │
│ 兄弟会社等                │            │
│ ・親会社の子会社           │       ┌──────────┐
│ ・その他の関係会社の子会社  │──────│ 提 出 会 社 │
│ ・主要株主（会社等）が議決権の │       └──────────┘
│   過半数を自己の計算において所 │            │
│   有している会社等および当該会 │  ┌──────────────────────────┐
│   社等の子会社            │  │ 子会社等                    │
└─────────────────────────┘  │ ・子会社                    │
                             │ ・関連会社および当該関連会社の子会社 │
                             └──────────────────────────┘
```

＊　資料：日本公認会計士協会の監査委員会報告第62号「関連当事者との取引に係る情報の開示に関する監査上の取扱い」（平成18年4月13日最終修正）による。

（2）開示対象となる取引の範囲

開示の対象となる取引の範囲について、以下のa・bに該当する取引に関しては、企業活動に伴う取引の全般がその対象となります。以下でその内容を検討しましょう。

a　提出会社と関連当事者との取引

開示の対象となる関連当事者との取引は、提出会社と関連当事者との取引に限定されます（財務諸表等規則8の10、連結財務諸表規則15の4①）。ですから、次のケースは提出会社が取引に介在していないと認められますから、関連当事者取引としての開示の対象とはならないことにご留意ください。

・　連結財務諸表に含まれる提出会社の連結子会社と、連結子会社の関連当事者との取引
・　提出会社の連結子会社と提出会社の関連当事者との取引

b 第三者のための取引および第三者との取引

開示対象となるのは、関連当事者間の直接取引だけに留まるものではありません。

関連当事者が、提出会社の親会社、その他の関連当事者、主要株主または役員（以下「親会社等」という）である場合で次のようなケースに該当するときには、開示対象となります。

すなわち、第三者は関連当事者に該当しないとはいえ、親会社等を経由したりあるいは親会社等が影響を及ぼす場合には、通例でない取引が行われる可能性が高いために、開示を求めるのです。

- 親会社等が、第三者のために提出会社との間で行う取引がある場合
- 提出会社と第三者との間の取引で、親会社等が当該取引に関して提出会社に重要な影響を及ぼしている場合
- 形式的・名目的に第三者を経由した取引であるが、実質的な相手先が関連当事者である場合

c 開示を要しない取引

関連当事者との取引であっても、以下に掲げる取引については開示の対象外となります。

ア 連結財務諸表の作成で相殺消去された取引

①連結子会社との取引

連結子会社との取引に関しては、原則として相殺消去されますから、開示の対象外となります。

ただし持分法適用の非連結子会社との取引は、相殺消去されませんから、開示の対象となることに留意する必要があります。

②連結子会社の借入金に対する債務保証

連結子会社の借入金に対して債務保証を行っている場合、連結財務諸表においては企業集団の借入金となり債務保証ではないこととなるので、関連当事者との取引とはなりません。

③親会社、連結子会社ともに公開会社の場合

もし親会社が連結財務諸表を作成している場合には、親会社にとって当該連結子会社との取引は連結手続き上は消去されますから、開示の対象外となります。

なお連結子会社が提出する有価証券報告書においては、有価証券報告書を提出する主体である連結子会社を中心に考えるために、親会社と当該連結子会社との取引は開示対象となります。

イ 取引条件が一般取引と同様であることが明白な場合

一般競争入札による取引や預金利息などといったような取引は客観的に見て、その条件

が一般の取引と同様であることが明白なので、開示の対象外との扱いを受けます。
　ウ　役員に対する報酬等の支払いの場合
　継続的・反復的に通常の営業行為の範疇に属するような取引に関しては、たとえ役員に対するものであっても開示の対象外とするものと解されています。
　役員に対する報酬や賞与の支払い、退職慰労金の支払い、あるいは使用人兼務役員への使用人分給与等の支給、さらには通常行われている程度の役員社宅費や交通費等の実費精算なども同様に開示の対象外となるものと解されます。
　エ　会計上の資産評価にかかる損益

(3) 重要性の判定基準

　関連当事者との取引では「重要なもの」についての開示を求めています。この重要性はそれぞれのグループに属する関連当事者との取引について、次のような比率または金額を基準にして判定します。

a　親会社および法人主要株主等、子会社等、兄弟会社等のグループに属する関連当事者との取引

　ア　連結損益計算書項目にかかる関連当事者との取引
　売上高、売上原価、販売費および一般管理費の各項目にかかる関連当事者との取引については、各項目に属する科目（売上高・商品仕入高・賃借料等）ごとに、売上高または売上原価と販売費および一般管理費の合計額の100分の10を超える取引を開示します。
　営業外収益、営業外費用の各項目にかかる関連当事者との取引についても比率をもって重要性の判定をしています。つまり、各項目に属する科目（受取利息、支払利息等）ごとに、営業外収益または営業外費用の合計額の100分の10を超える損益について、その取引総額を開示することになっています。ただし、取引総額と損益が相違する場合には損益の金額も開示する扱いになっています。
　特別利益、特別損失の各項目にかかる関連当事者との取引については、各項目に属する科目（固定資産売却益・固定資産売却損等）ごとに100万円を超える損益について開示します。営業外損益の項目と同様、取引総額と損益が相違する場合には損益を併せて開示します。
　ただし、営業外収益、営業外費用、特別利益、特別損失の各項目にかかる関連当事者との取引については、上記基準により開示対象となる場合であっても、各項目に属する科目の取引にかかる損益の合計額が、税金等調整前当期純損益または最近5年間平均の税金等調整前当期純損益の100分の10以下となる場合には開示を要しません。
　イ　連結貸借対照表項目等にかかる関連当事者との取引
　連結貸借対照表項目に属する科目の残高およびその注記事項にかかる関連当事者との取

引、被保証債務ならびに関連当事者による提出会社の債務に対する担保資産提供にかかる取引については、その金額が連結総資産の100分の1を超える取引について開示します。

ただし、資金貸借取引、有形固定資産や有価証券の購入・売却取引等については、それぞれの残高が100分の1以下であっても、取引の発生総額（資金貸付額等）が連結総資産の100分の1を超える場合には開示を要します。

b 役員および個人主要株主等のグループに属する関連当事者との取引

個人主要株主や役員等にかかる関連当事者との取引については、連結損益計算書項目および連結貸借対照表項目等のいずれにかかる取引についても、100万円を超える取引についてはすべて開示します。

これは、通常の商取引には該当しない場合が少なくないと考えられることや、諸外国での開示事例でも役員等との取引については比較的少額のものでも開示している実態から、国際的調和に配慮したものです。

c その他

ア 無償取引

無償取引については、当該無償取引が第三者間において通常の商取引として行われる場合の取引金額を合理的に見積もった上で、重要性の判断基準を適用します。

有償取引であっても取引金額が時価に比して著しく低い場合（低利貸付等を含む）には、原則として、無償取引に準じて第三者間において通常の商取引として行われる場合の取引金額を合理的に見積もった上で、重要性の判断基準を適用します。

イ 債務保証等

債務保証等の重要性の判定は、期末における保証債務等の金額（被保証債務等の金額）で行い、「取引金額」の欄に債務保証等の期末残高を記載します。

ウ 担保資産

担保資産の重要性の判定は、対応する債務の残高をもって行い、当該債務額を「取引金額」の欄に記載します。

エ 有償支給取引

外注先等への有償支給取引については、当該有償支給取引にかかる売上、仕入取引が連結損益計算書上相殺消去されている場合には、その消去された後のそれぞれの取引金額について重要性を判定します。

（4）開示の方法

関連当事者との取引は、連結財務諸表を提出している会社は連結財務諸表の注記として開示され、連結財務諸表を提出していない会社は財務諸表の注記として開示されます。さ

らに、連結財務諸表の注記として開示する場合も、開示の対象は提出会社と関連当事者との取引に限定され、連結財務諸表に含まれる連結子会社と関連当事者との取引は開示の対象とはなりません。

a　注記を要する事項

関連当事者との取引に関する注記は、親会社および法人主要株主等、役員および個人主要株主等、子会社等、兄弟会社等の4つのグループごとに見出しをつけて、開示します。

b　開示上の留意事項

①関連当事者の期中の異動

関連当事者であった期間中の取引金額を記入します。

②第三者のための取引および第三者との取引

親会社等が第三者のために提出会社との間で行う取引に関しては、当該第三者を関連当事者に含めて開示し、その旨を注記します。

③形式的・名目的に第三者を経由した取引

この場合には、形式上・名目上の取引先を記載した上で、当該取引が実質的には関連当事者との取引である旨を注記する必要があります。

④同様な取引内容で多数の関連当事者がある場合

代表的な会社等を明示して、一括して記載することができます。一括記載する場合において、比較的取引規模の大きい会社があれば、それらについては各項目を記載する必要がありますが、それ以外の会社については、「その他××社」として共通の項目等を一括して記載することができます。

（5）特別利害関係者との取引の関連

特別利害関係者*とは、証券取引所や日本証券業協会の規則に規定されている概念です。これに対して、前項で説明してきました関連当事者は、証券取引法上の概念で、その範囲は特別利害関係者より広く定義されています。

* 特別利害関係者の定義については、「Ⅱ　ヘラクレス市場への道」（30頁）を参照してください。

未公開会社における、役員等（以下「特別利害関係者」という）と会社との取引については、内容や条件が妥当なものであると認められる場合には特に問題となることはありません。ただ一般的に、当該取引については、取引条件の合理性・妥当性の判断が困難であり、特別利害関係者の利益のために会社の利益が犠牲になることが多いと考えられることから、株式公開にあたっては慎重な審査・検討が行われます。

また、株式を公開すると、会社の株式は一般投資家の投資対象となり、外部株主を有す

ることになりますので、株主に対する会社の責任は未公開時に比べ一層重くなるとともに、会社が「プライベートカンパニー」から「パブリックカンパニー」になることから、特別利害関係者の公私混同、会社の私物化の排除という観点からも、会社と特別利害関係者との取引の存在は好ましくありません。

さらに、新会社法においても、会社に帰すべき利益の社外流出を防止し、もって株主保護を図るという観点から、取締役の競業取引および自己取引について、原則として取締役会の承認を受けなければならないこととしています（新会社法356、365）。

このような視点から考えれば、会社と特別利害関係者との取引が存在する場合には、原則として事前に解消しておくことが望ましいといえます。

ただし、ジャスダック証券取引所のQ＆A（http://www.jasdaq.co.jp/list/list_28.jsp）を参考にしますと、以下のような場合には、適切な開示を行うことを条件として取引が存在していてもやむを得ないと判断されることもあります。なお、この場合においても速やかに取引を解消することが望ましいとされています。

・ 申請会社の事業にとって重要性が乏しい取引である
・ 当該取引の解消が早期には困難である
・ 当該取引に合理性かつ必然性がある
・ 取引条件が適正と認められる

これに対して、関連当事者との取引については存在する場合に開示すればよいだけで、特別利害関係者との取引のように整理が必要というわけではありません。しかし、関連当事者との取引の開示は、監査法人の監査証明の範囲内に入る事象であり、関連当事者の範囲は特別利害関係者を含むものであるため、公開準備の中で確実に把握し、開示あるいは整理する必要があります。

4 反社会的勢力との関係

株式を公開することは、経営面でさまざまなメリットをもたらす一大事業です。すなわち、株式を公開することにより株式市場において不特定多数の投資家による投資を受けられるようになりますから、株主へ適切な利益還元が可能となるように企業収益の基盤を確固たるものにする必要があります。

同時に、公開会社として大きな社会的・法的責任を負うことでもありますから、社内管理体制を整備したり関係会社等との取引関係を整備することなどを通じて、企業経営の健全性や企業内容等の開示の適正性などを確保することが欠かせません。

さらに、公益または投資家保護のために取引所が必要と認める事項に関しても、当然にクリアすべきですが、この点につき特に留意する必要があることとして、いわゆる反社会的勢力との関係に関する事項があります。

(1) ヘラクレス市場における審査の観点

　ヘラクレスの上場審査においては、次のような審査の観点に立って上場審査が行われることになっています。

a　審査の観点

①企業経営の健全性

　特定の会社関係者（例えば役員、大株主、その近親者、関係会社など）に不当に利益供与が行われたり、会社の資産が流出したりすることは、一般株主の利益が害されることにつながりますので、このような行為を行っている、あるいは行うおそれのある企業の上場は認められていません。また、株主の利益が増大するように、企業統治（コーポレートガバナンス）が適切に運営されており、健全な企業経営が合理的かつ効率的に実施されるに十分な経営組織となっている必要があります。

②企業内容等の開示の適正性

　投資情報が迅速かつ適切に提供されることにより、多くの投資家が市場に公平に参加できます。このため、ヘラクレスでは、法令や証券取引所の規則等に定められた情報開示ができる体制が整備されているか、上場にあたって「リスク情報に関する報告書」に基づき「事業等のリスク」などの記載が十分であるかの審査を行っています。

　また、日常の会計業務や会計組織がルールに則って運用され、社内の情報管理・開示体制が整備され、特に上場後において四半期での業績等の概況の公表が適切に行えることが必要です。

　さらに、企業グループの場合には、出資関係や取引関係等に合理性があり、グループの実態が適切に開示される必要があります。

③その他公益または投資者保護の観点から大証が必要と認める事項

　公共性の高い有価証券市場において売買される企業の事業目的や事業内容が公序良俗に反する場合、または法律に触れる場合、あるいはそのおそれがある状況にある場合は当然のことながら上場はできません。

　また、業績等に重大な影響を与える係争または紛争事件を抱えている場合には、投資家が不測の損害を被る可能性が考えられ上場できません。

　なお、申請会社、申請会社の特別利害関係者または主な株主および取引先等が、暴力団、暴力団員またはこれらに準ずる者（以下、「暴力団等」という）である場合はいうまでもなく、暴力団等が申請会社の経営に関与している場合や申請会社、申請会社の特別利害関係者または主な株主および取引先等が資金提供その他の行動を行うことを通じて暴力団等の維持、運営に協力若しくは関与している場合、申請会社、申請会社の特別利害関係者または主な株主および取引先等が意図して暴力団等と交流を持っている場合なども上場会社

としては不適当となります。暴力団対策法等の施行に伴い、属性が表面的には確認できないケースもあります。このような場合、調査会社等を通しても確認できません。多くは内部告発や風評で表面化します。その事実関係の調査は、時間がかかりますし、問題の解明も不透明な状況で終わり、上場申請を断念せざるを得なくなりますので、創業以降の株主作りや取引先の選定には注意を払う必要があります。

b 反社会的勢力に関する確認書

①趣旨

上場申請時には「反社会的勢力に関する確認書」を取引所に提出することによって、反社会的勢力との関係が一切ないこと、あらたな情報を得たならば報告することなどを宣誓することになります。

②確認書の内容

上場申請時に提出する「反社会的勢力に関する確認書」の内容は、次のとおりです。

確 認 書

株式会社大阪証券取引所　　　　　　　　　　　　　　平成　年　月　日
　取締役社長　　　　　　　　殿
　　　　　　　　　　　　　　　　　　　　　　　会 社 名
　　　　　　　　　　　　　　　　　　　　　　　代表者の
　　　　　　　　　　　　　　　　　　　　　　　役職氏名

　当社、当社の特別利害関係者又は主な株主及び取引先等が暴力団、暴力団員又はこれらに準ずる者（以下「暴力団等」という。）である事実、暴力団等が当社の経営に関与している事実、当社、当社の特別利害関係者又は主な株主及び取引先等が資金提供その他の行為を行うことを通じて暴力団等の維持、運営に協力若しくは関与している事実及び当社、当社の特別利害関係者又は主な株主及び取引先等が意図して暴力団等と交流を持っている事実などはありません。
　したがって、当社の把握する限り、当社、当社の特別利害関係者又は主な株主及び取引先等と暴力団等とは一切関係はありません。
　また，新聞報道その他により当社、当社の特別利害関係者又は主な株主及び取引先等と暴力団等との関係について当社が新たに情報を得た場合には、直ちにその旨及びその内容を貴所に報告するとともに、可能な限り速やかに当該情報に係る事実関係を把握・確認し、貴所に報告いたします。
　以上について重大な違反事実が判明した場合には，それに関して貴所が行う一切の措置について異議ありません。

（2）反社会的勢力の実態

a　企業の４割が経験

　警察庁の関連団体「全国暴力追放運動推進センター」が全国の企業3,000社を対象に、反社会的勢力から金品など不当な要求を受けた経験の有無をアンケート調査した結果が公表されています（調査は１月〜２月にかけて郵送で実施、回収率は63.2％）。

　それによると、回答した1,897社のうち41.3％にあたる783社が、暴力団や総会屋から金品など不当な要求を受けた経験があるとしています。また、不当な要求を受けた経験があると回答した企業のうち522社（66.7％）が最近１年間に要求を受けたと答えています。

　こうした内容に対して、警察庁は、「依然として反社会的勢力が資金源を企業に求め、アプローチする実態が続いている」として警戒を強めています。

　企業へ要求した内容は、下請け契約締結や、寄付金・賛助金、物品購入、機関誌購入などさまざまで、要求金額は「10万円未満」が49.8％とほぼ半数を占め、一方で「1,000万円以上」が18社あり、うち「１億円以上」も４社ありました。

　要求に対して、「拒否した」と答えたのは、83.8％と大半を占めています。しかし、何らかの形で要求に応じたとした企業は68社（8.7％）ありました。応じた理由（複数回答）は「トラブル拡大の恐れ」が32.4％と最多で、「要求金額が少額だった」と「当方にも一部非があった」がそれぞれ23.5％だったということです。

b　企業対象暴力

　暴力団はもとより、総会屋、会社ゴロ、社会運動・政治運動標ぼうゴロなど各種団体の構成員が資金源獲得を目的として組織の威力を背景に、企業の役員のスキャンダルや事務的ミス等をネタに揺さぶりをかけ、不法に利益を獲得することを、ここでは「企業対象暴力」と称することにします。

　警察庁によれば、平成15年における企業対象暴力事犯の検挙件数は566件であり、また、総会屋等、社会運動等標ぼうゴロの検挙件数は425件、検挙人員は655人であったということです。検挙された企業対象暴力は、近時増加傾向が続いていたのですが、平成15年においては減少となりました。

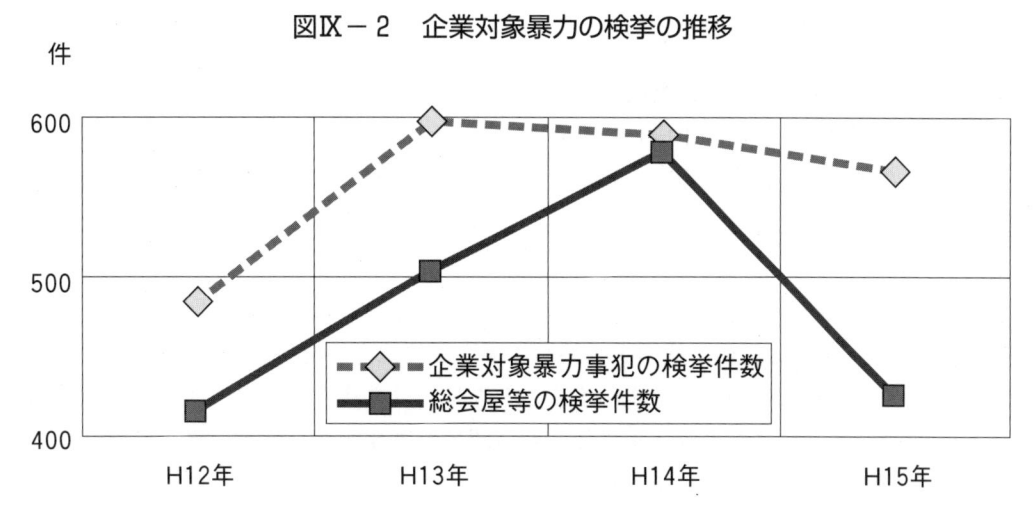

図Ⅸ-2　企業対象暴力の検挙の推移

件

- 企業対象暴力事犯の検挙件数
- 総会屋等の検挙件数

H12年　H13年　H14年　H15年

出典：警察庁「平成15年（1～12月）の犯罪情勢」他

c　事例

　企業対象暴力の傾向を示す典型的な事例には、以下のようなものがあります（「平成15年（1～12月）の犯罪情勢」・警察庁）。

①政治活動標ぼうゴロ代表らによる公共工事受注業者に対する威力業務妨害事件（長崎）

　政治活動標ぼうゴロ代表（41）および山口組傘下組織幹部（51）らは、かねてから同人らが所属する組織の意に添わない長崎県長崎市所在の建設会社が、同市から受注した公共工事を行うに際し、騒音苦情名目等で因縁をつけ業務を妨害することを企て、平成14年5月から同年9月までの間、15回にわたり、工事現場や暴力団組事務所等において、同市職員や同建設会社従業員等に対して、脅迫、暴行などの方法により威力を用いて、同工事を中止および中断させた（1月22日検挙）。

②総会屋による商法違反（利益供与要求）事件（大阪）

　総会屋（78）は、平成14年6月に開催が予定されていた総合商社の株主総会において発言する等の態度を示して、自己が発刊する書籍を購入させることを企て、平成14年1月から同年5月までの間、株主権の行使に関し、書籍購入代名下に30万円相当の利益の供与を要求した（6月23日検挙）。

③政治活動標ぼうゴロ代表らによる営業損害補償名下の詐欺事件（警視庁）

　政治活動標ぼうゴロ代表（55）らは、平成11年12月、魚介類の卸販売および仲介業を営んでいた事実もなく何ら営業損害を被っていないにもかかわらず、同年9月に発生した原子燃料製造販売会社による事故で放射能漏れ等による風評被害の営業損害があったと虚偽の申告をして、前記会社から営業損害補償仮払金として約1,000万円の交付を受けた（8月26日検挙）。

d 特徴

各種反社会的勢力について、警察庁はその特徴を次のようであるとしています（警察庁暴力団対策第二課課長補佐、平成16年3月）。

「暴力団の勢力は現在8万5,800人を数える。約18万4,900人とピークを迎えた昭和38年以降、長期にわたり減少し続けたが、ここ数年をみると、わずかながらではあるが増加傾向に転じている。

質的変化としては、不透明化という点がまず目に付く。これは、暴力団が公然とその存在を誇示するとともに、組織の威力を行使して不当な要求行為を行っていた実態を踏まえ、行政措置によってこれらの動きを規制することを目的に立法された暴力団対策法の影響が大きい。同法が施行された平成4年以降、暴力団は組事務所から代紋、看板、提灯等を撤収し、名簿や回状に組員の氏名を記載せず、暴力団の名称を印刷した名刺等の使用を控えるようになったほか、資金獲得活動の場面においても、企業としての事業活動や、政治活動、社会運動を装うようになり、暴力団があからさまにその存在と威力を示すことは少なくなった。資金源の多様化も進んでいる。薬物取引、ノミ行為及び恐喝といった伝統的な資金獲得犯罪はもとより、不良債権の処理に介入して債権回収を妨害し、立ち退き料等の名目で不正な資金獲得を図る事案、産業廃棄物処理業や建設業等各種の事業活動等への関与も目立つ。ヤミ金融により億単位の収益を得ていた暴力団があったことも記憶に新しい。さらに、来日外国人と結託して行う強盗・窃盗事件や海外を拠点とする国際犯罪組織と連携がうかがわれる事案が少なからず発生するなど、国際化も特徴の一つとなっている」

（3）反社会的勢力への対処

各企業や各種団体においては、警察などの指導も受けて、こうした反社会的勢力との関係に関して明確な行動基準を定めるケースが多くなってきました。

a 企業行動憲章

こうした背景のもとで、日本経団連は企業行動憲章を策定し、会員企業の自主的取組みを推進するよう働きかけています。

以下にその概要（平成16年5月18日改定）を記して読者の方の便宜に供することにしたいと思います。

①序文

「日本経団連は、すべての企業や個人が高い倫理観のもと自由に創造性を発揮できる経済社会の構築に全力をあげて取り組んできた。その一環として1991年に「企業行動憲章」を制定し、1996年には憲章改定に合わせて「実行の手引き」を作成した。2002年の再改定時には、企業に対して社内体制整備と運用強化を要請するなど、経営トップのイニシアチ

ブによる自主的な取り組みを促してきた（以下略）」
②本文
　「企業は、公正な競争を通じて利潤を追求するという経済的主体であると同時に、広く社会にとって有用な存在でなければならない。そのため企業は、次の10原則に基づき、国の内外を問わず、人権を尊重し、関係法令、国際ルールおよびその精神を遵守するとともに、社会的良識をもって、持続可能な社会の創造に向けて自主的に行動する。
　　　　　　　　　　　　　　　…略…
7．市民社会の秩序や安全に脅威を与える反社会的勢力および団体とは断固として対決する。
　　　　　　　　　　　　　　　…略…
10．本憲章に反するような事態が発生したときには、経営トップ自らが問題解決にあたる姿勢を内外に明らかにし、原因究明、再発防止に努める。また、社会への迅速かつ的確な情報の公開と説明責任を遂行し、権限と責任を明確にした上、自らを含めて厳正な処分を行う。」

b　個別企業のケース

①TORAYのケース
　「経営理念における行動指針の中に「公正と誠実」を謳い、「公正さと高い倫理感と責任感をもって行動し社会の信頼に応える」との決意を表明している私たちは、ここに改めて具体的行動基準として8つの原則からなる「企業倫理・法令遵守行動規範」を定めます。
　　　　　　　　　　　　　　　…中略…
8．反社会勢力との関係遮断
　常に社会的良識を備えた行動に努めるとともに、市民社会の秩序や安全に脅威を与える反社会勢力とは一切関係を遮断し、全社一体の毅然とした対応を徹底します」。

②博報堂ＤＹグループのケース
「博報堂ＤＹグループ行動規範
社会の一員として、法律はもとより社会ルールを遵守して公正に活動し、以下の事項について明確な自覚と責任をもつものとします
　　　　　　　　　　　　　　　…中略…
5．反社会的活動は行わないこと
・　暴力団を始めとする反社会勢力とは関係を持たず、常に一線を画すものとします。
・　反社会勢力からの要求に対峙する役員および職員を孤立させることなく、常に会社の問題として対応します。
・　何人からのものであってもそれが不当な要求である限り一切応じず、法的に適正な対

応を行います。
- 公務員その他の法令で金品の贈答が禁じられている相手には一切贈答、接待、供応の類は行いません。
- 利益と倫理の二者択一を迫られた場合、いかに経済環境が厳しくとも自然と倫理を選択できるような会社風土を維持します（以下略）」。

③OMRONのケース
「企業倫理宣言
　私たちは、企業が法と倫理にもとづく社会と共にあることを自覚し、法令の遵守と公正な社会的ルールの尊重を優先し、高い倫理観を持って企業活動を行います
　　　　　　　　　　　　　…中略…
9．反社会的勢力との対決　市民社会の秩序や安全に脅威を与える反社会的勢力や団体とは一切関係を持たず、断固として対決する（以下略）」

④総会屋との絶縁宣言
　「社団法人日本産業機械工業会は、当業界の健全な発展を期するため、別に定める「企業行動基準」を遵守するとともに、いわゆる総会屋等の反社会的勢力と絶縁するため、下記宣言を行うこととする。
　　　　　　　　　　　　　　記
1．いわゆる総会屋等に対し、商法違反となるような金品の供与はもとより、不正な利益をもたらすこととなる恐れのある寄付金、賛助金、情報誌の購読等の要求には一切応じない。
2．いわゆる総会屋等から不当な要求等があった場合及び絶縁に伴う不測の事態の発生、またはその恐れが生じた場合は、速やかに警察当局に通報するとともに、適切な指導と支援を要請する。
　　　　　　　　　　　　　　　　　　　　　　　　　　　　　　　　以　上

（4）ヘラクレス市場をめざす場合

　ヘラクレス・クラブのセミナー『反社会的勢力の現状と対策について』において、講師である警視から反社会的勢力の動向や具体的な対処法について説明がありました。ポイントは以下のとおりです。

a　企業の心構え3原則

① トップが毅然とした態度を示すこと（隙を見せない）、トップ自らがかかわって方針を決定しておくこと

② 不当な要求に対しては、個人ではなく組織として対処すること
③ 早めに弁護士や警察等の専門家に相談すること

b 具体的な10の対策

① 有利な場所で対応すること（自社の会議室が適当。先方には決して出向かない）
② 複数で対応すること（トップは絶対に第一次接触しないこと。最初は総務課長若しくは部長が適当）
③ 各自の役割を予め明確にしておくこと（聞く者、話す者、記録する者、万一のとき通報する者等）
④ 相手の氏名、具体的な用件や要求をきっちりと確認すること（はっきりいわないような場合は会う必要もない）
⑤ 予め面談の時間を決めておくこと（例えば、15分など）
⑥ 言葉遣いは慎重に（丁寧でなくてもよいので、「結構です」など曖昧な表現は避ける）
⑦ 水面下取引は絶対にしないこと
⑧ 詫び状等は書かないこと
⑨ 録音するなど記録を残すこと（最初に堂々と「録音させていただきます」と宣言する）
⑩ 湯茶は不要（長居の口実、最悪の場合は凶器にもなりうる）

c その他

① 名刺交換はこちらの「代表者」のみ行えばよい
② 突然会社に来た時でも、「氏名」「要件」等をはっきりいわない場合は会う必要なし
③ 一般顧客（クレイマー）か反社会勢力等かの判断に迷うときは警察に相談する
④ 必ず社内で「マニュアル」等を作成して対応方法については周知徹底しておく

5 知的財産を取り巻く最近の問題点

(1) 知的財産権取得費用

　上場申請者が一番気になるのは、権利取得と権利維持に必要な費用のことだと思います。弁理士が出願依頼を受けたときの平均的な費用を下表にまとめてあります。

図Ⅸ-3　特許等出願費用一覧

(単位：円)

		特　許	実用新案	意　匠	商　標
出願費用	出願手数料	195,000	190,000	80,000	60,000
	請求項2項加算額	20,000	19,000	—	—
	図面・印書等実費	50,000	40,000	30,000	6,000
	出願印紙代実費	16,000	14,000	16,000	21,000
	合　計	281,000	263,000	126,000	87,000
審査請求〈技術評価〉	審査請求手数料（印書代含む）	13,800	〈14,800〉	—	—
	審査請求印紙代実費（3請求項）	180,600	〈45,000〉		
	合　計	194,400	〈59,800〉		

(注) 消費税は別途加算されます。
　　 出願手数料には要約書作成・電子出願処理手数料が含まれています。
　　 図面代等の実費は内容に応じて異なります。
　　 印紙代実費は平成16年4月以降の出願が対象です。

　弁理士報酬は、契約自由の原則に基づき、依頼人と弁理士との間の契約によって定めるようになっています。定め方には、例えば、次の3方式があります。
① 1件の出願について決まった額とする固定額制
② 時間数や書類量に応じて額を定める従量額制
③ 固定額制と従量額制を組合せた固定従量制
　一般的には、特許出願（実用新案登録出願）については固定従量制により報酬額を定め、意匠出願や商標出願については固定額制を採用する場合が多いようです。
　特許や実用新案について固定従量制が多く採用される理由は、技術内容や先行技術の数等により作成する書類量とそれに必要な時間数に大きな違いがあるからです。上図に示す

費用以外にも、例えば、調査や従量制の加算分のための費用が必要です。特許出願後には審査請求費用、拒絶理由通知に対処するため意見書や手続補正書を提出する場合にそれらの費用、審査にパスしたときには登録料のほか、一般的には成功報酬が必要です。

（2）訴訟リスク

知的財産に関して最近問題となっているのが、職務発明に関する訴訟リスクです。職務発明の対価として非常に高額の支払いを命ずる判決が次々と出されています。下表をご覧ください。

図Ⅸ-4　職務発明をめぐる主な訴訟（終結したもの）

被　告	対　象	請求額	認定（和解）額
オリンパス工業	ビデオディスク読み取り装置	5,200万円	250万円 2003年最高裁判決
味の素	甘味料	20億円	1億5,000万円 2004年和解
日亜化学工業	青色ダイオード	200億円	8億4,000万円 2005年和解 （一審では200億認定）

特に、中村修二氏が発明した青色ダイオードにかかる発明対価について、200億円の支払いを命ずる東京地方裁判所の判決（2004年1月30日）には驚かされました。職務発明に関する特許法35条は2004年第159回国会で改正され2005年4月から施行されています。その内容は、次のとおりです。図Ⅸ-5を併せて参照してください。

【特許法35条4項】
―契約、勤務規則その他の定めにおいて前項の対価について定める場合には、対価を決定するための基準の策定に際して使用者等と従業者等との間で行われる協議の状況、策定された当該基準の開示の状況、対価の額の算定について行われる従業者等からの意見の聴取の状況等を考慮して、その定めたところにより対価を支払うことが不合理と認められるものであってはならない。

【同5項】
―前項の対価についての定めがない場合又はその定めたところにより対価を支払うことが同項の規定により不合理と認められる場合には、第三項の対価の額は、その発明により使用者等が受けるべき利益の額、その発明に関連して使用者等が行う負担、貢献および従業者等の処遇その他の事情を考慮して定めなければならない。

図Ⅸ-5 職務発明裁判のフロー

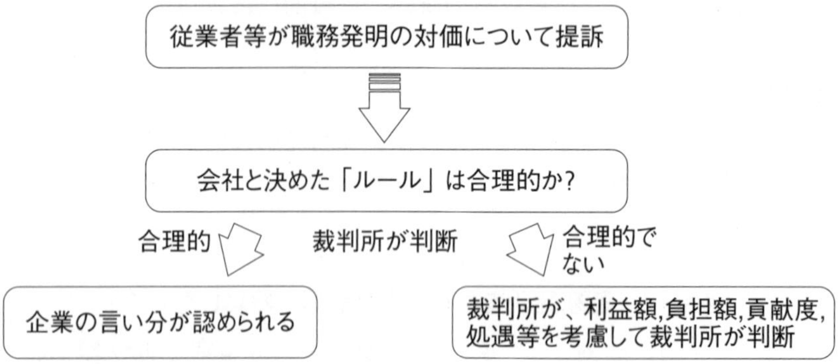

```
          ┌─────────────────────────────────┐
          │ 従業者等が職務発明の対価について提訴 │
          └─────────────────────────────────┘
                          ↓
          ┌─────────────────────────────────┐
          │   会社と決めた「ルール」は合理的か？ │
          └─────────────────────────────────┘
       合理的    裁判所が判断    合理的でない
          ↓                         ↓
  ┌──────────────────┐   ┌────────────────────────────┐
  │ 企業の言い分が認められる │   │ 裁判所が、利益額,負担額,貢献度, │
  └──────────────────┘   │ 処遇等を考慮して裁判所が判断   │
                          └────────────────────────────┘
```

　すなわち、職務発明の対価について企業（使用者等）と発明者である従業者等（技術者）が協議し両者で策定した「基準の開示」を実行し、かつ従業者等から意見を聴いた上で定めた対価が裁判所で尊重されるようになります。

　他方、勤務規則などで対価の額を定めていない場合や、定めてあっても不合理な場合には、従来のように裁判所が対価の額を認定することになります。

　現行法では、発明によって会社が得る利益と貢献度について明確な算定基準がないため、提訴されたときは裁判所が対価を認定することになっていましたが、特許法35条の改正により、合理的な手続がなされることを条件に労使合意による対価設定が可能となりました。

　しかし、職務発明をめぐる訴訟は企業にとって依然大きなリスクであることはたしかです。特許庁では、「特許審査の迅速化等のための特許法等の一部を改正する法律（平成16年法律第79号）」において、上記した改正後の職務発明制度について、使用者等（企業側、すなわち上場申請者側）と従業者等（発明者）が自主的に対価を取り決める場合における参考事例集を2004年9月に公表しました。

（3）知的財産報告書

　近年、貸借対照表（バランスシート）が示す純資産総額が真の企業価値を示していないという多数の指摘があり、貸借対照表に知的財産が計上されていないことが、その理由の一つであるといわれています。知的財産に関する情報は、市場すなわち、投資家にとって企業の収益性を判断する上で極めて重要であるといえるでしょう。

　しかし、これまで、一部の企業を除き、知的財産に関する情報が投資家に開示されることはほとんどありませんでした。

　そこで、市場における企業の適正な評価と企業価値の向上を図るためのIR（インベスターズリレーションズ）の一環として、知的財産に関する情報を積極的に開示しようとする動きが出てきました。

そのような状況下において経済産業省は、特許・技術情報の開示のあるべき姿を検討した結果として、2003年3月に「特許・技術情報の開示パイロットモデル」(http://www.meti.go.jp/report/downloadfiles/g30314b05j.pdf) を公表するとともに、2004年1月に「知的財産情報開示指針・参考資料」(http://www.meti.go.jp/policy/competition/jouhoukaiji/3sanko.pdf) を公表しています。

あとがき

　ＩＴブーム以降の証券市場は、一時期低迷を余儀なくされましたが、ネット取引の普及と共に飛躍的に増加した個人投資家、多種多様なベンチャー企業の相次ぐ上場とその上場で得た潤沢な資金をＭ＆Ａに向けたベンチャー企業の話題にも支えられ新興市場を中心に活況を呈し、創業間もない多くのベンチャー経営者に大きな勇気を与えるところとなりました。

　しかしながら、このＩＰＯブーム中で、上場間もないベンチャー企業に粉飾、情報開示の軽視等の不祥事が多発したことは、証券取引所や証券会社の公開（引受）審査について一般投資家の信頼を失うだけでなく創業支援に重要な役割を果たしているエンジェルの育成・拡大策にも大きな影響を与えてしまいました。

　本書は、このような状況に危機意識を持ったＩＰＯ支援者を中心にエンジェルの育成を目的に活動しているＮＰＯエンゼルホットラインの協力を受け、2004年11月から週１回のペースで28回の早朝会議を開き進めてまいりました。この編集会議に対する参加者の熱意は、仕事の関係で時間の遣り繰りが付かない時には朝５時30分から始め就業前の９時に終わる会議も多々あったことからもおわかりいただけるものと思います。

　出版を予定していた昨年は、システム問題から大阪証券取引所が新規上場の受付停止となり、本書も新興市場の中でもヘラクレスに注目していたため、やむなく出版を延期するという思わぬ影響を受けましたが、その後、新会社法の施行規則や計算規則の内容が明らかになり、同法の施行日も平成18年５月と公表され、旧商法ベースで書かれた本書の見直しの必要に迫られ、一部を書き改めざるをえない状況となり、結果として脱稿するまでにかなりの労力を要することとなりました。ここに改めて、執筆、議論に参加していただいた関係各位に厚く御礼を申し上げる次第であります。

　特に、本書の編集方針は株式公開のハウツウものを目指しながらも、公開会社としての社会的責任と経営者の心構えに重点を置きながら株式公開制度や引受審査の目的、内容等の説明をしております。

　昨年から本年にかけて、株式市場の問題点が浮き彫りになり、市場の信頼が揺らぎ始めているものの、新興市場は日本経済の発展に必要ですし、その重要性もますます増していくことから更に整備・強化されるでしょう。新興市場のあるべき姿を描きながら、志の高い起業家が我が国産業の将来を担う事業を創業され、株式公開に向け真に実力のある企業に成長して行く段階で本書を利用していただくことを願っています。

平成18年６月

　　　　　　　　　　　　　　　　　　　　　　　　編集主幹　岡本　照
　　　　　　　　　　　　　　　　　　　　　　　　　（東京電力株式会社）

よくわかる株式公開と引受審査の実務〜ヘラクレス市場をめざして

平成18年8月25日　発行

編著者　特定非営利活動法人
　　　　エンゼルホットライン
　　　　エンゼル証券株式会社

発行者　小 泉 定 裕

発行所
株式会社 清 文 社
（著作権法により無断複写
　複製は禁止されています。）

清文社ホームページ
http://www.skattsei.co.jp/

〒530-0041　大阪市北区天神橋2丁目北2-6（大和南森町ビル）
電話　06（6135）4050番　　振替　00900-0-18351番
FAX　06（6135）4059番
〒101-0048　東京都千代田区神田司町2-8-4（吹田屋ビル）
電話　03（5289）9931番　　振替　00180-5-101996番
FAX　03（5289）9917番

印刷・製本　廣済堂

本書に関する御質問は、編集部宛に文書又はファクシミリ〔FAX 06（6135）4056〕でお願いします。
落丁、乱丁はお取り替えします。
ＩＳＢＮ4-433-33516-9